REGINA SCHLEHECK
Wer mordet
schon in Köln?

KRIMINELLES KÖLN Ein Muss für Kölner, Köln-Liebhaber, »Imis« und Köln-Exilanten, Köln-Besucher und Köln-noch-nicht-Kenner! Der Slogan »Kölle is e Jeföhl« steht für die emotionale Bindung an eine Stadt der Gegensätze, mit historischen Blüte- und Niedergangszeiten, städtebaulichen Perlen und Schandflecken, mit Hoch- und »Veedels«-Kultur. Heute ist die Domstadt – wieder oder immer noch – einer der größten Touristen- und Business-Magnete, eine ethnische, religiöse, politische und queere Multikulti-Metropole. Das Ergebnis jahrtausendelanger Zu- und Durchwanderung – mit reichlich (Konflikt-)Stoff für Mordsgefühle. In elf Krimi-Kurzgeschichten, in unterschiedlichen Milieus angesiedelt, gelingt es der vielfach ausgezeichneten Autorin, diese Gegensätze in einer literarischen Hommage an ihre Heimatstadt zu entfalten. Ergänzt werden die hintergründigen, bitterbösen und schwarzhumorigen Storys durch 125 Tipps zu bekannten, aber auch weniger prominenten Sehens-, Hörens- und Liebenswürdigkeiten der Stadt.

Regina Schleheck hat sich im Krimi und in der Phantastik einen Namen gemacht. Ihr wurden mit dem Friedrich-Glauser-Preis der deutschsprachigen Krimiautoren und dem Deutschen Phantastikpreis die begehrtesten Auszeichnungen beider Genres zugesprochen – neben vielen anderen. Die 1959 in Köln geborene hauptberufliche Oberstudienrätin, fünffache Mutter sowie freiberufliche Autorin, Herausgeberin und Lektorin veröffentlicht seit 2002. Unter ihrem Namen sind Hunderte Kurzgeschichten erschienen, zudem Hörspiele, Lyrik, Theaterstücke und Drehbücher. Seit 1996 wohnt Regina Schleheck in Leverkusen. Sie gehört den »Mörderischen Schwestern« und dem »Syndikat« an.
www.regina-schleheck.de

Bisherige Veröffentlichungen im Gmeiner-Verlag:
Jürgen Bartsch – Der Kirmesmörder (2016)

REGINA SCHLEHECK

Wer mordet schon in Köln?

11 Krimis und 125 Freizeittipps

GMEINER SPANNUNG

Personen und Handlung sind frei erfunden.
Ähnlichkeiten mit lebenden oder toten Personen
sind rein zufällig und nicht beabsichtigt

Besuchen Sie uns im Internet:
www.gmeiner-verlag.de

© 2016 – Gmeiner-Verlag GmbH
Im Ehnried 5, 88605 Meßkirch
Telefon 0 75 75 / 20 95 - 0
info@gmeiner-verlag.de
Alle Rechte vorbehalten
1. Auflage 2016

Lektorat: Claudia Senghaas, Kirchardt
Herstellung: Mirjam Hecht
Umschlaggestaltung: U.O.R.G. Lutz Eberle, Stuttgart
unter Verwendung eines Fotos von: © Mr. Nico / photocase.de,
© Torsten Lorenz / Fotolia.com
Druck: CPI books GmbH, Leck
Printed in Germany
ISBN 978-3-8392-1962-1

INHALT

WALZ, WALZER, ALZERSHEIMER

Oma ist das Allerletzte. In der letzten Zeit geht in ihrem Kopf immer mehr durcheinander, wie es scheint. Und wie sie jetzt vor mir steht, das blutige Fleischmesser im Rücken, und mich mit großen Kulleraugen anguckt, da kann ich ihr trotzdem nicht böse sein!

Sie ist tatsächlich das Allerletzte. Was ich habe, gewissermaßen. Meine Mutter hat sich vor ein paar Wochen vor den Zug geschmissen, Opa ist vor meiner Geburt gestorben, und meinen Vater habe ich nie kennengelernt. Den gab's schon nicht mehr, als ich geboren wurde. Meine Mutter wollte nie drüber reden. Es wär' halt so passiert, sagte sie. Ein Fremder. Karneval. Mummenschanz in den Sartory-Sälen **1**. Wie das so ist.

Und dann hat sie immer hinzugesetzt: »Reisende soll man nicht aufhalten, merk dir das, Liebelein!«

Sie hat's ja nicht anders gemacht. Hätt' ich sie aufhalten können? Ich war in der Schule! Hat meiner Omi gesagt, sie wollte übers Wochenende zu einer Freundin verreisen, ist mit Köfferchen und U-Bahn zum Kölner Hauptbahnhof **2**. Als der Intercity herandonnerte, hat sie sich auf die Gleise fallen lassen. Nur dass der Zug auf dem Nachbargleis einfuhr. Da lag sie dann im Schienenbett und hat blöd aus der Wäsche geguckt und die Leute auf dem Bahnsteig auch. Die Bahnpolizisten haben sie gleich mitsamt ihrem Köfferchen einliefern lassen. Zu den Alexianern **3**.

Oma war an dem Tag aber auch mächtig neben der Kappe. Als ich von der Schule nach Hause kam, fütterte sie gerade unseren Kohleofen. Mit Klamotten! Ich sah gerade noch, wie sie einen alten Hut, der von Opa stammen musste, in die Klappe stopfte. Es qualmte furchtbar, ihre Augen tränten. Ich fragte, wo meine Mutter sei, und erhielt die knappe Antwort, die wäre mit einer Freundin Eis essen.

Eine Stunde später standen zwei Polizisten vor der Tür. Noch bevor sie ein Wort über die Lippen gebracht hatten, ranzte Oma sie an: »Kommen Sie ruhig rein, meine Herren! Hier gibt's keine Leiche im Keller. Die ist im Garten.«

Die Männer nahmen wohl an, sie machte dumme Witze, weil sie noch nie mit Polizisten zu tun gehabt hätte. Dabei war Oma lange genug mit einem verheiratet gewesen. Aber das konnten die beiden ja nicht wissen. Vielleicht dachten sie auch, *eine* Küppers mit Dachschaden reichte.

Ich kam dazu, sie stellten sich vor, und dann haben sie das mit meiner Mutter erzählt. Dass sie mit dem Koffer auf den Bahnsteig gegangen und aufs Gleis gesprungen sei.

»Von mir hat sie das nicht«, sagte Oma entrüstet.

»Was meinen Sie?«, fragte der eine Polizist.

»Na, das in dem Köfferchen«, sagte Oma.

Die beiden hatten es ziemlich eilig, und das war wohl allen ganz recht.

»Tsts«, machte Oma.

Ich war sauer. »Wieso hast du mir gesagt, dass Mama mit ihrer Freundin Eis essen gefahren ist, wenn sie doch verreisen wollte?«

»Wenn Ulrike zu einer Freundin fährt, dann ist durchaus davon auszugehen, dass die beiden miteinander Eis essen werden, oder?«, gab Oma würdevoll zurück.

»Oma«, sagte ich, »warum schmeißt sich Mama vor einen Zug? Was ist los?«

»Deine Mutter hat schon immer zur Schwermut geneigt. Seit dem Tod ihres Vaters«, meinte Oma. Und da hatte sie nicht ganz unrecht. Ich meine, was die Schwermut anging. Das mit Opas Tod konnte ich nicht beurteilen.

»Wen wollte sie denn überhaupt besuchen?«, hab ich gefragt.

Oma schüttelte den Kopf: »Sie war ein bisschen durcheinander.«

Ich sagte lieber nichts, denn ganz offensichtlich traf das nicht nur auf meine Mutter zu.

Am nächsten Tag fuhr ich gleich nach der Schule ins Alexianer. Mama war ganz aufgekratzt. Sie fände es ganz schick da. Warum nicht mal eine kleine Auszeit? Ein paar Wochen, hätte man ihr angeboten, könnte sie dableiben, um ihren Burnout auszukurieren. – Burnout? War mir irgendwas entgangen? Klar hatte meine Mutter schon mal gejammert, dass im Büro so viel zu tun sei. Aber dass es *so* schlimm wäre …

Sie mache jetzt Yoga, habe angefangen zu malen und was die da so Nettes anböten. Nur zum Reden kriegten die sie *niemals*, das sollte ich meiner Oma ausrichten, hat sie mir beim nächsten Mal gesagt. Sie wollte ihre Ruhe haben und keinen Psychoscheiß.

Vielleicht war das ja Absicht gewesen, und sie hatte ganz genau gewusst, auf welchem Gleis der Zug kam? Auf meine Frage, warum sie das gemacht hätte, kriegte ich keine Antwort.

Es war zum Glück glimpflich ausgegangen, daher machte ich mir nicht allzu lange Gedanken. Meiner Mutter schien es wieder gut zu gehen. Karneval stand vor der Tür. Danach Abitur. Unendliche Freiheit! Bald neun Jahre lang hatte der bronzene Ikarus am Haupteingang unserer Schule **4** uns gezeigt, wo die Gefahr lauerte: jottwedee, wie der Kölsche sagt, janz wigg drusse. Da, wo man ganz tief stürzen konnte.

Also ein letztes Mal die Sau rauslassen!

Weiberfastnacht bin ich mit den Mädels zum Alter Markt **5** gezogen. In voller Montur. Wir waren zu fünft aus dem Kunstkurs, alle in Malerüberzügen, die wir kunterbunt vollgekleckst hatten. Auf den Köpfen Farbdosen, gelöchert und mit Kordeln festgebunden, aufgefädelte Pinsel um Hals und Hüften – beim Tanzen gab das den Josephine-Baker-Effekt, alles schwang und wippte, wunderbar. Wir standen direkt unter dem Kallendresser **6** in unmittelbarer Nähe des Gaffel **7**, vis-à-vis von Platzjabbeck **8** und Jan von Werth **9**. Der schwedische Reitergeneral verschwand schier unter den Jecken, die an ihm hochkletterten, um sich den besten Ausblick zu sichern. Irgendjemand hatte ihm einen Cowboyhut übergestülpt und eine rote Schaumstoffnase aufgesetzt. Das Wetter war großartig. Wir lagen uns in den Armen, schunkelten, sangen, reichten die Kölschstangen **10**, die der Köbes **11** in Kränzen aus dem Gaffel heranschleppte, weiter, stießen an, tranken, ließen es uns gut gehen. Wie das so ist. Karneval halt.

Als er auf einmal neben mir stand, fiel er mir gleich auf, weil er so schwer bepackt war. Er trug einen krempigen schwarzen Hut, eine Cordweste, weiße Hosen und hatte sich eine Art Tasche umgehängt, auf die er einen Schlafsack geschnallt hatte. Wahrscheinlich war er frisch angereist. Sein Lächeln flashte mich.

»Kommst du vom Bahnhof?«, rief ich gegen die Lautsprecher und das Geschrei der anderen an. Er schüttelte den Kopf und zeigte vage in Richtung Rhein. Es war mir im Grunde scheißegal, woher er kam. Ich wollte nur, dass er blieb. »Alaaf«, rief ich, hakte ihn unter und wirbelte zur Musik im Kreis. Er ließ sich mitziehen, strahlte mich an und schrie etwas, das wie »Walzer« klang. Ach, ich *liebe* Jecke! Dieser war ein Prachtexemplar! Ich zog ihm das Gepäck von der Schulter, und wir drehten uns im Dreivierteltakt. Okay, das »Humba-Täterä« aus den Lautsprechern passte nicht ganz, aber die anderen folgten unserem Beispiel und grölten: »Que sera, sera, whatever will be, will be, the future's not ours to see, que sera, sera, what will be, will be …«

Er hatte mich fest im Griff, schob mich mit Schwung in die Drehungen – und steuerte im genau richtigen Moment wieder gegen. Ein Mann, der führen konnte! – Was stellte er eigentlich dar? Django? Irgendwie dem Wilden Westen entsprungen … Ich tippte auf die Reihe golden glänzender Knöpfe vor mir – eine Uniform-Weste? »Was bist du?«, brüllte ich.

»Ein Fremder!«, brüllte er zurück.

Ja, danke! Dass er fremd war hier, hatte ich mir fast gedacht. – War das ein bayerischer Einschlag?

Er versuchte es noch mal: »Ein Fremdgeschriebener!«, schrie er. Oder jedenfalls hab ich das verstanden. Oder vielmehr: verstanden hab ich das natürlich nicht. Fremd*gehen* kennt man ja. Aber Fremd*schreiben*?

Wieder setzte er an, und ich verstand nur: »Kluft!«

Hä? Was für eine Kluft sah er zwischen uns?

Dann zeigte er auf meine Pinsel: »Maler!«

Na, *meine* Verkleidung erkannte ja wohl ein Blinder mit dem Krückstock! Als er dann noch etwas von »Schacht!« schrie, war gewissermaßen Schicht im Schacht bei mir. Er hatte einen Knall, und ich war hoffnungslos verknallt.

Ich zerrte ihn von den Mädels weg in die nächste Kneipe und orderte zwei Kölsch. Na, und da hat er mir dann alles in Ruhe erklärt. Er kam tatsächlich aus Bayern, aus irgendeinem Kaff, das er nun schon im dritten Jahr weiträumig umkreiste, weil er auf der Walz war. Als sogenannter Fremder oder Fremdgeschriebener, also jemand, der sich für drei Jahre seinem Heimatort nur auf 60 Kilometer nähern durfte. Deshalb auch seine komische Kluft. Es handelte sich um die zünftige Kleidung. Was von seiner Handwerkerzunft herrührte. Er war Maler und gehörte einer Schacht an, das war der Verein, der die Handwerker auf Wanderschaft schickte. Drei Jahre lang heute hier, morgen dort, mit nix als dem Bündel, das er sich umgehängt hatte, von Stadt zu Stadt ziehen – Ich fand's ja schon aufregend. Aber wo blieb das Happy End? »Dann bist du morgen wieder weg, oder was?«, fragte ich.

»Je nachdem«, meinte er. »Ich guck mal, ob ich was finde. Vielleicht verbringe ich den Rest der Zeit hier. Ihr Kölner habt, wie's ausschaut, einen ziemlichen Knall. Ich mag ja komische Vögel.«

Mir wurde ganz warm im Mittelbau. »Äh, was genau suchst du denn?«

»Arbeit. Eine Übernachtungsmöglichkeit. Und zuallererst euren Bürgermeister. Es hieß, dass hier irgendwo das Rathaus ⑫ ist.«

Also *eine* Option fehlte mir da noch. Aber okay, Männer, die mit dem Holzhammer flirten, konnte ich noch nie ab. Ich klappte nacheinander drei Finger aus: »Erstens: Bei uns um die Ecke ist ein Malereibetrieb. Ich fang im Sommer da an, weil ich Bühnenmalerei machen will an den Städtischen Bühnen ⑬. Dafür brauch ich die Ausbildung. Ist cool da. Super-Team.«

»Schee!«, sagte er.

Ich verstand zwar nicht, was daran *scheel* sein sollte, aber mir wurde eine Stufe wärmer.

»Zwotens: Bei uns ist vorübergehend ein Zimmer frei. Meine Mutter ist verreist. Für ein paar Tage sicher kein Ding. Du musst dich nur mit meiner Oma arrangieren. Die ist ein bisschen bekloppt.«

In seinen Augen blitzte es. »Wie du?«

Ich zeigte ihm den Mittelfinger. »Mit dem Bürgermeister können wir gerade überhaupt nicht dienen. Der hat die Schlüsselgewalt abgegeben für die tollen Tage ⑭. Vor Aschermittwoch läuft *da* nix.«

»Jo, himmisakra«, meinte er. »Was mache ich denn die ganze Zeit?«

»Feiern, was sonst?«

»Fasching?«

»Nix da. Karneval!«

Darauf stießen wir erst mal an.

»Was willst du überhaupt vom Bürgermeister?«, fragte ich. Er zog eine Kladde aus der Tasche. Schickes Ding, in Leder, mit einer Art Wappen obendrauf und einem Namen.

»Florian Hinterhuber«, las ich.

»Das bist du?«

Er nickte und hob seine Kölschstange. »Flo.«

»Melle Küppers«, sagte ich und kickte mit ihm an. Bingo! Er hatte den Moment nicht verpasst, in dem er mir tief in die Augen gucken musste. Für das kommende Jahr war guter Sex garantiert.

»Mein Wanderbuch«, sagte er. »Ich muss mir in jeder Stadt beim Bürgermeister das Stadtsiegel abholen.«

Na, das sollte wohl noch ein paar Tage Zeit haben.

»Flitzen wir gleich mal zu uns? Dann kannst du den Püngel schon mal abstellen«, sagte ich.

»Püngel?«

»Na, deinen Kram halt!«

Oma war zum Glück unterwegs. Nicht dass ich Einwände befürchtet hatte. Aber wenn sie mir Flo vergrault hätte – Na, er würde sie schon früh genug kennenlernen.

Er *lernte* sie am nächsten Tag kennen. Und wie!

Wir waren den ganzen Tag unterwegs gewesen, hatten so richtig abgefeiert – Mein Gefühl hatte mich nicht getrogen. Gute Tänzer haben das mit der Balance zwischen Leidenschaft und sich zurücknehmen raus. Sein Lachen war hochinfektiös. Am Ende des Tages beherrschte er »Schwadlappe« – so viel wie Quatschkopf – und »Stippeföttche« – den Popo-Stupser-Tanz der Rote-Funken-Karnevalssoldaten –, und ich hatte meinen Wortschatz um »Himmiheagodna« – »Himmelherrgott« – und »Hosdmi« – »Hörst du mich?« – angereichert. Natürlich waren wir alle beide nicht mehr nüchtern. Und natürlich bützten – küssten – wir, dass die Balken sich bogen. Aber vor allem haben wir getanzt, bis der Arzt kam. Quasi.

Natürlich kam er nicht. Ich meine, der Arzt. Flo am Ende auch nicht. Wir waren dermaßen platt, als wir endlich zu Hause aufschlugen, dass ich ihn nur noch mit letzter Kraft in Mamas Schlafzimmer schob, wo wir seinen Schlafsack deponiert hatten. Dann torkelte ich in mein Bett und schlief noch im Fallen ein.

Als die Sonne mich am nächsten Tag weckte, brauchte ich eine Weile, ehe ich in die Senkrechte fand. Zu der bleiernen Müdigkeit und einem Anflug von Kater kam ein höllischer Namensvetter in den Muskeln. Ich schlurfte wenig katzengleich in die Küche, aus der köstlicher Kaffeeduft waberte.

Oma fuhr herum, als ich eintrat. Sie hatte anscheinend eben abspülen wollen, was sie in der Hand hielt.

Ich rieb mir die Augen.

Es blieb ein großes Fleischmesser, von dem Blut tropfte.

Oma sah meinen Blick und ließ das Messer schnell hinter sich ins Becken fallen, lehnte sich mit dem Rücken an die Spüle und sah sehr blass aus.

»Omi, was ist passiert?«, fragte ich.

Ihre Stimme zitterte.

»Der Kerl in Ulrikes Bett – ich dachte – er ist tot«, krächzte sie und deutete mit dem Daumen in Richtung des Schlafzimmers, in das ich Flo einquartiert hatte. Ich sah, dass auch ihre Hand blutverschmiert war, und verspürte plötzlich den dringenden Impuls, nach nebenan zu rennen und nach Flo zu gucken, gleichzeitig aber eine derart lähmende Angst, dass mir die Knie weich wurden. Ich sank auf einen Küchenstuhl.

»Wer?«, schnappte ich.

Omis Gesichtsfarbe changierte ins Hellgrüne. »Ich musste ihn doch unter die Erde bringen«, ächzte sie.

»Was?« Meine Panik stieg.

»Den Fremden! Den mit dem schwarzen Hut!«

An dem Punkt beschloss ich, dass ich eindeutig zu viel getrunken haben musste. Ich delirierte.

»Du musses *was*?«, fragte ich. Irgendwie klebte mir die Zunge am Gaumen.

»Ach Gott, mein Mädelchen!« Tränen liefen meiner Omi aus den Augen und holperten über die runzligen Wangen. Als sie sie wegwischte, blieb eine blutige Spur in ihrem Gesicht.

»Ach, Erich, warum nur, warum?«

Lieber Himmel, hielt sie mich für meinen Opa?

»Reichte es nicht, dass du dich vor den Zug geworfen hast?«, wimmerte sie.

Was? Verwechselte sie mich jetzt mit meiner Mutter? Wieso kam *die* ins Spiel?

»Ach, Melle, dein Opa war doch gestraft genug!«

»Mein *Opa*?« Gott sei Dank, meine Zunge lebte noch!

»Dein Opa, ja! Nachdem er den Scheißkerl umgebracht hatte …«

Welchen *Scheißkerl*? *Flo*? Opa ist doch schon ewig tot! Hielt Oma sich für Opa?

»… der deiner Mutter das angetan hatte.«

»*Meiner Mutter*?«

Oma ließ sich ebenfalls auf einen Stuhl fallen, schlug die Hände vors Gesicht und weinte herzzerreißend.

Ich weiß nicht, ob irgendein Mensch es nachvollziehen kann. Meine Omi ist zeitlebens für mich da gewesen. Ich hätte immer beide Hände ins Feuer gelegt, dass sie keiner

Fliege etwas zuleide tun könnte. Sie musste definitiv vollkommen durchgeknallt sein. Irgendein Dämon hatte von ihr Besitz ergriffen. Kurz und gut: Ich stand auf, ging zu ihr, nahm sie in die Arme und weinte, so über sie gebeugt, ein bisschen mit.

Die Geste schien ihre Zunge zu lösen. Zwischen Schluchzern erzählte sie mir diese unglaubliche Geschichte:

Meine Mutter hatte Karneval vor 16 Jahren im Sartory einen Handwerker auf der Walz aufgelesen, dem sie einen Schlafplatz auf dem Sofa angeboten hatte. Mit Sicherheit, meinte Oma, müsste es da vorher eine Knutscherei gegeben haben. Karneval halt. Der Kerl war in der gleichen Nacht in das Zimmer meiner Mutter eingedrungen – »Vielleicht hatte sie ihn ja ermuntert, wer weiß?«, heulte Omi. »Aber dann hat sie sich gewehrt.« – Mein Großvater war von dem Rumpeln aufgeschreckt und als er seine Tochter schreien hörte, mit gezückter Dienstwaffe in ihr Zimmer gestürzt. Da sei es halt passiert.

Opa sei aus dem Haus gerannt und hätte sich vor den nächsten Zug geschmissen. Was Oma und Mama zu dem Zeitpunkt natürlich noch nicht wissen konnten. Sie hätten in der gleichen Nacht im Rosenbeet eine tiefe Grube ausgehoben und den Leichnam verbuddelt.

Sie sah mich bedeutungsvoll an.

Eine Spur hätte der Kerl denn aber doch hinterlassen.

»Was?«

»Ach, Liebelein, guck mal in den Spiegel«, seufzte Oma.

»Ach, du Scheiße«, sagte ich.

Oma schluchzte.

»Um acht kamen Opas Kollegen. Er muss wohl erst eine Weile an der Hohenzollernbrücke **15** gestanden haben, ehe er sich für den Bahnhof entschied.«

»Ach, du Scheiße«, wiederholte ich. »Und der Typ? Wurde er nicht vermisst?«

»In der Zeitung stand, sie hätten keinen Anhaltspunkt, wo sie ihn suchen sollten.«

Sie lächelte unter Tränen. »Immerhin hat er ein wunderschönes Grab.«

Etwas ratterte in meinem Kopf. »Oma«, sagte ich, »was waren das neulich für Klamotten, die du verbrannt hast? Der schwarze Hut?«

Sie seufzte. »Es war alles so furchtbar. Was mochten seine Eltern durchmachen? Ich hab gedacht, wenn es doch mal rauskommt, dann sollten sie wenigstens seine letzten Habseligkeiten – Ich hatte sie *so* gut versteckt! Aber dann hat Ulrike sie neulich gefunden! Und da hat sie sich in den Kopf gesetzt, dass sie seinen Eltern das Buch bringen müsste – bevor sie sich am Bahnhof alles anders überlegt hat.«

Was für ein Buch?

Oma sprach weiter, ehe ich fragen konnte. »Weit war sie nicht gekommen. Sie war ja völlig durch den Wind! Und da hab ich gedacht, ich muss die Sachen endlich verschwinden lassen!«

Flos Buch fiel mir ein, und ich schrak zusammen. »Lieber Himmel, was hast du mit …?« Mir schnürte es die Luft ab.

Oma machte Kulleraugen. »Weißt du, was, Melle? Das Buch enthielt exakt sieben Siegel. Ist das nicht verrückt?«

Wenn eines feststand, dann, dass meine Oma vollkommen verrückt war!

Obwohl der Gedanke an Flo mir das Herz zerriss –
Wie konnte man ihr böse sein? Nach dem, was sie durch-
gemacht hatte!

Nebenan rumpelte etwas. Ich zuckte zusammen. Oma
fuhr hoch wie von der Tarantel gestochen. »Er ist *wieder*gekommen«, krächzte sie, kippte vornüber und klammerte sich an mich. Als ihre blutigen Finger nach mir grif-
fen, wurde ich fast ohnmächtig. Flo lebte, wie es schien!
Aber meine Omi …

Mein Blick fiel über ihren gekrümmten Rücken in die
Spüle. Da lag ein großes blutiges Stück Rindfleisch. Sie
hatte einen *Braten* pariert!

Es klopfte.

Flo streckte einen verwuschelten Kopf herein. »Moing
beinand«, rief er, eine Hand im Schritt. »Melle, i muaß
dringend auf's Häusl.«

»Flo!«, schrie ich erleichtert. »Äh – rechts. Neben dem
Schlafzimmer.«

Krachend fiel die Badezimmertür zu.

Omi und ich guckten uns an. Wir weinten und lachten
abwechselnd und schüttelten die Köpfe.

»Ach, Melle«, meinte meine Oma schließlich. »Mach
dich bloß nie verrückt damit, dass du versuchst, dich davor
zu hüten, verrückt zu werden. *Ich* bin ja reif für Alzers-
heimer. Aber *dir* steht das ganze Tollhaus noch offen!«

»Hm«, ich kratzte mich am Kopf.

»Vielleicht versuchen wir es erst mal mit einem Kaffee?«

1 **Mummenschanz in den Sartory-Sälen**
Seit über 60 Jahren gehören die Sartory-Säle in der Friesenstraße 44–48 in 50670 Köln zu den wichtigsten Veranstaltungszentren in Köln. Auf den Trümmern des Varietés »Groß-Köln«, das aus der 1896 gegründeten Brauerei »Cölner Bürgerbräu« entstanden war, ließ Carl Sartory Senior das Festhaus bauen, geplant von Wilhelm Riphahn, dem berühmten Kölner Architekten, der auch für die Bastei, das British Council sowie die Oper und das Schauspielhaus **13** verantwortlich zeichnet. 1948 fand die Eröffnung statt. Heute finden hier Kongresse, Ausstellungen und Konzerte statt, es werden Betriebsfeste und Karneval gefeiert, man tanzt auf Galas und festlichen Bällen und amüsiert sich bei Musicals und Boxkämpfen. Der Mummenschanz im Sartory gehört zu den traditionellen Karnevalsbällen.

2 **Kölner Hauptbahnhof**
Der Kölner Hauptbahnhof ist mit fast 300.000 Reisenden pro Tag der fünftgrößte Bahnhof in Deutschland – nach Hamburg, Frankfurt, München und Berlin. Ein »Centralbahnhof«-Vorgängerbau wurde bereits 1859 fertiggestellt, stieß bald an seine Kapazitätsgrenzen, konnte aber erst 1880 nach der Verstaatlichung der Eisenbahngesellschaften zu einer dreigliedrigen Bahnsteighalle ausgebaut werden, deren Mittelteil mit 64 Metern die seinerzeit größte

Dachspannweite aufwies. Seitdem wurde der Bahnhof immer wieder erweitert und umgewandelt. Aufgrund seiner zentralen Lage und der Nähe zum Kölner Dom 109 und zum Rhein sowie durch den auf den Dom ausgerichteten Verlauf der Hohenzollernbrücke 15 sind dringend erforderlichen weiteren Ausbauvorhaben aber Grenzen gesetzt. Der Kölner Hauptbahnhof bietet heute rund um die Uhr eine Fülle an Einkaufs-, Imbissmöglichkeiten und Dienstleistungen.

Das ursprünglich zweistöckige Wartesaalgebäude wurde nach und nach drastisch zurückgebaut, aber der Bereich für Erste-Klasse-Reisende unterhalb des südlichen Sockelbereichs blieb bis heute erhalten, zumal er bedingt durch die günstige Lage unterhalb der Gleise von Bombenschäden fast verschont blieb. Er wird heute als Restaurant und Veranstaltungssaal genutzt und ist schon aufgrund der originalen Innenausstattung – Wandvertäfelungen, Stuck, Art-Déco-Gestühl und -Leuchten – ein visuell-sinnliches Erlebnis. Alfred Biolek mietete die Räumlichkeiten 1983 an und renovierte sie behutsam, sodass der Jugendstilcharakter aus dem Jahr 1915 erhalten blieb. Im Herbst 2014 wurde der Alte Wartesaal erneut gründlich überarbeitet, die Jugendstil-Elemente wurden renoviert und ergänzt.

Der Kölner Hauptbahnhof erlangte im Zusammenhang mit Ausschreitungen zu Silvester 2015 traurige Berühmtheit: Ein Mob Männer, vorwiegend nordafrikanischer Herkunft, warf Feuerwerkskörper in die Menge, wurde massiv sexuell übergriffig und bestahl und beraubte Feiernde und Reisende, was im Kontext vieler, insbesondere syrischer Asylsuchender deutschland-, europa- und weltweit Ängste vor Überfremdung auslöste und rassistische Tendenzen beförderte. Als die Verfasserin, die in jener Neujahrsnacht stundenlang am Kölner Hauptbahnhof in einer großen Menge friedlicher Migranten ausharrte, darüber öffentlich berichtete, wurde sie selbst Opfer eines sexistischen und volksverhetzenden Shitstorms, der die aufgeheizte Atmosphäre zu Beginn des Jahres 2016 drastisch spürbar machte.

3 Alexianer

Der Grundstein des Alexianer-Krankenhauses in der Kölner Straße 64, 51149 Köln, wurde 1898 durch den gleichnamigen Orden gelegt. Die 800 Jahre alte katholische Gemeinschaft der Alexianer-Laienbrüder, Begarden genannt, seit der zweiten Hälfte des 13. Jahrhunderts in Köln ansässig, wurde 1507 von Papst Julius II. als Orden anerkannt. Nach einer sehr wechselvollen Geschichte bauten die Alexianer im damaligen Vorort Lindenthal ihr neues Kloster, in dem sie sich der Krankenpflege widmeten. Im Dritten Reich wurden im Zuge der Sittlichkeitsprozesse gegen Ordensangehörige und Priester 1937 46 Kölner Alexianer aufgrund von Beschuldigungen der Unzucht zwischen Männern verurteilt, woraufhin das Krankenhaus von den Cellitinnen übernommen wurde. Der letzte Kölner Alexianer starb 1987. Heute führt die Stiftung der Alexianerbrüder, einer der bundesweit größten Anbieter im Bereich

der Psychiatrie, das Haus mit der schönen Gründer-
zeitfassade.

4 **Friedrich-Wilhelm-Gymnasium**
Das FWG, Severinstraße 241 in 50676 Köln, benannt
nach dem damaligen Kaiser Friedrich Wilhelm III., ist
ein 1825 gegründetes neuhumanistisches Gymnasium.
Am Haupteingang prangt der bronzene Ikarus des
Bildhauers Kurt-Wolf von Borries (1928–1985). Der
griechischen Sage nach hatte Ikarus' Vater Dädalus seinem Sohn und sich mit Hilfe von Federn und Wachs
ein Flügelpaar gebastelt, um dem Zorn des Königs
Minos über das Meer zu entkommen. Obwohl er Ikarus einschärfte, dass dieser sich der Sonne fernhal-
ten solle, wagte der Junge sich in gefährliche Höhen,
das Wachs schmolz, die Flügelkonstruktion löste
sich auf, Ikarus fiel ins Meer und wurde zum Sinnbild der menschlichen Hybris. Pikanterweise stürzte
am 3. März 2009 das dem FWG gegenüberliegende
Historische Archiv der Stadt Köln ein – aufgrund von
Ausschachtungsarbeiten im Rahmen des als unnö-
tiges Prestige-Projekt geschmähten U-Bahn-Baus.
Ein Linienbus konnte rechtzeitig gestoppt werden.
20 Minuten früher war die sechste Schulstunde gerade
beendet, Hunderte FWG-Schüler wären betroffen
gewesen. Das Gymnasium musste vollständig eva-
kuiert und für drei Jahre ausquartiert werden.

5 **Alter Markt**
50667 Köln. Schon im Altertum war er ein Platz des
Handels und Wandels zwischen Hafen und römi-

scher Stadtmauer. Später versandete der Hafen, und die 5460 m² große Fläche wurde mit dem dahinter liegenden heutigen Heumarkt 90 als Markt- und Turnierplatz genutzt. 992 n. Chr. fand sich der *mercatus coloniae* erstmals urkundlich erwähnt. Im Mittelalter wurde hier u. a. mittels Pranger und Drillhäuschen Strafvollzug ausgeübt. Den Westteil des Alter Markts dominiert seitdem das Rathaus mit dem Rathausturm. Im Zweiten Weltkrieg fast vollständig zerstört, wurden Platz und anliegende Häuser anschließend weitgehend originalgetreu aufgebaut. Erst in den 80er Jahren leitete man den Verkehr um, sodass das gesamte Gelände heute für Außengastronomie und Veranstaltungen zur Verfügung steht. Dazu gehört insbesondere die Eröffnung der Karnevalssession, von den Kölnern die »fünfte Jahreszeit« 84 genannt, die jährlich am 11.11. um 11.11 Uhr mit Live-Konzerten gefeiert wird, außerdem der offizielle Beginn des Straßenkarnevals an Weiberfastnacht, der seit 1954 seinen Auftakt mit dem Historienspiel »Jan und Griet« 9 nimmt. Von der Severinstorburg am Chlodwigplatz ziehen die Jecken durch die Severinstraße bis zum Denkmal Jan von Werth am Alter Markt, wo der Zug am Brunnen endet und zu Ehren von Jan und Griet getanzt wird. Um 11.11 Uhr ruft das Kölner Dreigestirn, bestehend aus Prinz, Bauer und Jungfrau, hier die tollen Tage aus 14 .

Im Dezember zieht der Heinzelmännchen-Weihnachtsmarkt auf dem Alter Markt Millionen Besucher in die Altstadt.

6 Kallendresser

Zu dem »Kallendresser« oder »Kallendrießer« gibt es mehrere Legenden. Eine besagt, es habe Streit zwischen Bewohnern eines Hauses an der Ostseite des Alter Markts gegeben, von denen einer mit schöner Regelmäßigkeit bei offenem Fenster Tuba spielte – woraufhin der andere, der in der Wohnung darüber lebte, sich eines Tages von oben in die Tuba entleert habe. Eine lautet, man habe den Politikern im Rathaus, das direkt gegenüber liegt, seine Kritik mit »dem bläcke Aasch« (bläck = nackt) zu verstehen geben wollen. Womöglich ist er schlicht eine Reminiszenz an frühere Zeiten, in denen die Bewohner des Dachgeschosses, wenn die Not groß war, die »Kalle« (Regenrinne) für ihre Notdurft (»drießen« = scheißen) nutzten, weil ihnen der Weg zur Toilette im Hof zu weit war.

Die ursprüngliche Plastik war ein flaches, etwa 70 cm² großes Relief am Haus Nummer 40, nach dem historischen Vorgängerbau »Em Hanen« genannt. Anfang des 20. Jahrhunderts wurde der »Kallendresser« in der Gestaltung des Kölner Künstlers Ewald Mataré dicht unter dem spitzen Walmdach des Hauses Nummer 24 angebracht: ein kleines grünes Bronzemännchen, das dem Betrachter seinen wohlgeformten nackten Hintern zeigt.

7 Gaffel

1213 findet sich das älteste Gebäude am Alter Markt mit der Nummer 20/22, vor dem früher Äpfel gehandelt wurden, weshalb es auch »Zur Britzele am Apfelmarkt« (Zur Bretzel) hieß, zum ersten Mal urkundlich erwähnt. Seit 1987 hat die Privatbrauerei Gaffel hier ihren Ausschank. Der Begriff »Gaffel« (Gabel) geht auf die Zeit der Zünfte und Tischgesellschaften zurück, die von 1396 bis zur Besetzung durch die Franzosen (1794) die herrschenden politischen Vereinigungen in der Stadt Köln waren. Sie verstanden sich als eine Art Bruderschaft bzw. Berufsgenossenschaft, die nicht nur politische und wirtschaftliche Interessen ihrer Mitglieder vertrat, sondern in Notsituationen diese samt Familien versorgte und die Verteidigung der Stadt sicherte. Die »Gaffel«-Privatbrauerei ist Mitglied des Kölner Brauerei-Verbandes e. V., hat die Kölsch-Konvention unterschrieben und ist damit berechtigt, Kölsch zu brauen **10**. Die Brauer spielten in Köln schon seit dem späten Mittelalter eine wichtige Rolle, was u. a. den miserablen hygienischen Verhältnissen in der Stadt geschuldet sein mag: Mangels sauberen Wassers trank man vorzugsweise Gebrautes. Neben anderen Gaffeln bzw. Handwerksvereinigungen unterschrieben die Brauer 1396 den sogenannten Verbundbrief, der Köln als erster deutscher Stadt eine demokratische Verfassung sicherte – mittels einer ersten friedlichen Revolution auf europäischem Boden, die die Macht der Patrizier zumindest eine Zeit lang deutlich einschränkte.

Welches Bier sich Kölsch nennen darf, regelt die Kölsch-Konvention von 1985: Im 19. Jahrhundert bedrohte die zunehmende Industrialisierung auch im Brauwesen die kleinen Hausbrauereien. Die neuen Großbrauereien produzierten vor allem besser lagerbare untergärige Biere wie Pils und Export. 1918 führte die Brauerei Sünner erstmalig den Begriff Kölsch für ihr helles obergäriges Bier ein. Der Zweite Weltkrieg dezimierte die Kölner Brauereien auf zwei: Sünner und Dom. Danach wuchs die Zahl der Betriebe schnell wieder auf 24 an, der Kölsch-Ausstoß stieg, und man entwickelte das Produkt zum Alleinstellungsmerkmal. Alle Kölner Brauereien unterzeichneten am 6. März 1986 eine freiwillige Übereinkunft, die Kölsch-Konvention, die bereits ein Jahr zuvor vom Bundeskartellamt genehmigt worden war. Danach muss streng nach dem deutschen Reinheitsgebot von 1516 gebraut werden – und zwar nur in Köln und Umgebung. 1997 wurde Kölsch als Bierspezialität von der EU in den Kreis der geschützten regionalen Spezialitäten aufgenommen, ähnlich wie Champagner oder Cognac. Die Brauereien Gaffel, Reissdorf und Früh bestreiten heute zusammen etwa 60 Prozent der Gesamtproduktion.

Große Sorge bereiten Kölsch-Brauern und -Genießern just im 500. Jahr des Reinheitsgebots der Deutschen Brauer zwei aktuelle Entwicklungen: die geplanten Freihandelsabkommen TTIP (Transatlantic Trade an Investment Partnership und Ceta (Comprehensive Economic and Trade Agreement), die Qualitätsstandards und den Schutz regionaler Produkte bedrohen, sowie Untersuchungsergebnisse aus dem Februar 2016, nach denen in 14 von 14 Proben der beliebtesten Biermarken Deutschlands Spuren des Pestizids Glyphosat gefunden wurden. Die

Wahrscheinlichkeit, dass das Gift auch in Kölsch anzutreffen ist, scheint hoch.

8 Platzjabbeck

Ähnlich wie bei dem »Kallendresser« ranken sich um den »Platzjabbeck«, der sich an der dem Alter Markt zugewandten Ostseite des Kölner Rathausturms befindet, viele Geschichten. Es handelt sich um ein aus Holz geschnitztes farbiges Gesicht mit Bart. Der Kopf ist mit einem Metallhut abgedeckt, der die Skulptur mit seiner breiten Krempe vor Niederschlägen schützt. Eine eingebaute Mechanik, durch einen kleinen Motor angetrieben und mit der über der Skulptur hängenden Turmuhr verbunden, lässt die Fratze zu jeder vollen Stunde den Mund aufreißen und eine metallene Zunge herausfahren. Der heutige Kopf stammt aus der zweiten Hälfte des 20. Jahrhunderts und hat die ursprünglich aus dem 15. Jahrhundert stammende Figur – belegt durch eine Rechnung aus dem Jahr 1445 – ersetzt. Das Bild ist deutlich: Jemand »jappt« (reißt) das Maul (französisch »bec«) weit auf und streckt die Zunge heraus. Was wollten die Kölner Stadtväter damit sagen? Der Rathausturm war 1414 fertiggestellt worden. Er wird heute noch gern mit einem Kirchturm verwechselt, weil das mit dem Verbundbrief erstarkte Bürgertum damit nicht nur den Patriziern, sondern natürlich auch den Erzbischöfen, die nach der Schlacht von Worringen im Jahr 1288 die weltliche Macht über Köln verloren hatten, einen steinernen Stinkefinger zeigen wollte. Entsprechend kann der »Platzjabbeck« wohl am ehesten

als weiterer Ausdruck großspurigen bürgerlich-köl-
schen Selbstbewusstseins verstanden werden.

9 Jan von Werth

Mitten auf dem Alter Markt steht der 1884 errichtete
»Jan-von-Werth-Brunnen«, der für eine ebenso tragische wie banale berühmte Kölner Liebesgeschichte
steht, die, was den historischen Kavalleriegeneral Jan
von Werth (1591–1652) aus dem Dreißigjährigen
Krieg angeht, allerdings nicht verbürgt ist: Aus ein-
fachen Verhältnissen stammend, als Knecht auf dem
»Kümpchenshof«, wirbt der junge Jan um die Magd
Griet, die jedoch höher hinaus will. Der Frust treibt
den abgewiesenen Knecht zum Militär, er legt eine
beispiellose Karriere hin und kehrt viele Jahre später als Reitergeneral nach Köln zurück, wo er Griet
als Marktfrau wieder begegnet. Griet, reuevoll: »Jan,
wer et hätt jewoss.« (Wer es geahnt / gewusst hätte.)
Jan entgegnet: »Der et hätt jedonn.« (Der hätte es
getan / zugegriffen.) Die Karnevalsgesellschaft »Jan
von Werth« führt das »Historienspell vun Jan un
Griet« (Historienspiel von Jan und Griet) jedes Jahr
zum Auftakt des Kölner Straßenfasteleer (Straßenkarneval) am Wieverfastelovend (Weiberfastnacht)
um 13.30 Uhr an der Severinstorburg in der Kölner
Südstadt auf, anschließend geht es in einem Umzug
zum Alter Markt 5 .
Zwischen dem Wiener Kongress 1815 und dem Ersten Weltkrieg war Köln 100 Jahre preußisch besetzt.
1865 errichtete man auf dem Heumarkt 90 ein Rei-
terstandbild für Friedrich Wilhelm III. Das 19 Jahre

später errichtete Jan-von-Werth-Denkmal stand in Sichtweite des preußischen Kaisers. Selbstredend verbat es sich, den Reitergeneral ebenfalls auf einem Pferd abzubilden.

10 Kölschstangen

Kölsch, so heißt es, sei die einzige Sprache, die man trinken könne. Die Sehenswürdigkeit, besser Schmeckenswürdigkeit trifft man in jeder Kneipe in der Kölner Region an. Der Kenner trinkt es nur frisch vom Fass. Kölsch ist ein helles, blankes (gefiltertes) und obergäriges Vollbier mit einer Stammwürze von 11,3 % und einem Alkoholgehalt von 4,8 %. Das von den Kölner zutiefst verachtete Düsseldorfer Altbier ist dem Kölsch nahe verwandt, insofern ebenfalls obergärig. Da obergärige Biere bei Kontakt mit Sauerstoff schnell verschalen, können sie nur unter Hinzufügung von Kohlensäure in Flaschen abgefüllt werden, was den Geschmack verfälscht. Die hohen schmalen Kölsch-Stangen, auch Reagenzgläser genannt, die nur 0,2 Liter fassen, garantieren ein Maximum an Frische. Es gibt auch eine kleinere Variante des Glases: das Stößchen oder Damenbier, das nur ca. 0,1 Liter Bier fasst. Die Stangen werden in sogenannten Kränzen gebracht, Tabletts mit Einlassungen für zwölf und mehr Kölsch. Wer mehr wünscht, erwirbt ein Pittermännchen (Pitter = Peter), ein Zehn-Liter-Fass für die heimische Party, das seinen Namen von dem heiligen Peter von Mailand hat, dem Schutzpatron der Brauer.

Köbes

Der Köbes ist eine Kölner Besonderheit, die in jedem Brauhaus, hier der Privatbrauerei Gaffel, anzutreffen ist: Kellner ist insofern unzutreffend, weil der mit langer blauer Schürze und lederner umgeschnallter Geldtasche versehene Köbes in den klassischen Brauhäusern bis heute zum Teil Franchiser ist. Er erwirbt die Kölschfässer von der Brauerei und verkauft das Bier auf eigene Rechnung. Dabei gibt er sich ausgesprochen burschikos, duzt die Gäste, die er gern als Jung (Männer) oder Liebelein (Frauen) anspricht, stellt ihnen ungefragt ein Kölsch hin, reagiert ruppig, wenn sie andere Wünsche haben. Logisch, der Köbes verdient nur am Kölsch. Daher versteht er jedes alternative Getränk, das bestellt wird, als persönlichen Affront. Je frischer gezapft, umso höher schäumt das köstliche Nass und kaschiert die Differenz unter dem Eichstrich, die hundertprozentigen Gewinn garantiert, der mit dem Zappes (dem Zapfkellner), der bei der Brauerei fest angestellt ist, brüderlich geteilt wird.

Köbes ist die kölsche Abkürzung des Namens Jakob. Köln war aufgrund des Dreikönigsschreins jahrhundertelang hillije (heilige) Stadt, eine der wichtigsten Stationen auf dem Jakobsweg. Die Jakobspilger, monatelang unterwegs, mussten sich unterwegs immer wieder einen Job suchen, um die nächste Reisetappe bezahlen zu können. Was lag näher, als sich in den Wirtshäusern, in denen sie einkehrten, zu verdingen? So wurde der Jakobsbruder zum Köbes, der ungefragt das nächste Kölsch nachlegt, ehe das erste leer ist. Wer das nicht will, muss einen Bierdeckel auf sein Glas legen. Das Zeichen versteht jeder Köbes.

12 Rathaus

Als Wiege der kommunalen Demokratie verkörperte das nach den mittelalterlichen Vorgängerbauten neu errichtete Kölner Rathaus von 1569 den ganzen Stolz des Kölner Bürgertums. Mit fünf Geschossen war es für damalige Verhältnisse ein Hochhaus, der Turm machte mit 61 Metern Höhe den Kirchtürmen Konkurrenz. Von dem ursprünglichen Bau ist nur wenig originale Substanz vorhanden, da das Gebäude wie die gesamte Kölner Innenstadt unter den Bombardements der Alliierten im Zweiten Weltkrieg in Schutt und Asche gelegt wurde. Lediglich die Renaissance-Laube hat den Krieg halbwegs unbeschadet überstanden und gilt heute als attraktive Kulisse für Hochzeiten. Der steinerne Fries erzählt die Geschichte des tapferen Bürgermeisters Hermann Gryn, der aus einem heroischen Kampf gegen einen Löwen, dem er von zwei intriganten Domherren zum Fraß vorgeworfen werden sollte, siegreich hervorging – Sinnbild des Konflikts zwischen den freiheitsliebenden Kölner Bürgern und den mit unfairen Mitteln um Vorherrschaft bemühten Erzbischöfen.

Der imposante Turm wurde Anfang der 80er Jahre erst mit 124 neuen Skulpturen versehen, entsprechend dem ursprünglichen reichen und oft gerühmten Figurenschmuck des historischen Turms, von dem allerdings nicht überliefert ist, wer genau dort abgebildet wurde. Heute zieren Fürsten und Erzbischöfe das Erdgeschoss, im ersten, zweiten und dritten Geschoss finden sich um die Stadt verdiente Persönlichkeiten, während ganz oben Schutzheilige den Kölner Himmel abbilden. Nachdem die Figuren aufgrund falscher Konservierung ganz bald wieder bröselten, wurde eine erneut eingeleitete Neubestückung erst Ende 2008 abgeschlossen.

Herzstück des Rathauses ist der zu Teilen erhaltene gotische Hansasaal, in dem im 14. Jahrhundert die Hanse tagte. Die Piazetta, die Rathaushalle, dient als Veranstaltungsstätte, etwa bei Ehrungen. Darüber hinaus werden im historischen Teil des Rathauses Trauungen vorgenommen. Die eigentliche Sitzungsarbeit findet heute im benachbarten Spanischen Bau statt, der nach dem Krieg auf einer Betonspanndecke errichtet wurde, unter der im Zuge der Bombardierungen freigelegte Fundamente des ehemaligen römischen Statthalterpalastes besichtigt werden können, das sogenannte Prätorium.

13 **Städtische Bühnen**
1962 wurde nach den Plänen Walter Riphans das heute denkmalgeschützte Ensemble von Opernhaus und Schauspielhaus am Offenbachplatz, 50667 Köln, direkt an der Nord-Süd-Fahrt-Schneise erbaut. Seit 2012 wurde bzw. wird es einer umfassenden Renovierung unterzogen, nachdem der ursprünglich geplante Neubau aus Kostengründen und aufgrund von vehementen Bürgerprotesten zurückgestellt wurde, unterstützt von der damaligen Schauspielintendantin Karin Beier. Karin Beier

hatte 2007 bis 2012 dem Kölner Theater nach vielen Jahren der Mittelmäßigkeit mit einigen ausgezeichneten Inszenierungen zu neuem Glanz verholfen und damit an die ruhmreichen, wenngleich äußerst umstrittenen siebziger Jahre unter der Intendanz von Hansgünter Heyme sowie die folgende Ära Flimm bis 1985 angeknüpft. Die Kölner Oper, vor dem Krieg in einem historisierenden, figural und floral reich geschmückten Gebäude am Habsburgerring beheimatet, tat sich aufgrund der schlechteren Akustik und der vergleichsweise nüchternen Gestaltung des Neubaus, von den Kölnern als »Indisches Grabmal« oder »Grabmal des gescheiterten Intendanten« verspottet, trotz vieler wichtiger Uraufführungen schwer, an die Festspielerfolge vor dem Ersten Weltkrieg anzuknüpfen. In den 90er Jahren verhalf die im Opernfoyer als erste Kinderoper Europas eingerichtete Yakult-Halle der Spielstätte zu Bedeutsamkeit.

Bis zum Sommer 2015 sollten alle Schauspiel- und Operninszenierungen in Interimsstätten über das Stadtgebiet verteilt aufgeführt werden. Dieser Übergangszustand verlängert sich erwartungsgemäß ebenso wie explodierende Kosten die ursprüngliche Planung als unrealistisch erwiesen.

14 tolle Tage

Die sogenannten tollen Tage sind insofern nicht zu lokalisieren, als sie ganz Köln und die umliegenden Gemeinden betreffen. Das normale Leben kommt in der Zeit zwischen Weiberfastnacht und Aschermittwoch, dem Beginn der Fastenzeit, flächendeckend zum Erliegen.

Seit Beginn des 19. Jahrhunderts bildet der Rathaussturm der jecken Wiever (der verrückten Weiber), die den Männern traditionell die Krawatte abschneiden, den Auftakt zu tagelangen Feiern und Umzügen im sogenannten Straßenkarneval, Höhepunkt der am 11.11. eingeläuteten Session, der fünften Jahreszeit, die sich den Winter über in erster Linie in Form des Sitzungskarnevals **84** manifestiert. Das Zentrum der Feierei in der Innenstadt sind der Alter Markt **85**, der Heumarkt **90** und die Südstadt, wo kölsche Bands wie die Bläck Fööß, die Höhner oder Brings, aber auch zahlreiche Nachwuchsbands auftreten. Das katholisch geprägte Köln war schon immer eine Hochburg des Frohsinns gewesen. Im Gegensatz zu der asketisch-protestantischen Lebensweise finden die Katholiken, wenn sie über die Stränge schlagen, Entlastung von der Sünde in der anschließenden Beichte. Als die protestantischen Preußen Köln besetzten, hatten sie den subversiv-wüsten Mummenschanz verboten, was die Kölner auf eine Idee brachte: Ein »Festordnendes Komité« kam zusammen, das einen geordneten Straßenkarneval in Form eines Umzugs konzipierte. Karnevalsgesellschaften wurden gegründet, deren Riten bis heute aktuell sind und die das militärisch-geordnete Marschieren der preußischen Soldaten verhohnepiepeln. Die »Roten Funken« als Reminiszenz an die Kölner Stadtsoldaten stecken sich Strüßjoh (Blumensträußchen) in die Knabüß (Gewehre) und tanzen Stippeföttche: Die

Gardisten reiben oder stippen Rücken an Rücken die Allerwertesten (Föttche) aneinander, man singt und schunkelt, indem man sich bei den Nachbarn einhakt und zum Takt der Musik hin und her schaukelt, man bützt (küsst) sich und ruft Kölle Alaaf (all af = über alles). Der ursprüngliche Held Carneval wurde im Laufe der Zeit zum Karnevalsprinzen, dem der wehrhafte kölsche Boor (Bauer) mit dem Dreschflegel zur Seite gestellt wurde sowie die von einem Mann dargestellte Jungfrau, die für die Stadt Köln steht. Dieses Trifolium (Kleeblatt) regiert während der tollen Tage die Stadt, nachdem der Oberbürgermeister ihm an Weiberfastnacht symbolisch den Stadtschlüssel überreicht hat. Neben vielen kleineren regionalen bzw. Stadtteilumzügen an allen Tagen sind die größten die Schull- und Veedelszöch (Veedel = Viertel), die von Schulen und Vereinen der Kölner Stadtviertel bestritten werden, und natürlich der Höhepunkt des Kölner Karnevals, der Rosenmontagszug, der mit etwa 15.000 Personen, Wagen und Pferden sechs Kilometer durch die Innenstadt führt und etwa eine Million Zuschauer anlockt.

Zum Abschluss der tollen Tage wird in der Nacht zum Aschermittwoch schließlich der Nubbel verbrannt. Dabei handelt es sich um mannsgroße Strohpuppen, die während der Feiertage über den Eingängen verschiedener Kneipen angebracht und nun mit einem von lautem Wehklagen, Heulen und Alkohol begleiteten Trauerumzug stellvertretend für die Sünden der Jecken zum Scheiterhaufen getragen werden.

Hohenzollernbrücke

Die Hohenzollernbrücke ist eine sechsgleisige Eisen-
bahnbrücke, eine von sieben Verbindungswegen
zwischen dem rechts- und linksrheinischen Köln,
und wurde in Höhe des Kölner Doms **109** errichtet.
Sie verbindet den in unmittelbarer Domnähe gelegenen Kölner Hauptbahnhof **2** mit dem Deutzer Bahnhof. Das Bauwerk mit den markanten drei stähler-
nen Fachwerkbögen wurde in der Kaiserzeit gebaut
und 1911 fertiggestellt. Auf beiden Seiten der Gleise
gibt es einen Fuß- und Fahrradweg, dessen Geländer
auf beiden Seiten mit tausenden Vorhängeschlössern
bestückt ist, die Paare dort anbringen, um einander
ewige Liebe zu schwören und den Schwur zu besie-
geln, indem sie den Schlüssel zu ihrem gemeinsamen
Schloss in den Rhein werfen.

An ihren Auf- und Abgängen stehen vier Hohenzol-
lern-Reiterstatuen, die König Friedrich Wilhelm IV.,
Kaiser Wilhelm I., Kaiser Friedrich III. und Kaiser
Wilhelm II. von Preußen abbilden. Die Hohenzol-
lern waren nicht eben wenig stolz darauf, dass es
ihnen gelungen war, den Kölner Dom **109** nach hun-
derten Jahren Bauzeit, u. a. einer mehrhundertjäh-
rigen Baupause geschuldet, als deutsches National-
symbol zu vollenden. Daher bestanden sie darauf,
dass die Ost-West-Eisenbahn-Achse Berlin-Köln
exakt auf den Dom ausgerichtet wurde, sodass der
Reisende sich bei der Überquerung des Rheins fühlen musste, als führe er direkt in das neue National-
heiligtum ein. Die dadurch entstandene Haarnadel-
kurve dicht vor dem Dom ist für die Konstruktion

von modernen europaweit einsetzbaren Hochge-
schwindigkeitszügen ein Riesenproblem.

An den aus Muschelkalk bestehenden Brückenpfei-
lern auf der Deutzer Seite der Hohenzollernbrücke hat der Deutsche Alpenverein die einzige frei
zugängliche Kletteranlage an einem historischen
Baudenkmal in Deutschland eingerichtet.

SCHÄLE MEUCHELEI

Der Tote fiel den Kirchgängern, die am frühen Sonntagmorgen am 8. August 1867 St. Maria in der Kupfergasse 16 zustrebten, von Weitem auf, weil er sich von den Gestalten unterschied, die aufgrund ihrer Trunkenheit den Heimweg nicht fanden oder über kein Dach über dem Kopf verfügten. Der Mann lag rücklings auf der Treppe. Trotz der Dämmerung war das Schindermesser, das in seinem linken Auge stak, deutlich erkennbar.

Der sofort herbeigerufene Criminal-Polizei-Inspector Ernst Klefisch musste sich an Ort und Stelle übergeben. Er war weiß Gott nicht nur ein erfahrener, sondern vor allen Dingen sehr eifriger Beamter, der das *Stiebersche Practische Lehrbuch der Criminal Polizei zur amtlichen Benutzung für Justiz- und Polizeibeamte* und die in *Professor Anselm Feuerbachs Pivatal* zusammengetragenen Kriminalfälle sorgfältig studiert und in seiner Muße leidenschaftlich die Schauerromane der Herren E.T.A. Hoffman und Edgar Allan Poe verschlungen hatte, sodass man mit Fug und Recht annehmen konnte, er sei mit allen Wassern gewaschen. Aber Theorie und Wirklichkeit klaffen bedauerlicherweise oft auseinander. Eine derart scheußlich zugerichtete Leiche hatte Klefisch bisher nicht zu Gesicht bekommen. Der Mörder musste seinem Opfer das krumme Messer, das normalerweise von Abdeckern zum Häuten benutzt wurde, erst ins Herz, und nachdem der Mann auf die Stufen, die zum Haupt-portal der Kirche führten, gestürzt war, ins Auge gerammt haben. Dass der Hingemeuchelte zu diesem Zeitpunkt noch lebte, bezeugte der totenstarre Griff desselben um den Schaft des Mordwerkzeugs, das er sich offensichtlich mit letzter Kraft aus dem Auge zu ziehen bemüht hatte.

Außer dem Messer fanden sich keine Hinweise, die Rückschlüsse auf den Mörder erlaubt hätten, auch nicht bei der anschließenden Untersuchung des Toten, an der Klefisch tapfer teilhatte und in deren Verlauf er Medizinalrat Carl Wilhelm von Seckendorff mit Fra-gen bestürmte. Ob er an Händen und Fingernägeln des Toten Abwehrverletzungen erkennen könne? Ob Faserreste aus der Kleidung des Angreifers vorhanden seien? Ob der Doctor die Untersuchungen des schwe-dischen Naturforschers Carl von Linnée gelesen habe, nach denen Fliegen einen Leichnam so schnell verspei-sen könnten wie ein Löwe, weshalb man bei einer Lei-che immer zuerst kontrollieren müsse, ob sie Fliegen-eier oder Maden enthalte und in welchem Stadium diese sich befänden. Eine Memento mori-Darstellung aus dem 16. Jahrhundert **17** habe solche Veränderungen an Lei-chen bereits präzise festgehalten, aber die Rechtsme-dizin tue sich ja heute noch schwer – Von Seckendorff warf Klefisch an dieser Stelle aus dem Seziersaal. Dazu brauchte es keiner weiteren Worte als eines fröhlichen: »Na, dann wollen wir doch mal sehen, was sich hier an Maden tummelt.« Dabei griff er mit beiden Händen tief in den Bauchraum der Leiche und zog die satt schmat-zenden und zu einem Klumpen von äußerst unappe-titlichem Aussehen und Geruch verknäulten Gedärme des Toten heraus. Klefisch gab ein Geräusch von sich, das seinerseits dem unteren Darmgebiet entsprang, und eilte in den benachbarten Waschraum, aus dem er nicht zurückkehrte. Als der Mediziner sich nach vollbrachter Untersuchung zu ihm gesellte, um die bis über beide Ellenbogen blutig verschmierten Arme zu waschen, hing Klefisch immer noch über der Latrine.

Die Untersuchung hatte dem, was der Augenschein ohnehin zeigte, keine Erkenntnisse hinzugefügt bis auf einige Annahmen zu Alter und Gesundheitszustand der Leiche, die sich aufgrund einer zwischenzeitlich erstatteten Vermisstenanzeige als überflüssig erwiesen. Unzweifelhaft handelte es sich bei dem Ermordeten um den 37-jährigen Caspar Nicolaus Willomitsch, Spross einer Familie von Lohkuchenhändlern und Stockpuppenspielern, der gerade zwei Jahre zuvor erst von seinem Vater Karl Willomitsch die Leitung von dessen Theater in der Weyerstraße 18 übernommen hatte.

Beide, Vater und Sohn, waren der Obrigkeit nicht ganz unbekannt. Hatten sie doch seit Jahren den Bürgermeister mit Anträgen traktiert, die ihnen die Einrichtung einer festen Spielstätte und einen ganzjährigen Theaterbetrieb über das rechtsrheinische Kölner Stadtgebiet hinaus ermöglichen sollten. Jedem abgelehnten Antrag folgte ein neuer: Wenn schon keine feste Spielstätte, so die Konzession für ein mobiles Theater. Wenn schon nicht im Linksrheinischen, so wenigstens in Deutz. Und das jedes Jahr von Neuem.

Der Handel mit Gerber-Rückständen aus dem Oberbergischen, die getrocknet und in Brikettform gepresst als Brennmaterial dienten, schien der Familie nicht einträglich genug zu sein. Vielleicht wollte man auch die im wahrsten Sinne des Wortes anrüchige Gerberei hinter sich lassen, stattdessen dauerhaft Stadtluft schnuppern, und dünkte sich zu Besserem berufen, von der Muse der Schauspielkunst, Thalia, geküsst [19].

Da seit 1802 bereits ein Puppentheater in Köln existierte, das ein gelernter Schneidergeselle und Anstreicher aus Bonn namens Christoph Johann Sommer zunächst als Krippenspiel für Kinder, später zur allgemeinen Volksbelustigung führte, waren die Anträge der Willomitsch-Familie meist abschlägig oder einschränkend beschieden worden. Ja, wenn es nach dem Pöbel ginge, könnte man gar nicht genug von diesen Possenreißern reinlassen! Klefisch hatte der Neugier halber selbst einmal eine Vorstellung des sogenannten »Hänneschen-Theaters« [20] in der Sternengasse besucht. Von wegen *christliche Mysterienspiele*! Der Titel des dargebotenen Stücks sagte schon alles: »Laurentius wird auf der Pfanne gebraten«! Was für ein Unsinn! Der Spruch: »Verzäll mer kei Kreppche!« (*Erzähl mir kein Krippenspiel*), war genau auf diesem Mist gewachsen. Aber das Publikum grölte, klopfte sich die Schenkel und sang lauthals Gassenhauer!

Eine besonders alberne Figur gab der Polizist *Schnäuzerkowski* ab, ein Zerrbild des Vertreters der preußischen Staatsgewalt! Klefisch hatte sich im Dunkeln ärgerlich die Bartenden gezwirbelt und war anschließend heilfroh, dass er mangels Uniform nicht als Angehöriger der Polizei zu identifizieren war, als das Licht anging.

Am gleichen Abend hatte Klefisch Geheimrat Bollersdorf, der im Oberbürgermeisteramt beschäftigt war, im

Steynen Huys am *Weyertor* **21** sein Herz ausgeschüttet. Der Geheimrat brachte ihm daraufhin bei der nächsten Gelegenheit eine Abschrift des Bittbriefs mit, den der Tagelöhner im Sommer 1808 an den *Maire Bürger* gerichtet hatte.

Da hieß es: »... *habe ich ein schönes eingerichtetes Bobbenspiel, welches allen Menschen wohl gefällt, weil ich auf keine einzige verführerische Art, kein Mensch mit meinem Spiel, beleidige, weil ich vor alle unartige anständt besorget bin, denn mein Spielhaus ist wohl mit Licht versehen und auch zwei aufmerksamen Männern, welche gute Subordination beibehalten.*«

Mit solchen Beteuerungen hinsichtlich der Wahrung von Anstand und Sitte hatte er den Bürgermeister dazu bewegt, das Puppenspiel in der Mauthgasse **22** zu dulden. Elektrisches Licht und zwei Männer mit Stangen, die die Reihen kontrollierten und dazwischengingen, wenn zwei zu sehr poussierten! Was anschließend in den Häuserecken passierte, hatte die Sittenpolizei auszubaden. Und noch später die Criminal-Polizei. Als das Festordnende Comité 1823 zum ersten geordneten Rosenmontagsumzug **14** aufrief, war die Winter-Bagaasch **96** voraneweg dabei. Machte auf gesittet, aber die Natur des Karnevals war genau wie die des Theaters: Zügellosigkeit!

Klefisch war nicht im Mindesten überrascht, als Christoph Johann Sommer vor fünf Jahren ermordet aufgefunden wurde. Mitten am helllichten Tag! Im Gedränge an der Deutzer Pontonbrücke war ihm von hinten ein Dolch ins Herz gerammt worden. Der Mörder, den keiner anschließend beschreiben konnte, weil der Mensch in der Menge zum Vieh wird, nur noch auf den eigenen Vorteil, das eigene Vorankommen bedacht ist, konnte damals unerkannt entkommen.

Wer sich in den Sumpf der Sittenlosigkeit begab, kam darin um! Nur wenige Jahre nach Christoph Johann Sommer nun also mit Caspar Nicolaus Willomitsch ein weiterer selbsternannter Stockpuppenspielhaus-Leiter!

Willomitsch hatte man damals einem peinlichen Verhör unterzogen. Nicht nur, weil er zum Zeitpunkt der Ermordung Christoph Johann Sommers in unmittelbarer Nähe zugegen gewesen war. Beide Familien standen schließlich in ärgstem Wettbewerb. Die Willomitschens hatten ihre Puppenbühne auf der Deutzer, der *Schäl Sick* zur Belustigung der Wartenden an der Schiffsbrücke aufgebaut. Mitten im Publikum, im dichtesten Gedränge, hatte Christoph Johann Sommer gestanden, das Spiel des Konkurrenten hämisch kommentierend. So viel zumindest hatten die Umstehenden mitbekommen. Bis er unvermittelt verstummt und nach einer Weile in sich zusammengesackt war. Den Stich hatte man erst festgestellt, als ein zufällig anwesender Medicus, nachdem er den vermeintlich Ohnmächtigen eine Zeit lang vergeblich mit Ohrfeigen und pumpenden Druckbewegungen am Herzen traktiert, diesen gewendet hatte.

Klefisch selbst hatte sich damals den jungen Willomitsch vorgeknöpft, der erwartungsgemäß alles abgestritten hatte. Nein, er habe dem Vater hinter der Bühne beigestanden. Was dieser natürlich bezeugen konnte. Wie sonst sollte er in der Lage gewesen sein, vier Stockpuppen gleichzeitig zu bedienen?

Da war er bei Klefisch an den Falschen geraten. »Ich habe die Vorrichtungen hinter der Bühne sorgfältig geprüft«, gab der Ermittler kalt lächelnd zurück. »Es gibt Halter für die Stangen, in die die Puppen gesteckt werden können. Es wäre also durchaus denkbar, dass dein Vater die Arme der fest sitzenden Puppen bewegt hat, während du schnell-schnell in die Menge der Schaulustigen getaucht und dem verhassten Konkurrenten den Dolch in den Rücken gerammt haben magst.«

»Warum sollte ich?« Der junge Mann hatte trotzig die Lippen zusammengepresst.

»Na, weil er euch im Wege stand!« Klefisch überlegte, ob er nicht zu weit gegangen war. Er hatte *Stiebers Praktisches Lehrbuch* im Hinterkopf: »*Zuweilen liegt dem Verbrecher das Geständniß auf den Lippen, es fehlt ihm nur der Muth, dasselbe auszusprechen. In solchen Fällen muss man ihm mit Güte und Nachsicht zu Hülfe kommen.*«

»Er hat deinen Vater verhöhnt«, setzte er nach. »Ich habe mir eins seiner Stücke angeschaut. Da kam ein gewisser *Schäl* vor.«

Willomitsch schwieg.

»Dieser Schäl steht für jemanden von der *Schäl Sick* **23**, dem rechtsrheinischen Köln. Ein Möchtegern. Ein Hochstapler und Betrüger. Ein Versager.«

»Das rechte Auge seines Gegenüber hatte nervös gezuckt. »Was hat das mit meinem Vater zu tun?«

»Nun, ihr seid auf der *Schäl Sick*. Ihr versucht seit Jahren die Konzession für das Linksrheinische zu kriegen, aber es wird euch verweigert. Sommer sitzt da wie die Made im Speck und macht sich über deinen Vater lustig. Sein Tod zahlt sich gleich doppelt aus für dich: Du kannst Rache nehmen und sein Erbe antreten.«

»Ich würde in der Hölle schmoren.«

Nun hatte die Hölle Willomitsch eingeholt. Klefisch schauderte beim Gedanken an das Messer im Auge. Im rechten. Die *Schäl Sick* war die *rechte* Rheinseite!

Es lag auf der Hand, wo er den Mörder suchen musste.

Wenig später war Ernst Klefisch auf dem Weg zu dem Steinmetzen Paul Klitz. ›Wieder einer‹, dachte er, ›der eigentlich einen anständigen Beruf gelernt hat, aber vor keinem Verbrechen zurückschreckt, um seiner Passion zu folgen!‹

Eine junge Frau öffnete.

»Magdalena Klitz, geborene Königsfeld?« Mit Grüßen hielt Klefisch sich gar nicht erst auf. »Criminal-Polizei!« *Die Fragen an den Zeugen müssen klar, bestimmt und namentlich erschöpfend sein.* »Sie sind die Enkelin von Christoph Johann Sommer?«

Die Frau bejahte.

»Ihr Mann hat die Nachfolge Ihres Großvaters als Stockpuppenspieler angetreten?«

Als hätte er ihn gerufen, tauchte Paul Klitz hinter ihr auf. Der Kerl knickte ein, ehe Klefisch überhaupt eine Frage an ihn gerichtet hatte. »Gut, dass Sie kommen.«

»Sie wissen, warum ich hier bin?«

»Weil ich Caspar Nicolaus Willomitsch umgebracht habe!«

Klefisch war verwirrt. Ein freiwilliges Geständnis!

Namentlich muß man darauf sehen, daß man mit dem Verbrecher, wenn er zum Geständniß geneigt wird, so viel als möglich allein sei, da Schaam und Ehrgefühl ihm oftmals das Bekenntniß seiner Schuld erschweren.

Er bat Klitz, ihn in die gute Stube zu führen, wo er die Ehefrau des Geständigen hinauszukomplimentieren suchte, was Letzterer jedoch ablehnte. Der Polizist setzte seine Befragung also fort, während die Frau sich neben ihren Mann setzte, der sich gefasst und nahezu gesprächig zeigte. Hätte sein Weib sich nicht von Zeit zu Zeit die Augen gewischt, hätte man durchaus den Eindruck gewinnen können, als handle es sich bei ihrem Zusammentreffen um den Besuch eines lieben Verwandten.

»Sie geben den Mord also offen zu?«

»Ich habe es getan.«

»Warum ausgerechnet ein Schindermesser?«, wollte Klefisch wissen.

Klitz zuckte mit den Schultern. »Schuster, bleib bei deinen Leisten«, sagte er. »Ich wollte ihm vor Augen halten, woher er kommt. Er sollte sich wieder zu den Lohgerbern scheren. Eigentlich wollte ich ihm nur drohen. Ihn zur Rede stellen. Er hat meinen Verwandten umgebracht! Aber er hat alles abgestritten, mich und unsere Familie verhöhnt. Da hat mich die Wut gepackt. Ich habe ihn vor dem Bartholomäus-Altar gerichtet und ihm einen Denkzettel auf sein schäles Auge gegeben.«

»Bartholomäus-Altar?«

»In St. Maria in der Kupfergasse steht er.«

»Was hat das Ganze mit dem heiligen Bartholomäus zu tun?«

»Bartholomäus ist der *Mann ohne Falschheit.* So nennt Jesus ihn. Als Märtyrer hat man ihm die Haut abgezogen. Sein Zeichen ist das Schindermesser.«

Du lieber Himmel! Diese Theaterleute waren verrückter als alles, was Klefisch je kennengelernt hatte. Selbst in ihren Exzessen achteten sie auf die richtige Kulisse. Einen gewissen, wenn auch pervertierten Stil musste man ihnen zuerkennen. Zumal dieser Schmierendarsteller der Polizei gewissermaßen einen Dienst erwiesen hatte. ›Zunächst sind die Vigilanten bei der Verfolgung flüchtiger Verbrecher gar nicht zu entbehren‹, hieß es bei Wilhelm Stieber. Die Polizei hatte Willomitsch den Mord an Sommer nicht nachweisen, ihn daher auch nicht bestrafen können. Das hatte nun Paul Klitz übernommen. Recht und Gesetz waren nun mal zweierlei.

Widerstandslos folgte Klitz Klefisch in den Klingelpütz **24**, bedankte sich gar, dass man ihn nicht in eine Einzelzelle sperrte. Man trennte sich in bestem Einverständnis. Der Polizist versprach, zwecks ausführlicher Protokollierung des Geständnisses mit einem Schreiber wiederzukommen.

In der Verhörzelle traf der wackere Klefisch anderntags einen vollkommen anderen Menschen an als den, den er gestern verlassen hatte. Paul Klitz war in Tränen aufgelöst, haderte, zeterte und schrie. Die Gefängnisaufseher mussten ihn schließlich in Fesseln legen, damit er sich beruhigte. Sein Gesicht war verquollen, den Kopf hatte er sich an den Wänden blutig geschlagen.

Was war passiert?

In Anwesenheit des Polizeischreibers gab der Delinquent tränenreich Folgendes zu Protokoll:

Er, der gelernte Steinmetz, heutige Prinzipal des Hänneschen Theaters, Paul Klitz, habe Caspar Nicolaus Willomitsch aus niederen Motiven getötet. Dies sei irrtümlich geschehen. Er habe den Willomitsch für den Mörder seines Verwandten, des Gründers und Erfinders des *Hänneschen*, Christoph Johann Sommer, gehalten. Hier, im Gefängnis Klingelpütz, habe er erfahren müssen, dass der

Willomitsch vollkommen unschuldig an dem Meuchel-
mord gewesen sei. Der wahre Mörder habe mit ihm die
Zelle geteilt, und nachdem er, Paul Klitz, dem Mithäft-
ling seine Geschichte erzählt habe, sei dieser in unbändi-
ges Lachen ausgebrochen, habe sich kaum mehr beruhigen wollen, bis er schließlich seinerseits eine vollständige
Confession abgelegt habe. Dieser Mann, ein Bauer namens
Jakob Kappes, sei ein ohnehin zum Tode Verurteilter, der
im Jähzorn seinen Nachbarn mit der Mistgabel ins Jenseits befördert habe und dafür mit dem Strang hingerichtet werden sollte.

Ja, Klefisch kannte den Fall, wenn er auch nicht direkt
damit zu tun gehabt hatte. Der Kappes hatte aufgrund
seines überbordenden Temperaments nicht zum ersten
Mal vor dem Appellhof **25** gestanden. Immer wieder
hatte er Streit vom Zaun gebrochen und Händel gesucht,
vorzugsweise indem er andere übler Nachrede bezich-
tigte und angriff.

Dieser Kappes habe ihm nun in der letzten Nacht,
so Klitz, erzählt, dass er höchstselbst dem Sommer den
Dolch in den Rücken gerammt habe. Dieser habe in der
Figur des *Tünnes* seinen Vater, den Bauern Anton Kappes, in so lächerlicher Weise karikiert und das Ansehen
der ganzen Familie in den Schmutz gezogen, dass er den
Tod redlich verdient gehabt hätte.

Nicht der schlitzohrige *Schäl*, wie Klitz vermutet hatte,
sei also der Stein des Anstoßes gewesen, weswegen man
dem Meister der Stockpuppen nach dem Leben getrach-
tet habe. Der bauernschlaue und durch und durch gut-
mütige *Tünnes* war es, der doch in seiner ganzen Däm-
lichkeit stets über den falschen *Schäl* obsiegte.

›Was für ein *Kappes*!‹, dachte Klefisch. ›Der Mord auf den Stufen der Maria in der Kupfergasse – ein *Versehen!* Ein *Treppenwitz!*‹

16 **St. Maria in der Kupfergasse**

Achtung, Fake! Es gibt die wunderschöne Barock-
kirche St. Maria in der Kupfergasse, sie enthält aber
mitnichten einen Bartholomäus-Altar, wie in meiner Story behauptet. Bartholomäus hat als Apostel
in Indien und am Schwarzen Meer gepredigt, bevor
er in Armenien den Märtyrertod erlitt, indem man
ihm die Haut abzog, weshalb er mit dem Schindermesser in der Hand oder der Haut über dem Arm
dargestellt wird und als Schutzpatron der Gerber gilt.
In Köln gibt es zwei Orte, die ihm gewidmet sind
und die aus Gründen von Ort und Zeit hier leider
nicht in Frage kamen:

In Köln-Ehrenfeld/-Bickendorf am Melatener Weg
25 wurde 1960 die Pfarrkirche St. Bartholomäus
eingeweiht und 2002 mit den Kirchengemeinden
St. Rochus und St. Dreikönigen zusammengeführt,
woraufhin St. Bartholomäus zu einem Kolumbarium
für Urnengräber umgestaltet wurde. Die Kirche mit
den eindrucksvollen Fenstern von Giselbert Hoke
steht unter Denkmalschutz.

Eine zweite St. Bartholomäus-Kirche ist zwar älteren
Datums, aber immer noch zu jung, steht zudem zu
weit entfernt vom Ort des Geschehens: Die Pfarrkirche St. Bartholomäus in Porz-Urbach, Frankfurter Straße 522, entstand als dreischiffige Hallenkirche
bereits 1879/80, wurde im Stil des rheinisch-romani-
sierenden Rundbaustils erbaut, wobei Bauelemente

eines romanischen Vorgängerbaus integriert wurden. Die barocke Orgel ist aus Klein St. Martin 89 übernommen worden.

St. Maria in der Kupfergasse ist aber auch ohne Bartholomäus-Altar eine Adresse, die man auf jeden Fall aufsuchen sollte. Zumal sie als Kölns erste Backsteinkirche im Stil des niederländischen Barocks, die 1715 eingeweiht wurde, heute durch die dichte Bebauung und die geringe Größe leicht zu übersehen ist. Sie befindet sich an der Ecke Neven-Du-Mont-Straße, Ecke Schwalbengasse und umschließt die 1675 errichtete Laurentinische Kapelle, in der das Gnadenbild der dunkelhäutigen »Schwarzen Muttergottes« nicht nur unter Wallfahrern, sondern besonders von den Kölnern verehrt wird. Ausgewiesen gottesfürchtige Menschen wie Adolph Kolping, aber auch Angehörige des halbseidenen Milieus hielten sie hoch in Ehren. Der FC Köln soll sich regelmäßig ihres Beistands versichern, wenn es brenzlig wird, und das Kölner Dreigestirn besucht sie traditionell am Karnevalssonntag. Der kölsche Krätzchensänger Ludwig Sebus hat ihr ein anrührendes Lied mit dem Titel »Bei d'r schwazze Madonna en d'r Kofferjass« (Kupfergasse) gewidmet, nach dem niemand ungetröstet die Kirche verlässt.

Der unscheinbare Eingang führt auf einen idyllischen Hinterhof mit Springbrunnen. Im Innenraum der Kirche kontrastieren die weißen Wände mit dem Schnitzwerk des Rokoko-Altaraufbaus und des Beichtstuhls aus dunklem Holz, ebenso wie die schwarze Haut der Madonna und des Kindes in der

Casa Santa durch weiße Spitze und viel Gold unterstrichen wird.

17 Tödlein

Die hier angesprochene Memento mori (lat.: Gedenke des Todes)-Darstellung befindet sich im Museum Schnütgen. Sie ist nur eine von vielen eindrucksvollen Zeugnissen sakraler Kunst, die die Gläubigen an ihre Vergänglichkeit erinnern sollten. Gemeint ist das kleine Tödlein, ein Skelett aus Elfenbein in einem Sarg aus Ebenholz und Elfenbein, das um 1520 entstanden ist und dem Museum 2011 von der Mäzenin Irene Ludwig übereignet wurde. Es zeigt verblüffend realistisch den Madenbefall an dem noch nicht ganz skelettierten Leichnam mit geöffnetem Bauchraum. Das Tödlein stammte aus der Westschweiz, gehörte der Sammlung Ludwig seit 1963 an und war eins von 20 weiteren Exponaten, die die Ludwigs dem Museum bereits als Dauerleihgaben zur Verfügung gestellt hatten, um sie ihm letztendlich zu schenken. Das Museum Schnütgen befindet sich nach einigen Umzügen seit 1950 in der Cäcilienstraße 29–33 in 50677 Köln, geht zurück auf eine Schenkung des Kölner Domkapitulars Alexander Schnütgen aus dem Jahr 2006 und beherbergt eine der bedeutendsten Sammlungen christlicher Kunst des Mittelalters in Europa. Es ist seit 2010 Teil des Kulturquartiers am Neumarkt und baulich verbunden mit dem beispielhaft neu gestalteten Rautenstrauch-Joest-Museum **95**.

18 Theater in der Weyerstraße

Gemeint ist hier das Millowitsch-Theater **19**, das eine Weile in der Weyerstraße beheimatet war. Die Weyerstraße ist aber auch heute einen Besuch wert. Ist das Haus Nummer 41 doch einer von vier Standorten der Rheinischen Fachhochschule Köln. Die staatlich anerkannte Schule in privater Hand ist neben der Uni Köln und der FH Köln mit über 5.000 Studierenden der größte Bildungsträger der Stadt. Ihre spezifischen Fachbereiche sind: Ingenieurwesen, Medien, Medizinökonomie sowie Wirtschaft und Recht. Im Rahmen von Events wie Ringvorlesungen mit Persönlichkeiten der Wissenschaft, Wirtschaft, Politik und Kultur gibt die Hochschule der interessierten Öffentlichkeit Einblicke in ihr Wirken.

Ihren Namen hat die Weyerstraße, die in der westlichen Altstadt Süd in den Ring mündet, von einem Weiher, der an der heutigen Luxemburger Straße lag. Danach wurde auch das mittelalterliche Weyertor benannt, das am heutigen Barbarossaplatz stand und durch das 1848 Kaiser Friedrich III. in Köln einzog, woraufhin die Weyerstraße eine Zeit lang Kaiserstraße hieß. Gegen Ende des 19. Jahrhunderts wurde das Tor abgerissen. Der heutige Barbarossaplatz ist ein äußerst belebter Platz, hinter dem sich stadtauswärts das studentische Nachtleben abspielt, wohingegen die unmittelbar davor gelegene Weyerstraße wie ein Hort des Friedens anmutet. Das »Haus Töller« befindet sich in der Weyerstraße 96 **21**.

Schauspielerdynastie Millowitsch / Millowitsch-
Theater

Urkundlich erwähnt findet sich erstmalig 1792 ein
Michael Millowitsch. Er handelte mit Lohkuchen,
Abfällen aus Gerbereien im Bergischen, die in
gepresster Form zum Heizen verwendet wurden.
Nebenher verdiente er mit einem Stockpuppenthea-
ter etwas dazu.

Sein Sohn Franz Andreas, 1793 geboren, übernahm
das Puppenspiel und unterhielt mit einer mobilen
Bühne die Passanten, die in Deutz vor der 1822 fer-
tiggestellten Schiffbrücke **85** auf die Freigabe des
Übergangs warteten. Immer wieder beantragte er
die Konzession für ein Theater in der Innenstadt,
wo sein Konkurrent Johann Christoph Winters
aber fest im Sattel saß. 1830 wurde mit Josef Caspar die nächste Millowitsch-Generation geboren.
1849 konnte sein Vater endlich ein festes Haus in
der rechtsrheinischen Weyerstraße beziehen. Fünf
Jahre später, 1854, läutete Enkel Wilhelm Josef Millowitsch die vierte Theaterspielergeneration ein.

Als der ärgste Konkurrent der Millowitschs, Johann
Christoph Winters, ohne direkten Nachfolger
1862 starb, bemühten sich verschiedene Familien-
mitglieder neben den Millowitschs um das Erbe.
Peter Josef Klotz (in manchen Quellen heißt er Peter
Josef Motz), Ehemann von Winters Enkelin, übernahm es schließlich, starb aber noch im gleichen Jahr,
woraufhin seine Frau es weiterführte, bis 1919 mit
dem Tod des letzten Familienmitglieds das Hänneschen-Theater **20** geschlossen und erst auf Initiative

einer »Kommission zur Wiederbelebung der Kölner Puppenspiele« 1926 unter neuer Intendanz eröffnet wurde.

1865 übergab Franz Andreas Millowitsch das Theater in der Weyerstraße an seinen Sohn Josef Caspar. 1867, zwei Jahre später, starb dieser bereits, sein Vater überlebte ihn acht Jahre bis 1875.

1880 wurde mit Peter Wilhelm die fünfte Generation geboren. Josef Millowitsch stellte das Theater ab 1895 auf echte Schauspieler um und eröffnete eine »Kölner plattdeutsche Volksbühne« am Neumarkt.

1905 erblickte mit seiner Enkelin Lucy die sechste Theater-Generation das Licht der Welt. Als Josef Millowitsch 1909 starb, im gleichen Jahr, in dem sein Enkel Willy Millowitsch geboren wurde, führte seine Frau Emma das Theater weiter, bis Sohn Peter Wilhelm es 1920 übernahm.

1936 bezog das Millowitsch-Theater in der Aachener Straße Quartier.

1940 führte zunächst Willy Millowitsch das Theater in der nächsten Generation alleine weiter. Ab 1945, nach dem Tod des Vaters, leitete er es gemeinsam mit seiner Schwester Lucy. 1949 wurde Willys Sohn Peter, 1955 Tochter Mariele geboren. Peter Millowitsch leitet seit 1998 in der siebten Generation die Geschicke der Kölner Volksbühne.

Als Willy Millowitsch 1999 starb, trauerte die halbe Nation um einen der beliebtesten deutschen Schauspieler, der ab den 50er Jahren das ARD-Unterhaltungsprogramm nachhaltig prägte, als Erster den Telestar-Fernsehpreis erhielt, sich im Rheinland als erfolgreichster Interpret von Karnevalsliedern wie: »Schnaps, das war sein letztes Wort« (1960) oder »Ich bin ene kölsche Jung« von Fritz Weber einen Namen machte und der Ehrenbürger der Stadt Köln und Träger des Bundesverdienstkreuzes wurde. Schon zu Lebzeiten widmete man ihm ein Denkmal direkt vor dem heutigen Hänneschen-Theater am Eisenmarkt. 2013 wurde an der Ecke Ehrenstraße / Apostelnstraße ein Platz nach ihm benannt und das Denkmal 2014 dorthin versetzt.

Peter Millowitsch ist heute nicht nur Intendant und Schauspieler, sondern auch Autor vieler Bühnenstücke und tritt gelegentlich im Fernsehen auf. Seine Schwester Mariele Millowitsch promovierte zunächst als Medizinerin, wählte dann aber doch den Schauspielberuf und wurde insbesondere durch die Titelrolle der Fernsehkrimireihe um die Kommissarin Marie Brand, die von 2008 bis 2013 im ZDF lief, bekannt. Seit 2015 trägt das Millowitsch-Theater den Namen »Volksbühne am Rudolfplatz« und wird nur noch je ein halbes Jahr von der Familie Millowitsch bespielt, in der übrigen Zeit gibt es Gastspiele.

20 **Hänneschen-Theater**

Das Hänneschen-Theater, offiziell die »Puppenspiele der Stadt Köln«, befindet sich am Eisenmarkt in der Altstadt, 50667 Köln. Es ist das mitarbeiterstärkste Puppentheater Deutschlands, aber mit großem Abstand die effizienteste kommunale Bühne, die etwa 60 Prozent ihres Umsatzes selbst einspielt. Gegründet wurde das Stockpuppentheater 1802 durch den Bonner Schneider Johann Christoph Winters, später übernahm es ein ehemaliger Konkurrent, die Schaustellerfamilie Millowitsch, die in der Folgezeit von Puppenspiel auf ein rheinisches Boulevard-Komödientheater umsattelte, das heute an der Aachener Straße 5 in 50674 Köln beheimatet ist.

In das Figurenpanoptikum des »Hänneschen«-Theaters hatte die Familie Millowitsch lange vorher schon mit der Figur des Schäl Einzug gehalten, des intriganten Emporkömmlings mit dem markanten Silberblick. Der Überlieferung nach wollte Winters, der die Puppenspieltheater-Konzession für das linksrheinische Stadtgebiet innehatte, dem Konkurrenz-Puppenspieler Millowitsch, der nur auf der Schäl Sick (rheinisch für scheele = falsche Seite) spielen durfte, nämlich vor der damaligen Deutzer Pontonbrücke, eins auswischen, indem er ihn in einer seiner Figuren karikierte und ihm den knollennasigen Gemütsmenschen Tünnes (rheinisch für Antonius) zur Seite stellte, der mit seiner Bauernschläue stets über die Falschheit des Schäl triumphiert, ohne die gemeinsame Verbundenheit je in Frage zu stellen. Neben diesen beiden urigen Antagonisten dominiert das Protagonisten-Pärchen »Hänneschen« und »Bärbelchen«, das in der Kindervorstellung nachmittags als Geschwister-, in der Abendvorstellung als Liebespaar auftritt, die Inszenierungen. Das Stamm-Figuren-Ensemble ist in der fiktiven rheinischen Gemeinde Knollendorf angesiedelt, die für die Stadt Köln steht und deren Eigenheiten sowie aktuelle politische Ereignisse satirisch aufs Korn nimmt.

»Steynen Huys«/»Haus Töller«

In der Weyerstraße **18** als einer wichtigen westlichen Ausfallstraße entstanden vor dem Weyertor seit dem 15. Jahrhundert Herbergen und Brauereien. Das Steynen Huys wurde – hier gehen die Angaben auseinander – 1343 bzw. 1451 erstmals urkundlich erwähnt und befand sich neben dem Tollhaus (Zollhaus). Als Doppelhaus aus Stein gehörte es zu den besseren Häusern der Stadt, die im Wesentlichen durch Fachwerkbauten geprägt war. Unter den wechselnden Besitzern des Steynen Huys (Steinhaus) waren Adlige oder reiche Bürger, u. a. gehörten das Domkapitel und der Alexianerorden dazu. 1772 führte die Familie Lintlau das Doppelhaus zu einer Wohneinheit zusammen. Der nachfolgende Besitzer Josef Geerling meldete es erstmalig als gastronomischen Betrieb mit Alkoholausschank an.

1859 erwarb Peter Töller, der zunächst in einem Nachbarhaus eine Brennerei betrieb, das Haus von den Geerlings und versetzte es baulich in den Zustand, der bis heute im Wesentlichen erhalten ist. In den Folgejahren war das Haus Endstation eines täglich zwischen Erftstadt, Liblar und Köln verkehrenden von Pferden gezogenen »Omnibusses«.

Peter Töller, der aufgrund seiner Pedanterie als kölsches Original galt, übergab den Betrieb 1912 an den Gastwirt Peter Esser. Der Name und das Töller-Emblem, drei an das Kölner Wappen angelehnte Kronen über den Buchstaben H und T, ist bis heute als Logo des Hauses erhalten geblieben. Zwischen 1950 und 1980 zog das Haus viele Prominente an, deren Besuche die Nachbesitzer mit Stolz dokumentiert haben.

Die Gestaltung und Inneneinrichtung des Hauses ist die des originalen Brauhauses. Es gibt nach wie vor ein Thekenschaaf, auch Beichtstuhl genannt, von dem aus der Wirt den Betrieb überwacht und mit seinen Köbessen abrechnet. Seit 2007 wird Päffgen-Kölsch ausgeschenkt. Wer in einer Kneipe nicht mit Spielautomaten-, Fernseher-, Musikanlagen-, Registrierkassen- oder Espressomaschinengeräuschen belästigt werden möchte, sondern es einfach rustikal liebt, sollte unbedingt einkehren.

22 Mauthgasse

Tatsächlich war das Hänneschen-Theater eine Zeit lang auch in der Mauthgasse beheimatet. Dieses kleine Gässchen unmittelbar vor der Frankenwerft ist aber vor allen Dingen wegen des Stapelhauses bekannt. Kölns Reichtum und seine Vorreiterstellung als Freie Bürgerstadt waren durch den wirtschaftlichen Wohlstand gekommen, der wiederum mit dem Stapelhaus verknüpft war.

Kölns günstige Lage am Rhein an einer Stelle, hinter der flussaufwärts das Siebengebirge für ein deutlich verengtes Strombett sorgt, führte dazu, dass die großen Schiffe, die Waren von Übersee und Fischfang mit sich führten, an dieser Stelle entladen werden und wenden mussten. Die Ware wurde gestapelt und auf kleinere Schiffe verladen. In Sachen Fisch war Köln im Mittelalter und Spätmittelalter Hauptumschlagplatz des gesamten Westens, speziell für Seefische. Konrad von Hochstaden, Erzbischof von Köln, räumte der Stadt 1259 ein Stapelrecht ein, das besagte, dass sämtliche Waren drei Tage lang den Bürgern zum Kauf angeboten werden mussten. Damit hatten die Kölner Händler praktisch ein Handelsmonopol auf alles, was hier umgeschlagen wurde. Im Stapelhaus wurden die Handelsgüter nicht nur gelagert, sondern was den Fisch anging, auch gleich gewaschen, gepökelt, umgepackt und mit dem Kölner Brandzeichen, den drei Kronen versehen, bevor die Ware weiterverkauft wurde.

Das Stapelrecht blieb in Kraft, bis der Wiener Kongress 1815 den erzwungenen Zwischenhandel verbat. Damit wurden die Lagerräume im Stapelhaus überflüssig. Nachdem das Gebäude mehrfach neu und umgebaut und im Zweiten Weltkrieg bis auf den Treppenturm und Reste an der Südseite niedergebombt worden war, errichtete man 1960 einen vergleichsweise schlichten Nachbau, der heute Eigentum der Kreishandwerkerschaft ist. Das Gebäude wird seitdem für Ausstellungen und Businesstreffen genutzt, im Parterre befindet sich eine Brauhaus-Gastronomie, das »Dom im Stapelhaus«, das viele typisch kölsche Veranstaltungen, Konzerte und Partys anbietet.

23 **Schäl Sick**
Die Figur des intriganten, aber erfolglosen Emporkömmlings Schäl wurde nach der Schäl Sick benannt, und als charakteristisches Merkmal schielt das kölsche Original. Dem Wortsinn nach kommt der Ausdruck »schäl« von »scheel gucken«, was sowohl äußerliches Schielen bedeuten kann wie für Neid

steht. Dieses Bild hat mit der Entwicklung der Stadt auf beiden Seiten des Rheins zu tun. Das Linksrheinische war bei der Gründung der Stadt in römischer Hand. Der Rhein trennte hier das hochkultivierte Römische Reich von dem Gebiet, in dem die wilden Germanen hausten, die Odin oder Wotan verehrten, einen einäugigen Gott. Bei den Römern und später den Christen galt er als genauso heimtückisch und unberechenbar wie die Germanen selbst. Im Mittelalter war die Vorstellung des schielenden Gottes auf der anderen Seite zwar nicht mehr aktuell, der Neid spielte dafür eine umso größere Rolle. In der freien Reichsstadt Köln gab es nicht nur Wohlstand und heilige Stätten, sondern – wie das Sprichwort sagte – Stadtluft machte frei. Die Kölner waren freie Bürger, keine Leibeigenen. Wer frei und womöglich wirtschaftlich erfolgreich sein wollte, siedelte auf der rechten Rheinseite in einer Warteposition. Hier sammelten sich ebenso die aus der Stadt Vertriebenen. Im 15. Jahrhundert wurden etwa die Juden nach mehreren Pogromen endgültig der Stadt verwiesen **56** – bis zum Beginn des 19. Jahrhunderts. Wer von ihnen nicht in andere Länder auswanderte, blieb in Deutz – und schielte auf die andere Rheinseite.

Es gibt allerdings noch eine einfachere Erklärung für die »Schäl Sick«: Als es noch keine Dampfschifffahrt gab, mussten flussaufwärts fahrende Schiffe getreidelt werden, d. h. sie wurden von Pferden, die am Ufer entlanggingen, gezogen. Um zu vermeiden, dass die Tiere von dem Licht, das die Wasseroberfläche reflektierte, geblendet wurden, legte man ihnen auf der Wasserseite Scheuklappen an, sie waren also auf einem Auge scheel. Diese Deutung ist allerdings umstritten, zumal sie nicht erklärt, wieso es gerade das Rechtsrheinische betrifft.

Das Deutzer Rheinufer erfuhr im Sommer 2015 eine deutliche Aufwertung, als nach acht Jahren Bauzeit der Rheinboulevard eröffnet wurde, eine 500 Meter lange Freitreppe, auf deren Betonstufen man nun wandeln und lagern und das gegenüberliegende Altstadt-Panorama genießen kann.

24 Klingelpütz

Der Name des Areals am heutigen Gereonswall stammt von der Familie Clingelmann, die es im 13. Jahrhundert innehatte und mehrere Brunnen (Der kölsche Name für Brunnen ist Pütz, vgl. auch Pfütze) darauf unterhielt. Aus dem ursprünglichen Klingelmannspöötz wurde 1263 der urkundlich eingeführte Straßenname Klingelpütz. Bis zur französischen Besatzung gab es hier eine Klosteranlage, die von da an als Krankenhaus genutzt und 1805 abgerissen wurde. 1835 entstand unter den Preußen der erste Gefängnisbau für ursprünglich 800 Personen, der bald erweitert werden musste. Außerdem diente das Gefängnis als Hinrichtungsstätte. Während des Dritten Reichs war es in dieser Funktion die zentrale Adresse für die Sondergerichte des Rheinlands, für den Volksgerichtshof und das Reichsgericht. Über 1.000 Menschen wurden hier mit dem Fallbeil, aber auch mit dem Handbeil hingerichtet, erhängt, erschlagen, erdrosselt. Die Gestapo verfügte über einen Flügel des zunehmend überfüllten Gefängnisses, in dem allein 1944 über 10.000 Häftlinge eingesperrt waren. Nach dem Krieg wurde das Gebäude weiterhin als Gefängnis genutzt, geriet aber durch Übergriffe immer wieder in die Schlagzeilen, ehe es 1969 durch die Ossendorfer Justizvollzugsanstalt ersetzt und abgerissen wurde.

Heute erinnert ein Gedenkstein auf dem Klingelpützpark-Areal an die während des Nationalsozialismus Hingerichteten. Es beheimatet ein Jugendzentrum und einen Spielplatz, und der Park dient vielen Menschen, die in den umliegenden Gebäuden leben und arbeiten, als grüne Lunge mitten in der Stadt.

25 Appellhof

1826 fand die Einweihung des ersten Gerichtsgebäudes am Appellhof statt. Im Volksmund wurde der Begriff des Appellationsgerichtshofs schon bald verkürzt auf das Gebäude übertragen: Appellhof. Sämtliche Kölner Gerichte sowie die Staatsanwaltschaft waren dort untergebracht. Der Code Civil, den die Franzosen im Rheinland eingeführt hatten, galt unter preußischer Herrschaft fort, war er doch weit fortschrittlicher als das preußische Recht, beispielsweise in Hinsicht auf wichtige Prinzipien der Gerichtsbarkeit, die bis heute gelten, wie das Prinzip der Öffentlichkeit, der Rechtsgleichheit, der richterlichen Unabhängigkeit, der Trennung von Anklagebehörde und Gericht etc.

1879 wurden die Reichsjustizgesetze, die Zivilprozessordnung, Strafprozessordnung und das Gerichtsverfassungsgesetz eingeführt. Aus dem Appellationsgerichtshof wurde das Oberlandesgericht. Das Gerichtsgebäude wurde umgebaut und erweitert. Zusätzlich entstand am Reichensbergerplatz ein neobarocker Justizpalast. Am Appellhofplatz war lange Zeit nur noch die Strafjustiz beheimatet. Während des Dritten Reichs tagten hier außerdem die Sondergerichte. Durch Bombardements wurde das Gebäude im Krieg stark in Mitleidenschaft gezogen. Am 7. Mai 1949 sprach man das letzte Todesurteil im Appellhof, das aber nicht mehr vollstreckt wurde, weil am Tag darauf das Grundgesetz in Kraft trat, das die Todesstrafe abschaffte.

Das Gerichtsgebäude am Appellhofplatz ist in vereinfachter Form wieder aufgebaut worden. Das immer noch sehr sehenswerte Gebäude beheimatet heute die Verwaltungs- und Finanzgerichtsbarkeit. Die Strafgerichtsbarkeit ist mittlerweile am südwestlichen Rand der Innenstadt in der Luxemburger Straße 101 untergebracht.

VERLOREN IST DAZ SLÜZZELIN

Jana wurde nie abgeschleppt. Dabei gab es nichts an ihr auszusetzen. Das Ding beim Flirt ist ja nicht, wie Mädels aussehen oder sich aufbrezeln. Es ist die Einstellung. Die Typen haben den Aufschlag. Wo der hingeht, bestimmen die Weiber. Nicht der größte Willy entscheidet, sondern die größte Willigkeit. In der Hinsicht war Jana drittklassig. Zumindest wenn sie mit Kati und Mel unterwegs war. Katis Art, im Gespräch den Kopf zurückzuwerfen, mit der Hand die blonden langen Haare zurückzustreichen und ihren nackten Hals anzubieten, kam einem gestöhnten »Nimm mich!« nahe. Mel, Meisterin des Augenaufschlags, schmachtete ihr Gegenüber von schräg unten an, was auch dem unscheinbarsten Mann ein Gefühl von Genialität und Größe gab.

Jana guckte einfach nur.

Alle drei lernten Mädchen für alles in einem Fünf-Sterne-Hotel mit dem besten Ausblick von Köln **26** : gegenüber vom Dom – in wechselnden Schichtdiensten bei mieser Bezahlung und Träumen von Klienten oder Karriere. Kati und Mel richteten ihren Fokus auf Sprösslinge der letzten europäischen Fürstenhäuser oder Filmstars, Jana über den Atlantik. Das halbe Jahr bis zur Abschlussprüfung versüßten sie sich einmal im Monat mit der Hotel Staff Party in der Roonburg im Kwartier Lateng **27** .

Da traf sie Jesko. Vielmehr er sie. Er betrat den Saal,

blickte sich um, sah Jana an der Theke stehen, ihre Blicke trafen sich, er ging quer durch den Raum unbeirrt von den Tanzenden schnurgerade auf sie zu, und als er vor ihr stand, neigte er seinen Kopf. Die Musik dröhnte in ihren Ohren, sie sah seine braunen Augen ganz dicht vor ihrem Gesicht, und dann sagte er – Die Worte vergaß sie nie: »Das war Rettung in letzter Sekunde! Was, wenn ich dich nicht gesehen hätte? – Wie heißt du überhaupt?«

Jana lachte, und das tat sie auch so ziemlich den Rest des Abends. Sie quatschten gerade so viel, wie es auf einer Party überhaupt möglich ist, und am Ende meinte sie verstanden zu haben, dass er in einem großen Hotel-Glaspalast **28** diesseits direkt am Rhein Koch lernte und später einen eigenen Laden aufmachen wollte, einen mit ganz vielen Sternen, dass seine Eltern aus Slowenien kamen, er einen Bruder hatte, der in Aachen Ingenieur studierte, und dass Jesko irgendwann einmal zwei Kinder haben wollte, einen Jungen und ein Mädchen.

Jana brüllte zurück, dass ihre Geschwister – Tim und Lisa – Zwillinge seien und noch zur Schule gingen, dass sie im Hotel lernte und Kinder total süß fände, aber noch nicht darüber nachgedacht hätte. Vom Atlantik sagte sie nichts. Erst kam ja die Prüfung.

Kurz nach Mitternacht sagte sie, sie müsse gehen, habe Frühschicht. Da er erst abends in der Küche stehen musste, begleitete er sie nach Hause, es war nicht weit, im Belgischen Viertel **29**. Vor der Tür verabschiedete er sich, fragte nach ihrer Nummer, die sie ihm ins Handy tippte, woraufhin er sie anklingelte, beide speicherten die Nummern, dann nahm er sie in den Arm, nur ganz leicht, und sie gingen lachend auseinander.

Am Nachmittag stand er vor dem Hotel. Sie bummelten den Rhein entlang, Jana schob ihr Fahrrad über die Hohenzollernbrücke `15`, am Bahnhof `2` trennten sie sich, weil er zur Arbeit musste. Wenige Minuten später empfing sie eine SMS: ›Schön, dass es dich gibt. Jesko.‹

›Abschleppen‹ mag ein irreführender Begriff für das sein, was in den folgenden Wochen passierte. Jesko war einfach da. Morgens, mittags, abends. Leibhaftig, per SMS, oder sie chatteten miteinander. Aber obwohl er immer da war, ließ er sie kommen.

Er stellte sie seinen Eltern vor, sie ihn ihren. Die Zwillinge kicherten, als er mit ihr in Janas Zimmer verschwand, Tim rief: »Was macht ihr da?«

Jesko drehte sich um und fragte: »Willst du gucken kommen?«

Aber Jana zog ihn hinter sich rein, drohte: »Bleibt bloß draußen!«

Kaum hatte sie die Tür hinter ihm zugezogen, küsste sie ihn auf den Mund, übermütig, heftiger als sonst, packte ihn an den Ohren und zog ihn zu ihrem Bett, auf dem sie beide lange verschlungen lagen, einander streichelnd.

»Ich kann es immer noch gar nicht fassen«, flüsterte Jesko ihr ins Ohr.

»Doch, fass!«, kicherte Jana, legte seine Hand auf ihre Brust und wölbte sich ihm entgegen.

Sie schliefen erst bei seinem dritten Besuch richtig miteinander, als sie sicher waren, dass keiner reinkommen und sie stören würde. Von da an waren sie fast unzertrennlich. Wenn sie beide frei hatten, was selten genug gelang, machten sie Ausflüge, verbrachten einen Tag im Zoo `30`, im Phantasialand `31`, in der Claudius-Therme `32` oder am Fühlinger See `33`.

Kati und Mel, die Jeskos Gegenwart ein paar Mal geduldet hatten, wenn man sich traf, riefen Jana seltener an. Auch auf der Arbeit wurden die Gespräche spärlicher. Worüber hätte man sich auch unterhalten können?

Zu den Kölner Lichtern `34` überraschte Jesko Jana mit Karten für den Hohenzollern-Balkon. Man hatte die Brücke gesperrt, wer ein Ticket hatte, genoss von hier den besten Ausblick auf das Feuerwerk.

Es war einer der glücklichsten Momente in ihrem Leben. Das mochte aber auch daran liegen, dass sie bereits eine halbe Flasche Sekt intus hatte.

Als die Lichterkaskaden nach einer gefühlten Ewigkeit erloschen, zog Jesko etwas aus seiner Manteltasche. Es glänzte metallisch, und Jana erkannte ein kleines Vorhängeschloss, auf das er mit Edding ihrer beider Namen geschrieben hatte. Sie war gerührt. Zusammen suchten sie am Geländer der Brücke ein freies Plätzchen für ihr Liebessymbol und befestigten es. Jesko schloss es ab, dann beugten sie sich über die Brüstung und guckten in den Strom. Jesko gab ihr den Schlüssel, hielt ihre Hand aber fest. Zu Janas Überraschung sagte er ein Gedicht auf:

»Du bist mîn, ich bin dîn
des solt dû gewis sîn
dû bist beslozzen
in mînem herzen
verlorn ist daz slüzzelîn
dû muost immer drinne sîn.«

Dann holte er Schwung mit ihrer Hand, das silbern

glitzernde Schlüsselchen flog ins Dunkle unter ihnen und versank im Rhein.

»Ach, Jana«, sagte Jesko. »Für immer und immer!«

Jana war das trotz ihrer Hochstimmung ein Tacken zu viel des Guten. Sie fragte: »War das Holländisch?«

»Mittelhochdeutsch«, sagte Jesko. Dann rezitierte er auf Hochdeutsch:

»Du bist mein, ich bin dein
dessen sollst du dir gewiss sein
du bist eingeschlossen
in meinem Herzen
verloren ist das Schlüsselein
du musst immer drinnen sein.«

»Süß«, meinte Jana.

Jeskos Lächeln schwand. »Was soll das heißen: *süß*?«

In dem Moment drängelte ein Pulk Menschen vorbei. Jana wurde angerempelt, Jesko hielt sie am Oberarm fest, boxte mit der freien Hand nach dem Schubser, verfehlte ihn aber.

»Mach das nicht noch einmal!«, brüllte er.

»Mensch, Jesko, das war doch nicht extra«, beschwichtigte Jana. Die Leute in der Gruppe hatten sich nicht umgedreht, sondern eilten weiter.

»Der soll seine dreckigen Finger von dir lassen!«

»Hey! Was ist denn mit dir auf einmal los?«

Jesko beruhigte sich zum Glück sofort.

Drei Monate vor der Prüfung begann Jana den Lernstoff systematisch zu wiederholen. Sie rief Kati und Mel an, verabredete sich mit ihnen.

»Ich kann dich auch abfragen«, bot Jesko an.

»Na, da sind schon ein paar Sachen, von denen du keine Ahnung hast.«

»Aber du meinst, die beiden Flittchen haben mehr Ahnung?«

Jana glaubte, nicht richtig gehört zu haben.

»Die beiden was?«

»Mensch, Jana, die beiden sind doch wirklich eine andere Liga als du, findest du nicht?«

»Du meinst, die sind doof, oder was? Und was hat das mit *Flittchen* zu tun?«

»Ich finde, du hast viel mehr auf dem Kasten als die beiden. Warum willst du denen helfen, die Prüfung zu bestehen? Was versprichst du dir davon?«

»Ich weiß nicht, was dein Problem ist, Jesko!« Jana war stinksauer. »Ich will für die Prüfung lernen, und Mel und Kati haben definitiv mehr von dem mitgekriegt, was wir wissen müssen, als du. Halt dich raus, okay?«

»Ich liebe dich doch, Jana!« Jesko packte sie am Arm. Jana riss sich los. »Dann red nicht so einen Scheiß!«

Zwei Tage lang reagierte sie nicht auf seine Anrufe und SMS. Dann stand er am Hotel. Sie hatte Spätdienst gehabt und war normalerweise ganz froh, wenn sie nicht im Dunkeln allein nach Hause musste. Trotzdem passte es ihr gerade nicht.

»Musst du nicht in der Küche sein?«

»Ich hab mich krankschreiben lassen.«

»Und wieso bist du hier, wenn du krank bist?«

»Sag mal, kapierst du das nicht?«

»Was?«

»*Du* machst mich krank!«

»Nein!«, sagte Jana. »Wenn sich jemand krank macht, bist du es ganz alleine. Hör einfach auf zu stressen.«

Er hob die Hände. »Ich will keinen Stress. Ich bin

extra gekommen, um mich mit dir zu vertragen. Es tut mir leid.«

Jana konnte auch keinen Stress gebrauchen.

Er hatte sich entschuldigt. Was wollte sie mehr? Sie ließ ihn sie begleiten, er kam mit aufs Zimmer, war in der Nacht zärtlicher denn je, liebkoste sie, bis sie vor Begehren zitterte und er ihr den Mund zuhalten musste, als sie kam. Mehrfach.

Am nächsten Morgen am Frühstückstisch zeigte Jesko Tim und Lisa kleine Fingertricks, ließ Frühstückseier verschwinden und zauberte Münzen hinter den Ohren der Zwillinge hervor. Als die Mutter sie zur Schule schickte, maulten sie. Jesko musste versprechen, dass er wieder für sie zaubern würde.

Jana spürte, dass irgendetwas in ihr sich dagegen sträubte, dass Jesko Teil ihres Familienlebens wurde. Aber da waren auch die Nachwehen des Begehrens und die Vorfreude auf die Wiederholung.

Am Wochenende hatten beide frei, und Jesko lud sie und die Zwillinge zu einem Picknicktag im Rheinpark **35** ein. Hin mit der Fähre **36**, zurück mit der Seilbahn **37**. Während Jana mit ihren Büchern auf einer Decke im Park lag, spielte Jesko mit Lisa und Tim Fußball und Frisbee und tobte mit ihnen über die Spielplätze. Wenn Jana den Kopf hob, fühlte sie sich in ihre Kindheit versetzt. Ihr Vater hatte mit ihr auch immer Ball gespielt. Sie sah vor ihrem inneren Auge Jesko mit ihren gemeinsamen Kindern herumtollen. Ein Junge und ein Mädchen, hatte er gesagt. – Die Vorstellung, schwanger zu sein! Ein Schauder überlief sie. *Bitte nicht! Keine Kinder! Sie war doch noch viel zu jung!* Sie wandte sich ihren Büchern zu.

Kurz vor der Prüfung hatte sie ein Gespräch mit ihrem Chef. Am gleichen Abend noch schnitt sie das Thema mit Jesko an. »Sie wollen mich übernehmen«, sagte sie. »Im nächsten Sommer kriege ich dann die Chance nach Midtown, New York, zu gehen! Ist das nicht großartig?«

Jeskos Gesichtszüge entgleisten. »New York? – Für wie lange?«

»Ein Jahr erst mal«, sagte Jana, die, indem sie es aussprach, merkte, dass da gerade etwas außer Kontrolle geraten war. Jesko schien nicht nur unvorbereitet oder bestürzt, sondern furchtbar wütend. Vermutlich hätte sie das Thema früher ansprechen sollen. Aber das waren doch bis jetzt nur vollkommen unausgegorene Träume gewesen.

»Du weißt aber, dass ich im nächsten Herbst Prüfung habe, oder?«, fragte Jesko.

»Klar.« Wieso klang ihre Stimme so komisch piepsig?

Jesko stierte. Janas Hand fasste nach seiner, aber er schlug sie heftig weg.

»Hey, was soll das?«, fragte sie.

»Was das soll?« Seine Stimme überschlug sich fast. »Das fragst du allen Ernstes? Du setzt dich nach Amerika ab, lässt mich hier im Stich – für ein Jahr erst mal?«

Die Zimmertür öffnete sich einen Spalt. Lisa äugte mit großen Augen herein. Jana lief zur Tür, schob die kleine Schwester zurück, zischte in Jeskos Richtung: »Nicht so laut!«

Da schnappte der seine Jacke, stürmte aus dem Zimmer, an dem Kind vorbei, und knallte die Haustür hinter sich zu. Lisa starrte ihm entsetzt hinterher.

Janas Eltern äußerten sich besorgt, sagten etwas von

besser vorbereiten sollen und *wie sich das für sie wohl angefühlt hätte.*

Jana wartete einen Tag ab, dann stand sie spätabends am Hintereingang zu der Küche, in der Jesko lernte. Sie fragte die Kollegen, die Feierabend machten. Nein, Jesko sei nicht erschienen, habe sich krankgemeldet. Sie rief ihn an, er reagierte nicht. Sie fuhr zu ihm nach Hause ins Severinsviertel **38**, gelangte über den Hinterhof ins Treppenhaus, horchte an der Tür. Da waren noch Geräusche. Sie klingelte trotz der Tageszeit. Die Mutter öffnete, blickte besorgt. »Es geht ihm schlecht«, raunte sie und wies mit dem Kinn Richtung Jeskos Zimmertür. »Gut, dass du kommst.«

Jesko lag auf dem Bett, in der Hand eine halb geleerte Wodkaflasche. Eine weitere Flasche lag geleert auf dem Boden. Er stierte Jana wie eine Besucherin von einem anderen Stern an, lallte mit verstellter Stimme: »*Neissu mietju, Mäddäm! Wottän Onor*!«

»Sei nicht albern, Jesko«, meinte Jana. Die Mutter schob sie ins Zimmer, schloss die Tür hinter ihr.

Jana widerstand dem Drang sich herumzudrehen und zu gehen. Sie hätte an der Mutter vorbei gemusst. »Krieg dich ein!«, sagte sie mit verschränkten Armen. Jesko starrte zur Decke. Nach einer Weile setzte sie sich zu ihm auf die Bettkante. Registrierte jetzt erst, dass ihm Tränen aus den Augen liefen.

»Hey, was ist los?«, ihre Stimme klang weicher, als es ihr lieb war.

Er kippte ihr seinen Seelenmüll vor die Füße. Ein Leben ohne sie sei für ihn nicht mehr vorstellbar. Ob sie sich überhaupt bewusst sei, was sie für ihn bedeute? Er liebe sie, wie sie nie wieder jemand lieben würde. Ob ihr das nicht klar sei?

»Jesko, wir kennen uns jetzt gerade mal ein paar Monate«, begann sie.

Er fuhr dazwischen: Sie brauche gar nicht weiter reden, er wolle es gar nicht wissen, er kenne das schon. Sie sei genauso ein Flittchen wie alle Frauen. Als sie sich kennengelernt hätten vor vier Monaten, sei er schon einmal an dem Punkt gewesen. Er sei kurz davor gewesen sich wegzuschmeißen, nachdem seine Freundin ihn verlassen hatte.

Jana wusste, dass es eine andere gegeben hatte. Er hatte es immer so dargestellt, als sei die Beziehung schon lange beendet gewesen, man habe sich nichts mehr zu sagen gehabt, die übliche Nummer.

»Was meinst du mit *dich wegzuschmeißen*?«, erkundigte sie sich vorsichtig.

Er sei kurz davor gewesen von der Brücke zu springen, brach es aus ihm raus.

»Jesko, schlaf deinen Rausch aus«, sagte Jana. Sie stand auf. »Wenn du nüchtern bist, ruf mich gerne an. Aber wenn das, was du da sagst, dein Ernst ist, dann bist du ein Fall für die Klapse. Sorry, dazu fällt mir nichts weiter ein!« Ehe sie an der Tür war, hatte er sie erreicht, umschlang sie, riss sie zu Boden, bedeckte ihr Gesicht mit Küssen. Jana rang stumm mit ihm, weil sie die Mutter nicht erschrecken wollte. Sie musste alle ihr zur Verfügung stehende Kraft aufbieten, um sich freizuwinden, stürzte zur Tür und eilte durch den Flur.

»Besser?«, das Gesicht der Mutter sah vor Angst verzerrt aus. Das erschreckte sie fast mehr als Jeskos Verhalten. Die Frau war ihr immer so herzlich und in sich ruhend vorgekommen – wie eine zweite Mutter. Dieses panische Gesicht offenbarte familiäre Abgründe, die sie gar nicht kennen wollte. »Ich hoffe«, sagte sie schnell und verschwand.

Eine Woche lang hörte und sah sie nichts von ihm und war heilfroh, weil der schriftliche Prüfungstermin anstand. Trotz ihrer Sorge schlug sie sich ihrem Gefühl nach einigermaßen.

»Wenn du schon sagst *einigermaßen*, dann hast du mit Sicherheit eine Eins«, kommentierte Kati, die vermutete, dass sie selbst es vollkommen verhauen hatte.

»Ach was!«, lachte Jana. Sie kannte die Freundin lange genug, um zu wissen, dass diese alles schwarz malte, aber doch immer ganz leidlich davonkam. Zweckpessimismus halt. Man redet sich ein, dass etwas schlecht ausgehen wird, damit man sich umso mehr freut, wenn es gutgeht. Was Jesko anging, sah Jana zappenduster, verspürte nicht die geringste Lust, ihn zu kontaktieren. Jetzt noch die praktische Prüfung, dann konnte sie allmählich die Vorfreude auf die USA zulassen! Der Gedanke an Jesko sorgte da nur für ungute Interferenzen!

Montags nach dem Frühdienst sah sie auf dem Handy, dass er angerufen hatte. Vorsichtig guckte sie sich am Ausgang nach rechts und links um, ehe sie ihr Fahrrad bestieg. Keine schmale Gestalt mit schwarzen Haaren und Lederjacke zu sehen. Sie nahm die übliche Strecke: Hohenzollernbrücke, Bahnhof, am Zeughaus **39** vorbei, Friesenplatz, Antwerpener Straße.

Als sie eben ihr Fahrrad an dem Laternenpfahl vor der Haustür abschloss, weil sie unschlüssig war, ob sie nachher noch einmal weg wollte, hörte sie seine Stimme hinter sich: »Schön, dass du endlich kommst!«

Jana war zusammengezuckt. Er hatte seinen Dacia gleich neben ihr am Straßenrand geparkt und lautlos die Seitenscheibe runtergefahren.

»Du hast hier auf mich gewartet?«, fragte sie ungläubig.

»Na, du bist ja nicht ans Telefon gegangen.« Er wirkte vollkommen ruhig, lächelte sogar.

»Ich war bei der Arbeit.«

»War mir klar.« Der besänftigende Tonfall, die freundliche Miene – Jana atmete innerlich auf. Vielleicht hatte die Pause ganz gutgetan! Er schien zur Besinnung gekommen zu sein.

Sie ging neben dem Auto leicht in die Knie, dass er sich nicht so weit rüberbeugen musste, stützte die Unterarme auf den Fensterholmen. »Wolltest du nicht wissen, wie die Prüfung gelaufen ist?«

»Ich hab dir so was von die Daumen gedrückt. Ich weiß doch, dass du die Größte bist.«

Das klang, als nähme er ihr gar nichts übel! Er hatte einfach zu viel getrunken neulich, dass er so ausgerastet war und so einen Scheiß gelabert hatte! Jana fühlte ein warmes Gefühl in sich aufsteigen beim Blick in seine braunen Augen. »Ach, Jesko«, seufzte sie. »Ich finde das so was von doof, mich mit dir zu streiten.«

»Bringt ja auch nichts.« Das Bedauern in seiner Stimme schien echt.

»Was meinst du? Lust auf einen kurzen Ausflug?«

»Hm. Ich weiß nicht. Wollte noch ein bisschen was tun für die Praktische. Aber da kannst du mir ja vielleicht helfen. Menükunde.«

»Klar«, er lächelte. »Komm, steig ein!«

Wieder zögerte sie. Es war eh keiner zu Hause, das wusste sie. Nicht nötig, Bescheid zu geben. Das Fahrrad konnte sie nachher in den Keller stellen. Wenn es half, dass sie diesen Stress aus der Welt kriegten …

Sie stieg ein.

Jesko lenkte den Wagen stadtauswärts Richtung A 57, am Kreuz Köln-Nord Richtung Dortmund, an der Ausfahrt Merkenich **40** fuhr er ab.

Jana wollte wissen, ob er sich die ganze Zeit hatte krankschreiben lassen, erkundigte sich nach seiner Arbeit, aber seine Antworten ließen keine Rückschlüsse zu, er erzählte von Kebbeleien mit Kollegen, Stress wegen Gästen mit Sonderwünschen, ohne dass es zeitlich genau zuzuordnen war. Aber spielte das überhaupt eine Rolle? Entscheidend war, dass er sich beruhigt hatte. Sie fasste seine Hand. »Du bist nicht mehr böse?«, vergewisserte sie sich.

Er lachte, und diesmal klang es ein wenig bitter. »Du entkommst meiner Liebe nicht.«

»Iih, wie hört sich *das* denn an?« Sie war sich nicht sicher, ob das ein Scherz sein sollte.

»Ödön von Horvath, Geschichten aus dem Wiener Wald. Ein Zitat.«

Sie wechselte das Thema. »Wohin fahren wir überhaupt?«

»Zur Fähre **41**. Man kann von hier nach Leverkusen-Hitdorf übersetzen.«

»Und was wollen wir in Leverkusen?«

»Ich wollte nicht übersetzen«, sagte er.

»Besser so.« Sie hatte nur mit einem kleinen Abstecher gerechnet, wollte nicht zu spät nach Hause.

Sie erreichten die Straße, die zum Fähranleger Langel führte. Vor ihnen standen keine Autos. Die Fähre hatte eben das Ufer auf der anderen Rheinseite erreicht. Jesko gab Gas.

»He, das ist abschüssig«, warnte Jana, »du kannst nicht mehr bremsen!«

»Ich will nicht bremsen!« Jesko drückte das Gaspedal durch. Ehe Jana kapierte, hatten sie das Ende der Rampe erreicht und hoben ab.

»Nein!«, brüllte sie.

Jesko fasste nach dem Autoschlüssel, drückte, die Tür-verriegelungen klackten, er zog den Schlüssel aus dem Zündschloss, der Motor setzte aus, aber es spielte auch keine Rolle, sie flogen ja. Jana packte panisch den Tür-griff – nichts!

Es klatschte und ruckte, der Wagen setzte auf der Was-seroberfläche auf.

»Du bist ja wahnsinnig!«, schrie Jana. Sie ließ ihren Gurt flitschen und langte nach Jeskos Hand mit dem Schlüssel. Er hielt ihn aus dem offenen Spalt seines Sei-tenfensters. »Verloren ist daz Slüzzelin!«, rief er lachend und ließ ihn in den Rhein fallen. Für den Bruchteil einer Sekunde war Jana starr vor Entsetzen. Dann ließ sie sich in den Sitz zur Mitte hin rutschen und zog die Beine an. Eine heiße Welle von Wut und Verzweiflung überflutete sie, ihre Füße schnellten mit den Absätzen voran gegen die Seitenscheibe, die zersprang. Während Jana wie besessen gegen das Verbundglas trat, in dem sich ein Loch auftat, das schnell größer wurde, galt ihr letzter klarer Gedanke ihrem Arbeitgeber, der von den Mädchen verlangte, dass sie bei der Arbeit Schuhe mit Absätzen trugen statt Sneakers. Sie spürte Jeskos Hände an ihrem Hals und Oberkörper, er versuchte sie zu packen, aber sie trat, schlug, biss, konnte sich seinem Griff entwinden, er war nach wie vor angeschnallt, das Auto schwankte, legte sich auf Jeskos Seite, vielleicht weil Jana ihr Gewicht verlagert hatte, vielleicht lag es am Wellengang, Tatsache war, dass das offene Fenster schräg über ihr war, sie konnte mit den Händen in die Holmen greifen, in die Splitter, egal, sie trat nach hinten weg in dem Bestreben, sich durch die Öffnung zu winden, traf Jesko, der schrie und nach ihrem Bein griff, aber da war sie schon mit dem Oberkörper durch die Luke, strampelte, spürte, wie ihr Schuh in seinen Händen blieb, rutschte durch das Fenster und landete im Wasser, das hinter ihr hereinströmte, während die Fahrerseite in den Fluten versank, Jesko hinter ihr schrie und zappelte, alles um sie herum dröhnte und riss an ihr. Sie hatte Mühe, den Kopf über Wasser zu halten, das Geschrei hinter und vor ihr, das Dröhnen und Reißen nahm zu, etwas drückte ihr auf einmal brutal die Luft ab und sie begann zu schweben, sie schwebte über dem Wasser, während sie immer noch zappelte und schrie, aber vermutlich schon gestorben war, weil sie doch flog, dem Ufer entgegenflog, der Rampe, wo Menschen standen und schrien und ihr die Hände entgegenstreckten, bis sie ganz dicht dran war, das Dröhnen plötzlich stoppte, der Druck um ihren Bauch nachließ, sie wie ein nasser Sack auf die Zufahrt plumpste und endlich alles um sie herum dunkel wurde.

Als Jana die Augen aufschlug, brauchte sie eine Weile, um zu verstehen, wo sie war und was das alles um sie herum zu bedeuten hatte. Sie lag auf dem Asphalt, vielmehr sie lag nicht, jemand hatte ihren Oberkörper aufgerichtet und stützte ihren Rücken. Sie sah vor sich den Rhein, die Wellen, keinen Dacia, keinen Jesko. Nur ein Jetski, den zwei Männer festhielten, dümpelte an der Rampe, während ein junger Mann in einem Neoprenanzug auf sie zukam. Als er vor ihr stand, beugte er sich vor. Janas Ohren waren noch taub von dem Dröhnen und dem Wasser, sie sah seine braunen Augen ganz dicht vor ihrem Gesicht, und dann sagte er: »Das war Rettung in letzter Sekunde! Was, wenn ich dich nicht gesehen hätte? – Wie heißt du überhaupt?«

Im nächsten Moment machte er einen Satz rückwärts.

Jana schrie wie am Spieß.

26 **Hyatt Hotel**
Die Hyatt-Kette ist weltweit eine der größten und renommiertesten – neben den Pullmann und Marriott Hotels **28** . Etwa ein Fünftel der weit über 500 Hyatt Hotels gehört in die Fünf-Sterne-Kategorie. 1957 eröffnete Jay Pritzker aus Chicago das erste Haus, ein Motel in der Nähe des Flughafens von Los Angeles, das er nach dem Vorbesitzer Hyatt van Dehn benannte.
In Deutschland gibt es bisher etwas mehr als eine Handvoll Hyatt Hotels, das Kölner Hyatt Regency am Kennedy-Ufer 2 A in 50679 Köln-Deutz kann mit über 300 Zimmern und Suiten, einem ausgedehnten Wellnessbereich, 13 Tagungsräumen, dem Glashaus-Restaurant samt -Bar, der Schälsick-Bar und -Terrasse sowie einem Biergarten direkt am Rheinufer aufwarten. Von hier hat man einen großartigen Ausblick direkt auf den auf der anderen Rheinseite gelegenen Dom **109** , der fußläufig über die Hohenzollernbrücke **15** zu erreichen ist, außerdem ist man wenige Gehminuten von der Kölnmesse und der Lanxess Arena entfernt, mit dem Auto erreicht man in einer Viertelstunde den Flughafen Köln-Bonn.

27 **Roonburg im Kwartier Lateng**
Zwischen Zülpicher und Barbarossaplatz stadtauswärts gen Uni liegt das Kwartier Lateng, das nach

seinem Pariser Vorbild benannt ist. In seiner Feier-
freudigkeit ist der Kölsche den Franzosen ja bekann-
termaßen näher als den Preußen. Hier sind vor allem
die Studenten zu Hause, aber auch alle, die das Stu-
dentenleben noch nicht ganz missen oder einfach
das junge Nachtleben fern von Touristenströmen
und Junggesellenabschieden in der Altstadt genießen wollen.

Die Roonburg findet man in der Roonstraße 33, es ist
eine Kellerdisco für junge Leute, der Eingang erinnert ein wenig an ein Verlies, ebenso die Backstein-
mauern, Rundbögen und Säulen, die neben der großen Tanzfläche für Nischen sorgen, in denen man
abhängen und sich unterhalten kann. Nur eine von
vielen, vielen Kneipen, Clubs, Bars, Bistros aller
Couleur in diesem quirligen Viertel.

Weitere Sehenswürdigkeiten in der Roonstraße: die
Synagoge in der Nummer 50, das Theater im Hof in
der Nummer 54, das Atelier Theater in der Nummer
78 und die Herz-Jesu-Kirche an der Ecke Zülpicher
Platz.

28 Maritim Hotel

Gemeint ist das hinter dem Heumarkt 90 dicht an der
Deutzer Brücke 85 im Jahr 1988 fertiggestellte Maritim Hotel mit seiner riesigen glasüberdachten Hotel-
halle. Das Maritim ist die größte inhabergeführte
deutsche Hotelkette. Eigentümerinnen sind die
Töchter des Firmengründers Hans-Joachim Gom-
molla, der Sitz des Unternehmens ist in Bad Salz-
uflen. 1969 wurde das erste Haus am Timmendor-

fer Strand eröffnet, heute gibt es in Deutschland an die 40 Maritim Hotels, 13 weitere in Europa, China und Ägypten. Ein Schwerpunkt der Häuser sind Tagungen und Kongresse. Die Kölner Lage direkt am Rhein an der Altstadt, die Mall-Gestaltung mit Panoramabonus sowie zahlreiche Veranstaltungen machen das Haus aber nicht nur für Geschäftsreisende und Übernachtungsgäste attraktiv.

29 Belgisches Viertel

Die belgischen Straßennamen rund um den Brüsseler Platz haben dem Viertel seinen Namen gegeben. Hier trifft man auf Ex- oder bekennende Bhagwans bzw. Oshos, Alt-68er, Agenturen und Akademiker in modernisierten Altbauwohnungen mit permanenter Parkplatznot, die aber zu Fuß bzw. dank guter Verkehrsanbindung auch ohne Auto alles erreichen können, was sie nicht ohnehin vor der Haustür haben, und das ist schon allerhand: viel Grün, Gastronomie, Galerien und innovative Geschäfte. Insbesondere haben sich hier einige kreative junge Modemacher niedergelassen, deren Ateliers einen Bummel durch das Belgische Viertel lohnen.

In der neoromanischen Kirche St. Michael am Brüsseler Platz finden zahlreiche kirchliche und weltliche Konzerte, Veranstaltungen und Ausstellungen statt.

30 Kölner Zoo

Den Kölner Zoo gibt es seit 1860. Er ist der drittälteste Zoo Deutschlands und wurde in Form einer Aktiengesellschaft durch Kölner Bürger gegründet.

Bis zum Zweiten Weltkrieg wurden dort nicht nur exotische Tiere ausgestellt, sondern es gab sieben Völkerschauen, in denen Angehörige indigener Völker vorgeführt wurden. Heute sieht der Zoo seine Aufgabe vor allem in Erhaltungszuchten. Mehr als 500 Tierarten aus allen Kontinenten sind auf dem rechtsrheinischen Areal an der Zoobrücke untergebracht.

Auf einer Fläche von 20 Hektar gibt es neben historischen Anlagen wie den Seelöwen- und Affenfelsen ein großes Aquarium, ein Urwaldhaus, ein Regenwaldhaus, einen Elefantenpark und ein Hippodrom, mit denen man sich bemüht, den Tieren ein artgerechtes Leben zu ermöglichen.

Im August gibt es seit 1997 Special Events in Form einer »Sommernacht in Zoo und Flora« mit Bühnenprogramm bzw. die »langen Nächte im Kölner Zoo«. Tierfreunde können über Tierpatenschaften den Bestand sichern.

Der Zoo ist für jede Altersklasse einen Tagesausflug wert. Kinder können sich zudem auf verschiedenen Spielplätzen austoben.

31 Phantasialand

Der Brühler Freizeitpark »Phantasialand« liegt etwa 15 Kilometer außerhalb des Kölner Stadtgebiets und gehört nicht nur zu den ältesten, sondern auch zu den besucherstärksten saisonalen Freizeitparks in Europa. 1967 von Gottlieb Löffelhardt und Richard Schmidt zunächst als Märchenpark eröffnet, wurde das Unternehmen von Jahr zu Jahr um Attraktionen,

Fahrgeschäfte und Shows erweitert. Die Fülle der Angebote ist an einem Tag schon lange nicht mehr zu bewältigen, Abhilfe schafft seit 2003 ein angegliedertes Hotel als Unterkunft für einen längeren Aufenthalt.

Jedes Alter, jeder Geschmack wird mit Spielplätzen, Karussells, Geister-, Wildwasser- und Achterbahnen, Live Shows, einem 4D-Kino und Gastronomie jeglicher Art bedient. Die riesige Anlage ist in verschiedene Themenbereiche wie Alt Berlin, China Town, Deep in Africa, Mexiko, Wilder Westen, Mystery, Fantasy oder Science Fiction gegliedert.

Highlights in der Geschichte war zum 25-jährigen Jubiläum ein Auftritt der Zauberkünstler Siegfried und Roy, die fünf Jahre zuvor dem Park bereits zwei weiße Königstiger geschenkt hatten. 1996 eröffnete Michael Jackson die Minenachterbahn »Colorado Adventure«. Anfang 2013 wurde das Phantasialand vom Wirtschaftsministerium des Landes Nordrhein-Westfalen als »Themenpark mit den besten Attraktionen NRWs« ausgezeichnet.

32 **Claudius-Therme**

Mit Blick auf den Dom **109** kann man in der Claudius-Therme in der Sachsenbergstraße 1, 50679 Köln, direkt am rechtsrheinischen Fuß der Zoobrücke entspannen – in den Innen- und Außen-, Heilwasser-, Bade- und Sitzbecken des Thermalbads. Darüber hinaus gibt es Whirlpools, Solarien, Trinkbrunnen, eine Heiß-Kalt-Grotte, Massagedüsen, Sprudelliegen, Nackenduschen, Strömungsbecken sowie Ruheräume, Sonnenterrassen und Liegewiesen, atmosphärisch stimmungsvoll gestaltet durch Licht-, Farb-, Musik- und Klangeffekte – sogar unter Wasser. Für Aktive wird kostenlos Wassergymnastik und Kneippen angeboten. Wunderschön: das Sole-Schwebebecken in den Rosenterrassen. Was nicht verschwiegen werden sollte: Die Passagiere der direkt oberhalb kreuzenden Rheinseilbahn 37 können Einblick nehmen – aus großer Höhe.

33 Fühlinger See

Am nördlichen Stadtrand von Köln liegt der rund 100 Hektar umfassende Köln-Fühlinger Baggersee mitten in einem großen Naherholungsgebiet in der Nähe der Kölner Fordwerke und vor den Toren Chorweilers. Rundherum kann man reiten, joggen, Rad fahren, inlinern oder schlicht chillen und grillen. In, an, auf und unter Wasser wird an unterschiedlichen Abschnitten des Sees, der in sieben miteinander verbundene Teile untergliedert ist, geschwommen, getaucht, gerudert, gesurft, geangelt und vieles mehr.

Seit 1912 wurde auf dem Areal Kies gebaggert. Die Gruben in unmittelbarer Rheinnähe füllten sich schnell mit Grundwasser, was Badegäste anlockte. Ab 1967 gestaltete man das Gebiet zur reinen Freizeitnutzung um. Unter anderem wurde eine Regattastrecke von 2.300 Metern mit sieben Bahnen angelegt, auf der 1998 die Ruder-Weltmeisterschaften ausgetragen wurden. Mittelaltermärkte, das jährlich stattfindende Reggae-Festival »Summerjam« oder der

»Red Bull Flugtag« sind Beispiele für Groß-Events, die neben Sportveranstaltungen auf dem Gelände regelmäßig stattfinden.

34 Kölner Lichter

Seit 2001 sind die jährlich im Juli stattfindenden »Kölner Lichter« die Antwort Kölns auf das Bonner Event »Rhein in Flammen« und eins der größten musiksynchronen Feuerwerke Europas. Vom Rheinufer, von den Brücken und mehr als 60 Passagierschiffen aus kann man mehrere Großfeuerwerke bestaunen, die auf zwei Pontonschiffen abgebrannt werden. Um 23.30 Uhr beginnt das 30-minütige Hauptfeuerwerk. Der gesamte Rheinabschnitt zwischen Porz und der Mülheimer Brücke wird mit Musik beschallt, Radio Köln und das WDR Fernsehen übertragen das Spektakel live.

35 Rheinpark

Die Schleifung der preußischen Festungsanlagen verhalf den Kölnern zu einem großen grünen Bereich in der rechtsrheinischen Rheinaue zwischen dem Mülheimer Hafen und der Hohenzollernbrücke 15, der 1913 bereits als Park angelegt und für die Kölner Werkbundausstellung von namhaften Architekten und Künstlern genutzt wurde. Nach dem Ersten Weltkrieg gestaltete man den Volkspark 1926 unter dem Namen »Rheinpark« wieder neu, nachdem der damalige Kölner Oberbürgermeister Konrad Adenauer auf dem Gelände nördlich der Hohenzollernbrücke 15 die Weichen für die erste Kölner Messe gestellt, den Kölner Bürgern den breiten Grünstreifen am Rhein aber vor den Begehrlichkeiten der Industrie bewahrt hatte.

Nach dem Zweiten Weltkrieg waren die Stadt Köln und der Rheinpark verwüstet. Als Signal für den Wiederaufbau wurde der Park für die Bundesgartenschau 1957 neu gestaltet und mit Brunnen, Teichen, Skulpturen, Spielplätzen und gastronomischen Angeboten versehen. Außerdem wurde die Kölner Seilbahn gebaut, die den Rhein über der Zoobrücke quert. Von dort aus konnte man mit einem Sessellift bis zum Haupteingang des Parks nahe der Hohenzollernbrücke gelangen. Der Sessellift fiel 2003 der Erweiterung der Claudius-Therme **32** zum Opfer. Bis heute gibt es aber eine kleine Bimmelbahn, mit der man den Park ebenerdig durchqueren kann.

Die Messe erhielt 2006 elf moderne Hallen, die bis an die Zoobrücke grenzen. Von 2017-2030 ist ein weiterer Modernisierungsausbau mit imposantem Eingangsterminal geplant. Das ursprüngliche Messe-Wahrzeichen, der am Rhein gelegene Backsteinturm, verlor erst 2010 mit der Übernahme der mittlerweile unter Denkmalschutz stehenden Gebäude durch den Privatsender RTL seinen Schriftzug. Erhalten blieb der dicht daneben liegende Tanzbrunnen von 1928, er gehört heute zu einem Veranstaltungsensemble mit Open Air-Bühne, Restaurant, Biergarten, Beach-Club. Am Tanzbrunnen finden Märkte, aber vor allem Konzerte statt. Legendär sind die »Talentprobe«, das Amphi Festival, aber auch viele Rockkonzerte und Comedy-Auftritte.

36 Fähre

Wem der Weg über die Hohenzollernbrücke zu beschwerlich ist, wer die Wassernähe liebt, wer vor schwankenden Planken keine Angst hat oder wer auf schnellstem Weg vom Rheinufer vor dem Hauptbahnhof auf die Messeseite gelangen möchte – oder zurück, nimmt in den Sommermonaten den »Strolch«. Die kleine Personenfähre befördert für kleines Geld von Ostern bis Ende Oktober Menschen vom Konrad-Adenauer-Ufer zum Tanzbrunnen und retour. Start etwa alle halbe Stunde – sofern ein Minimum an Passagieren an Bord ist, das dem Fährmann das Gefühl vermittelt, dass er nicht draufzahlt, wenn er den Motor anwirft.

37 Seilbahn

Etwas länger als bei der Messefähre dauert die Saison bei der Rheinseilbahn: von März bis November. Als »Kölns sicherstes Verkehrsmittel« preisen die Betreiber die Gondelbahn über den Rhein in Höhe der Zoobrücke an. Seit 1957 ist sie in Betrieb, der nur während des Baus der Zoobrücke zwischen 1963 und 1966 eingestellt wurde. Bis 2011 war sie die einzige einen Fluss überquerende Seilbahn Deutschlands und hat mittlerweile über 17 Millionen Menschen befördert, die Zahl der Passagiere nimmt von Jahr zu Jahr zu. Fast einen Kilometer in luftiger Höhe kann man mit bis zu vier Personen in einer der 41 Kabinen in sechs Minuten überwinden. Genügend Zeit für ein Ja, befand das Standesamt Köln, und so kann man sich seit 2008 in Begleitung eines Standesbeamten oder einer -beamtin hoch über dem Rhein trauen lassen.

38 **Severinsviertel**
»Urkölsch« ist eins der häufigsten Attribute für dieses Viertel im Kölner Süden, das seinen Namen nach der 1237 geweihten Kirche St. Severin hat. Hier beginnt – oder endet traditionell der Rosenmontagszug. Aber auch im September gibt es im Vringsveedel ein traditionelles Straßenfest, den Längsten Desch von Köln (Längsten Tisch von Köln), bei dem seit 1979 jährlich etwa 800.000 Besuchern zwischen Severinstor und Severinsbrücke Musik, Speisen und Getränke angeboten werden. Die quirlige Kneipenszene der inoffiziell »Südstadt« genannten Region reicht bis an den Bahndamm Höhe Bonner Wall und Bonntor. Neben der Gastronomie, kleinen Theatern und Ateliers bietet ein Teil der historischen Schokoladenfabrik »Stollwerk«, der heute als Bürgerhaus genutzt wird, Raum für »ze fiere« (zum Feiern).
Für weniger lustige Schlagzeilen sorgten zu Beginn des 21. Jahrhunderts zwei folgenschwere Schäden infolge von Bauarbeiten, die den Kölner Süden an das U-Bahn-Netz anschließen sollten: Im September 2004 sackte der Untergrund des Kirchturms St. Johann Baptist weg und führte zu einer Schieflage, die die Kölner über ihren »Schiefen Turm von Köln« spotten ließen. Mit Hilfe von Beton und Hydraulikpumpen gelang es schließlich, den Turm wieder ins Lot zu bringen. Fünf Jahre später fiel das Kölner Stadtarchiv wie ein Kartenhaus in sich zusammen

und riss zwei benachbarte Wohnhäuser mit. Zwei Menschen starben, das gesamte Archivgut der Stadt war verschüttet. Fünf Jahre dauerte es, bis man 80 % der Archivalien – zum Teil schwer beschädigt – wieder geborgen hatte. Bis heute konnten die Schuldigen nicht klar ermittelt werden, da eine Fülle von Versäumnissen rund um den Bau vorlag.

39 Zeughaus

Das um 1600 errichtete Gebäude diente ursprünglich als Waffenkammer der Stadt, später war es Sitz des Landesfinanzamts, heute beherbergt es das Kölnische Stadtmuseum, das mehrere hundert Exponate zur Kölner Stadtgeschichte verwaltet und zu Kölner Themen wie Klüngel, Kölsch, Karneval oder Otto-Motor und Fordwerke ausstellt. Auf dem Fundament der römischen Stadtmauer errichtet, fällt das Gebäude vor allem durch seine rot-weißen Fensterläden in den Farben der Stadt auf. Wer den Blick nach oben richtet, sieht das goldene Flügelauto auf dem Dach des Hauses. Es wurde 1991 von dem Künstler H. A. Schult im Rahmen der Aktion »Fetisch Auto« geschaffen und – sehr zum Ärger des damaligen Regierungspräsidenten Antwerpes, der direkt gegenüber residierte – zum »vorübergehenden Verbleib« auf das Kölnische Stadtmuseum gehievt.

40 Merkenich

Der Stadtteil im Kölner Norden umfasst heute die Kölner Rheindörfer Kasselberg, Rheinkassel und Merkenich und hat sich trotz Industrie – Esso, Heizkraftwerk, Ford – und Neubauten seinen dörflichen Charakter weitgehend erhalten. Seine Geschichte reicht weit zurück: Durch das Gebiet verlief eine römische Heerstraße, die die Grenze des römischen Imperiums markierte. Die heutige Pfarrkirche St. Brictius soll auf dem Fundament eines römischen Wachturms stehen. 1236 wurde der Name Merkenich zum ersten Mal urkundlich erwähnt, die Ortschaft umfasste damals vor allem Hofanlagen, die zum Unterhalt der christlichen Institutionen Kölns beitrugen. Seit 1922 gehört Merkenich zu Köln. Neben St. Brictius sind sehenswert: der Kaplanshof aus dem 18. Jahrhundert, die Evangelische Andreaskirche und die Kirche St. Amandus. Die Rheinnähe lädt zu Spaziergängen entlang des Flussufers ein.

41 Fähranleger Langel
Bei Rheinkilometer 705 verkehrt seit 1962 zwischen Leverkusen-Hitdorf und Langel (Köln-Merkenich) die Fähre »Fritz Middelanis«, die 250 Personen oder 21 PKW befördern kann und von vielen Berufspendlern gewählt wird, die dem Stau auf der Leverkusener Autobahnbrücke eine entspannte Alternative entgegensetzen. Im Sommer wird die Fähre gerne von Radfahrern für Ausflüge genutzt. Am Anleger gibt es ein Restaurant mit Aussicht.
Trotz Schildern und Warnhinweisen passiert es gelegentlich, dass Autofahrer aufgrund von Übermüdung, in Selbstmordabsicht oder indem sie blind ihrem Navigationsgerät folgen, an der abschüssigen Strecke zum Fähranleger ungebremst in den Rhein fahren.

ZWISCHEN HOCHÖFEN
UND DEUTZ-TIEF

Die Bögen zitterten kaum merklich in Kurts Händen. Ein kalter Märzwind blies von der St.-Apern-Straße **42** auf den Hof und erinnerte daran, dass der Winter noch lange nicht zu Ende war.

Die Mädchen hatten ein langes Seil ausgepackt und ließen es in großen Schwüngen auf den Boden klatschen. Sie hüpften sich warm und sangen dazu. Frau Katz hatte ihnen den Rücken zugekehrt, weil Frau Dr. Frank eben aus dem Gebäude auf sie zu getreten war, eine aufgeklappte Mappe in den Händen. Sie steckten die Köpfe zusammen und berieten sich. Am anderen Ende des Hofes spielten die beiden Engländer mit den Sekundanern Baseball. Klibansky **43** hatte den einen von ihnen vor ein paar Tagen der Obertertia vorgestellt. Mitten im Unterricht. Die Schüler waren aufgesprungen, um Aufstellung neben den Bänken zu beziehen. »Mein Name ist Loewe«, hatte der Mann mit unverkennbar britischem Akzent und seltsam klingendem ö gesagt, »*but I don't harm a mouse – not even a Mausche*!«

Der Schulleiter hatte sich ein gequältes Lächeln abgerungen, während die Katz vom Pult herüberzischte: »Und mein Name ist Katz! Wenn ich es sage, machen alle Platz!« Sie bedeutete der Klasse, dass sie sich hinsetzen durfte.

Die Mädchen kicherten und tuschelten. Klibansky erklärte, dass Mister Loewe ab sofort zwei Stunden die Woche Englischunterricht geben werde.

Margot Heinemann in der ersten Reihe hob den Finger und fragte: »Und was ist mit Mister Menden?«

Herr Menden, der sich im Englischunterricht immer mit *Mister* Menden ansprechen ließ, war der unangefochtene Backfisch-Schwarm der Jawne: hochgewachsen und schlank, das schwarze leicht gewellte Haar bis knapp über die Ohren – Der kleine dickliche Mister Loewe mit seiner käsigen Gesichtsfarbe hatte dem nichts entgegenzusetzen.

Eigentlich erstaunlich, dachte Kurt. Sein Blick folgte Loewe, der mit überraschender Gewandtheit um die eigene Achse rotierte, während der zweite Engländer, Mister Abramson, ihm den Ball lässig in Hüfthöhe zuwarf, den Loewe mit Schmackes im hohen Bogen wegschlug. Seit der Olympiade waren die Jungen völlig heiß auf diese Sportart, der die Braunhemden wenig abgewinnen konnten. Aber weil sie die Amerikaner unbedingt dabei haben wollten, durften diese ihnen sogar vormachen, wie es ging! Im Olympiastadion! Die Makkabiade, ihr Sportfest, hatten sie ihnen vermasselt! Immerhin konnte die Jawne 1938 einen der ehemaligen Oberstufenschüler, einen Speerwerfer, nach Berlin zur Meisterschaft entsenden. Da hatten sie noch am Sportplatz Deckstein **44** trainieren und ihr Sportfest abhalten können. Speerwerfen war auf dem Schulhof nicht möglich. Nur noch Ringelpietz und Ballspiele!

Diese beiden Engländer taten gerade, als hätten sie persönlich das Baseballspiel erfunden! Kurt spuckte verächtlich, wenn auch unauffällig auf den Schulhof. Überhaupt – hieß es nicht bis vor Kurzem noch Schlagball? Angeber!

Kurts Mutter hatte ihm fest versprochen, dass sie ihm eine Passage nach Amerika verschaffen würde, der eigentlichen Heimat des Baseball. Auch wenn Klibansky sich einen Narren an England gefressen hatte. Ausgerechnet er, als Germanist und Romanist!

»Mister Mendens Unterricht bleibt von diesen *native speaker lessons* ganz unberührt«, hatte er Hannelore beruhigt, »ich möchte, dass alle Jawne-Schüler das Cambridge Certificate of Proficiency schaffen. Da ist mir jede Englisch-Stunde wert und teuer.« Anfang des Jahres waren die ersten ›englischen Klassen‹ in das Internat auf die Insel übergesiedelt. Weitere sollten folgen.

Ein erneuter Windstoß zerrte an dem Brief. Adolf war auf dem Weg nach Amerika. Wenn er, Kurt, doch nur endlich Bescheid bekäme!

»Dies ist nach langer Zeit der erste und wird vermutlich für eine ganze Weile mein letzter Brief an dich sein«, schrieb Adolf. »I have no idea, how long it takes, bis sich alles wieder normalisiert. Wolltest du nicht auch immer nach Amerika? Wer weiß, vielleicht begegnen wir uns dort dereinst wieder, und dann wird Normalität heißen: To be American!« Kurt musste grinsen. Typisch Adi! Wenn sie sich früher gegenseitig Vokabeln abgefragt hatten, dann waren sie oft in dieses Englisch-Deutsch-Kauderwelsch verfallen!

»I unbedingt have to get used to this language, aber wenn du mich fragst, bliebe ich doch lieber beim guten alten Deutsch! Für heute will ich es mir – uns! – noch einmal gönnen. Glaube mir, es reißt so recht an mir, wenn ich daran denke, Abschied nehmen zu müssen! Für wie lange wohl? Meine Eltern wollen so bald als möglich nachkommen. Aber fürs Erste konnten sie nur für mich eine Passage erreichen. Mit dem Zug nach Marseille, stell dir vor, im Kölner Hauptbahnhof **2** steige ich um, aber der Halt ist kurz, ich werde dir zuwinken, egal, wo du bist. Von Marseille geht es mit dem Schiff weiter bis New York. Eine Weltreise! Ich weiß nicht, wo sie das Geld her haben. Aber Vater meinte, es sei eine bereits bezahlte Reise gewesen, die jemand sehr kurzfristig reserviert hatte und dann doch nicht antreten konnte, sodass Vater sie für einen geringen Betrag auf mich umgebucht hat. Seit unsere Leute bei Krupp alle den Hut nehmen mussten, ist Vater immer unterwegs auf der Suche nach Gelegenheitsarbeiten und Maggeleien. Es ist so unerträglich geworden hier! Was waren das noch für Zeiten, als ich jeden Nachmittag mit dir losziehen konnte! Was du mir erzählt hast über Bündische, Navajos und Edelweißpiraten **45** / **5** in Köln, die sich mit dem HJ-Streifendienst prügeln   Das sieht hier nicht anders aus.

Und doch: Sei froh! Am Realgymnasium Bredeney ist Eiszeit! Der Schulleiter kriegt den Arm gar nicht mehr runter, seit er dich und Günther Vogel als Letzte herauskomplimentiert hat! Sein schlimmster Wadenbeißer ist allerdings schon wieder weg! Erinnerst du dich an euren Kunstlehrer? Parteimitglied der ersten Stunde! Er hat jetzt Karriere bei der SS gemacht und ist nach Linz in Österreich befördert worden, da soll er in einem Kaff namens Mauthausen die Zöglinge Mores lehren. Wie gut, dass meine Eltern mich auf die Goetheschule geschickt haben! Dank Dr. Röhrscheid ist das hier nahezu ein Hort der Seligen! Was meinst du, was er sich zur Jahresabschlussfeier hat einfallen lassen? Das muss ich dir erzählen, zumal – rate, wer die Hauptrolle spielen durfte. – Aber eins nach dem anderen! Du weißt ja, dass die Goetheaner immer stolz darauf waren, wenn sie ihre Schüler zu literarischem Schaffen anhalten konnten. Und da hat Dr. Röhrscheid ein Stück aus dem Schrank gezogen, das ein ehemaliger Schüler, Gustav Heinemann hieß er, geschrieben hatte, nichts Besonderes, aber der Knabe war aus gutem Hause, sein Urgroßvater muss 1848 schon mitgemischt haben, ein ausgewiesener Freiheitlich-Demokratischer also. Und nicht genug damit, dass der Schulleiter des Goethe seine Schüler in diesen Zeiten so ein Pamphlet aufführen lässt, dann kommt er ausgerechnet zu mir und fragt mich, ob ich nicht den Protagonisten spielen will. Als wenn es nicht genügend rassisch einwandfreie Alternativen gegeben hätte! Glaub mir, Kurt, als er auf mich zukam und das sagte, da hatte ich einen dicken Kloß im Hals. »Tun Sie mir den Gefallen, Zucker«, hat er gesagt. »Wer weiß, wie lange wir noch das Vergnügen haben werden, Sie an unserer Schule zu erleben.« Mir stand das Wasser in den Augen!«

Kurt ließ den Brief sinken und sah zu den Baseballspielern hinüber. Der stämmige Erich Levy war jetzt Batter, und Bernhard Kaplan hatte den Pitcher übernommen, während die beiden Engländer sich unter die Schüler in und um das Feld gemischt hatten. Obwohl er nicht weit weg stand, konnte Kurt die Jungen nur undeutlich wahrnehmen, weil seine Augen schwammen. Er musste ein paar Mal schlucken. Sein bester Freund hatte die große Reise angetreten, auf die er, Kurt, sich schon so lange vorbereitet hatte. Höchste Zeit! Köln war alles andere als ein

Hort des Friedens! Kaum 500 Meter entfernt vom Schulgebäude, gegenüber des Zeughauses, gleich bei der Justiz am Appellhofplatz, war das Gestapo-Hauptquartier `46`. Nach dem November, nachdem sie in der »Adass Jeschurun« `47` gewütet hatten, war klar: Früher oder später würden sie sie alle holen. Und dann war der Zug abgefahren. Von Deutz-Tief `48`, hieß es, ging es los. Aber erst kam man ins Messelager `49`. Oder in den Klingelpütz `24`. Die Zigeuner waren in Bickendorf eingepfercht worden `50`.

Klibansky war aus dem Gebäude getreten und hatte sich zu den beiden Frauen gesellt. Er blickte suchend umher, während er auf Frau Dr. Frank einsprach. Die legte den Kopf schief, was ihrer Haltung etwas Kokettes verlieh. Hatte sie etwa ein Auge auf den Direktor geworfen? Der war glücklicher Familienvater! Glücklich? Auch Klibansky hatte vor nicht ganz zwei Jahren mit seiner Frau und drei Söhnen aus einer schönen Wohnung am Volksgarten `51` in wesentlich beengtere Räumlichkeiten ziehen müssen. Keiner blieb verschont!

Als hätte der Schulleiter gespürt, was in Kurts Kopf vorging, nickte er ihm von Weitem zu. Wollte er ihm etwas mitteilen? Ach, wenn Kurt doch endlich Nachricht von der Mutter erhielte!

Alle würden sie gehen müssen, früher oder später. So oder so. »Je früher, desto besser«, hatte Kurts Mutter in ihrem letzten Brief geschrieben. Kurt bekam nicht allzu häufig Post von ihr. Seitdem sein Vater in der Grube geblieben war, musste die Mutter ihre Witwenrente mit verschiedenen Tätigkeiten als Zugehfrau aufbessern, die zum Teil in den frühen Morgenstunden begannen und sie oft bis spätabends auf den Beinen hielten. Alles, um ihrem

Sohn ein Fortkommen zu ermöglichen. Das im wahrsten Sinne des Wortes. Anna Spingelt hatte Kurt bereits vor zwei Jahren, als sie und die Vogels ihre Sprösslinge in dem Kölner Gymnasium untergebracht hatten, klargemacht, dass dies nur eine Zwischenlösung sein konnte: »Du kommst nach New Jersey. Und ich werde folgen, sobald es geht! Arthur, dein Großvetter, hat mir zugesichert, dass er uns aufnehmen wird. Ich hoffe bloß, dass er dabei bleibt, bis ich das Geld zusammen habe.«

Ein Schatten fiel von hinten über Kurt, und ein Klaps auf den Hinterkopf ließ seine Mütze in Richtung Backsteinmauer segeln. »Was drückst du dich in der Pause in den Ecken rum?«, wollte Günther wissen. »Lernst du wieder heimlich Vokabeln, um Monsieur Klibansky zu imponieren? Französisch ist doch längst nicht mehr à la mode!« Günther spreizte den kleinen Finger seiner linken Hand ab und näselte: »C'est passé! It's out! Die Zukunft liegt im Anglikanischen!«

Kurt hatte Adolfs Brief blitzschnell zusammengefaltet und hinter seinem Rücken verschwinden lassen. »Heb auf!«, sagte er mürrisch.

»Nur wenn ich lesen darf.« In Günthers Augen blitzte es neckisch: »Oder ist es Post aus Bredeney? Von Sarah etwa? Was schreibt sie?«

»Mumpitz!«, wehrte Kurt ab. »Heb auf, und du kannst den Brief lesen! Er ist aus Essen. Aber von Adolf.«

»Adolf Zucker?« Günther grinste. Er kickte mit dem Fuß Kurts Mütze in die Höhe, schnappte sie mit der Rechten, klopfte sie an seinem Oberschenkel sauber und stülpte sie dem Freund lässig über den Kopf, dass der Schirm in den Nacken wies: »Zeig her!«

Kurt faltete die Briefbögen auseinander, hielt sie aber so, dass Günther nicht lesen konnte, was darauf stand.

»Er ist auf dem Weg nach New York. Ganz allein. Seine Eltern haben ihm überraschend ein Ticket besorgen können.« Er wendete den ersten Bogen: »Hier war ich gerade stehen geblieben. Die Jahresabschlussfeier in der Goetheschule. Er hat die Hauptrolle in dem Theaterstück eines Ehemaligen übernommen und ist mächtig stolz.« Er las halblaut vor, während Günther versuchte, ihm über die Schulter zu linsen, um mitlesen zu können, was Kurt aber nicht zuließ, indem er sich immer wieder wegdrehte, ohne allerdings sein Vorlesen zu unterbrechen: »Als der große Tag gekommen war, habe ich mich leidlich geschlagen, das glaube ich ganz ohne Dünkel sagen zu können. Es war aber auch ein sehr bewegender Moment. ›Nie wird es mich reuen, der Wahrheit und dem Recht den Mund geliehen zu haben. Bringt mich nur durch rohe Gewalt zum Schweigen! Recht bleibt Recht. Vor dem Stuhle des Richters, der euch einst fordert, werdet Ihr mich hören müssen!‹ Das habe ich meinem Gegenspieler und dem ganzen Publikum zugerufen, und ich schwöre: Jeder im Saal wusste, was ich meinte. Es war mir eine rechte Genugtuung. Vor Dr. Röhrscheid ziehe ich lebenslänglich den Hut. Ein feiner Mensch. Als ich ein letztes Mal meinen Nachhauseweg antrat, die Alfredstraße entlang, spürte ich den Telegrafenmast vor dem Schulgebäude wie einen mahnenden Finger in meinem Rücken. Wenn es die Schulen nicht sind, die uns noch lehren, anständige Menschen zu sein – Wer sonst soll es uns zeigen?«

»Klibansky!«, unterbrach Günther den Freund. Im Aufblicken erkannte Kurt, dass das keine Antwort auf

Adolfs Frage war, sondern eine Ankündigung. Der Schulleiter grüßte die Tertianer und ordnete an Kurts Adresse an: »Kommen Sie bitte gleich in mein Büro, Spingelt!«

Noch ehe der fragen konnte, worum es sich handle, nickte Klibansky ihnen beiden zu und empfahl sich.

Günther musterte Kurt misstrauisch: »Was ausgefressen?«

»Nicht, dass ich wüsste«, beteuerte der.

Die Klingel ließ keine weiteren Überlegungen zu. Die Schüler strömten in die Klassenräume.

Wenige Minuten später klopfte Kurt an Klibanskys Tür, trat auf dessen »Herein!« ein und sah den Schulleiter über einer Akte brüten, einen Bleistift in der Rechten, mit dem er Anmerkungen machte. Als Kurt näher kam, klappte Klibansky den Ordner zu, wies auf den Stuhl vor seinem Schreibtisch und sagte: »Setzen Sie sich, Spingelt. Ich muss Sie etwas fragen.«

Er zog eine Schublade auf, der er einen Briefumschlag entnahm. Kurt zuckte zusammen. Die gestochene Schrift war ihm vertraut.

Klibansky zog den Brief aus dem Kuvert, legte ihn vor sich ab und strich ihn sorgfältig glatt, während er nach Worten zu suchen schien.

»Ein Brief von Ihrer Mutter«, erläuterte er. Einen Moment zögerte er und sah Kurt eindringlich an, doch da dieser erwartungsvoll dreinschaute und nichts erwiderte, ergriff er wieder das Wort: »Sie bittet mich, dass ich alles Nötige regele.«

Wieder suchte er Kurts Blick und setzte erneut an: »Ich bin mir nicht so sicher …«

Er hielt Kurt den Bogen hin, wies mit dem Finger auf

das Datum: »Sehen Sie, das Schreiben ist 14 Tage alt! Zwei Wochen von Essen bis Köln.« Er grollte: »Es ist nicht das erste Mal, dass uns Post nicht oder sehr verspätet zugestellt wird.«

Kurt wollte nach dem Brief greifen, aber Klibansky zog ihn zurück und fixierte seinen Zögling. Dann sagte er unvermittelt: »Kennen Sie Herrn David Zucker aus Ihrem Heimatort Essen? Essen-Rüttenscheid?«

»Bredeney«, stellte Kurt richtig, der zwischen Unbehagen und freudiger Erwartung schwankte. »Ich komme aus Bredeney. Die Zuckers aus Rüttenscheid. Aber Zucker war mein Freund. Vielmehr ist es noch. David Zucker ist sein Vater, Mein Freund ist Adolf.«

Bei der Nennung dieses Namens zuckte Klibansky unwillkürlich zusammen. Er blickte Kurt forschend an: »Wann haben Sie ihn zuletzt gesehen? Hat er sich bei Ihnen gemeldet?«

»Aber wie kommen Sie …?« Irgendetwas Schlimmes musste passiert sein. Was wusste der Schulleiter? »Bitte«, bat Kurt. »Was ist ihm zugestoßen?«

Klibansky legte die Hände übereinander und beugte sich vor. »Ich kann Ihnen nicht sagen, ob oder was ihm zugestoßen ist, Spingelt. Bitte beruhigen Sie sich! – Er hat sich also nicht bei Ihnen gemeldet? Sie haben ihn nicht gesehen?«

»Er hat mir geschrieben«, stammelte Kurt und fingerte nach dem Brief in seiner Gesäßtasche, als wollte er damit Zeugnis ablegen. »Er schreibt, dass er auf dem Weg nach Amerika ist.«

»Nach Amerika!« Klibansky zog überrascht die Luft ein und lehnte sich zurück. Dann echote er ungläubig: »David Zucker ist auf dem Weg nach Amerika?«

»Nein!«, erwiderte Kurt in größter Verwirrung, »Adolf! Adolf Zucker, mein Freund! Er hat mir geschrieben. Von seinem Vater habe ich nichts gesehen oder gehört.«

»Ah«, sagte Klibansky. »So ist das also.« Er begann mit den Fingern auf die Tischplatte zu trommeln. Dann griff er nach dem Brief.

»Ihre Mutter schreibt, Herr Zucker – David Zucker – habe in Köln geschäftlich zu tun. Letzte Woche. Er wollte in der vergangenen Woche nach Köln kommen, um Ihnen – aber der Brief kam heute erst an. Sie schreibt, sie habe ihm etwas für Sie anvertraut, weil die Post doch so unzuverlässig ist. Es war für Sie bestimmt.« Wieder blickte er Kurt forschend ins Gesicht und insistierte: »Sie sagen, David Zucker hat sich nicht bei Ihnen gemeldet, um Ihnen etwas zu übergeben?«

Kurt stierte sein Gegenüber an, ohne zu verstehen, worauf der Schulleiter hinauswollte.

Klibansky beugte sich vor. »Ihre Mutter meldet Sie ab«, sagte er ernst, fast drohend kam es Kurt vor. »Sie bedankt sich sehr nachdrücklich, dass wir Sie hier aufgenommen haben. – Sie haben entfernte Verwandte in Amerika, in New Jersey?«

Kurt spürte Röte in seinem Gesicht aufsteigen. »Ja, aber das ist doch nichts. Ich meine, wir alle müssen doch sehen, wo wir bleiben.«

»Natürlich, natürlich«, bestätigte Klibansky mit versteinerter Miene, »je früher, desto besser.«

Wieder klopfte er mit den Fingerspitzen auf die Tischplatte. In Kurts Kopf erzeugte das Geräusch einen Widerhall, der wie ein Trommelfeuer wirkte. Am liebsten hätte er Klibanskys Hand festgehalten oder ihm zugerufen:

›Nun seien Sie doch endlich still! Ich kann so nicht nachdenken. Ich verstehe nicht, was Sie mir eigentlich sagen wollen.‹

»Und Ihr Freund wollte also auch nach Amerika?«, fragte Klibansky wieder, und im gleichen Moment riss es Kurt vom Stuhl. »Adolf!«, schrie er.

Für einen Moment schien die Welt stillzustehen. Dann begann sie zu kreisen. Kurts Knie wurden weich, und er setzte sich wieder hin.

»Dieser Schweinehund!«, stieß er hervor. Dann passierte eine Weile nichts.

Klibansky räusperte sich. »Ich könnte mir vorstellen, dass Ihr Freund nichts davon wusste«, sagte er.

Kurt schüttelte den Kopf. Tränen standen ihm in den Augen.

»Natürlich wusste er nichts davon«, sagte er. »Aber was ändert das?«

Klibansky hatte sich wieder zurückgelehnt. Er spreizte die Hände und legte die Fingerspitzen zusammen. Dann ließ er die Fingerkuppen gegeneinander tippen. Geräuschlos. Wieder und wieder.

»Meine Mutter«, sagte Kurt leise, und seine Stimme zitterte ein wenig. »Könnten *Sie* es ihr wohl sagen?«

Statt einer Antwort stand Klibansky auf und ging zum Fenster. Die Hände hatte er im Rücken zusammengelegt. So stand er eine Weile und sah hinaus, den Kopf schräg nach oben gelegt. Es schien, als beobachtete er angestrengt das kleine Bisschen grauen Himmels, das er von dort aus erkennen mochte.

Als er zu seinem Schreibtisch zurückkehrte, lächelte er Kurt an. »Sie werden nach England gehen«, sagte er.

»Mit der nächsten Gruppe. Ich habe Ihre Klasse erst für
später vorgesehen. Aber in Ihrem Fall werde ich eine
Ausnahme machen. Ich werde statt Ihrer hier bleiben.«

Kurt, der zwischen grenzenloser Erleichterung und
entsetzter Ablehnung schwankte, setzte zu einem »Aber«
an, doch Erich Klibansky ließ ihn nicht zu Wort kommen. »Ich weiß, Good Old Great Britain ist nicht die
United States of America. Aber vielleicht ist es ja nur
eine Zwischenstation, nehmen Sie es erst einmal so an.
Ihre Mutter werde ich schon überzeugen, dass das eine
gute Lösung für Sie ist. Und ich selbst …«, er wedelte
lächelnd mit den Händen, als wollte er letzte Bedenken,
die im Raum standen, wegwischen, »ich selbst werde
hier im Moment auf jeden Fall dringender gebraucht.
Zumal ich lieber mit meiner Familie zusammen über-
siedeln möchte. Also machen Sie sich in der Hinsicht
bitte keine Gedanken, lieber Spingelt. Fügen Sie sich in
die Gegebenheiten!«

Damit erhob er sich, streckte Kurt eine Hand entgegen und bedeutete ihm unmissverständlich, dass er ihr
Gespräch für beendet erachtete.

*

Nachbemerkung:
Zwei Jahre später wurden Erich Klibansky, seine Frau
Meta David, seine Söhne Hans-Raphael, Alexander und
Michael, insgesamt 1.163 jüdische Menschen, darunter
315 Kinder und Jugendliche, Schüler und Lehrer der Kölner Jawne, in die Gegebenheiten gefügt. Vom Messegelände Deutz wurden sie zum Bahnhof Deutz-Tief und

von da mit einem Deportationszug der Reichsbahn zu ihrer Ermordung verbracht. 11.000 Menschen wurden bis 1945 in Deutz-Tief in den Tod geschickt.

Namen und Eckdaten fast sämtlicher in dieser Geschichte benannter Personen sind aus verschiedenen Quellen recherchiert. Die geschilderte Begebenheit ist frei erfunden.

42 **St.-Apern-Straße**

Die St.-Apern-Straße verbindet die vielbefahrene Magnusstraße, die direkt auf den Dom **109** zuführt, mit der Breiten Straße, einer der beliebtesten Einkaufsmeilen in Köln, die im Gegensatz zu der Verbindung Hohe Straße / Schildergasse noch nicht von den großen Ketten dominiert wird. Als Nebenstraße bietet die St.-Apern-Straße eine für Anbieter wie für Besucher gleichermaßen attraktive Vielzahl von Galerien und Fachgeschäften für den gehobenen Inneneinrichtungsbedarf in zentraler, aber ruhiger, begrünter Lage, weshalb sie als Einkaufsoase im Zentrum beschrieben wird.

Der Name St. Apern stammt von einer gleichnamigen Kirche, später einem Zisterzienserkloster mit angegliedertem Hospital, das bis Anfang des 18. Jahrhunderts hier stand. Zwischen dem 19. und 20. Jahrhundert entwickelte sich die Straße zum Mittelpunkt eines gediegenen, jüdisch dominierten Wohn- und Geschäftsviertels mit vielen exquisiten Läden, die antike Möbel und erlesenen Schmuck anboten. Der Begriff Mausche ist auf die jiddische Form des Namens Moses zurückzuführen, von dem auch der Begriff mauscheln, umgangssprachlich-abwertend für »(unlautere) Geschäfte machen« herrührt. Hier stand neben einer 1919 gebauten Synagoge und einer jüdischen Lehranstalt zwischen 1919 und 1941 das einzige jüdische Realgymnasium im Rheinland, in dem SchülerInnen aus dem Ruhrgebiet und der weiteren Umgebung, die nach den Rassegesetzen in öffentlichen Schulen nicht mehr beschult werden durften, Ende der 30er Jahre Zuflucht fanden. Alle genannten Gebäude haben, nachdem die Kölner Juden deportiert worden waren, den Krieg nicht überstanden. Dem letzten Direktor, Erich Klibansky, ist es zu verdanken, dass fünf Klassen mit 130 Schülerinnen noch vor dem Krieg nach England ausgelagert werden konnten. Daran erinnert der heutige Erich-Klibansky-Platz mit dem Löwenbrunnen, der mit dem Löwen von Juda und den Namen von 1.000 ermordeten jüdischen Kölner Kindern, verzeichnet auf den das Brunnenbecken einfassenden Bronzeplatten, an den Holocaust gemahnt. In der benachbarten Albertusstraße 26, 50667 Köln, ist darüber hinaus ein Lern- und Gedenkort Jawne für wechselnde Ausstellungen eingerichtet worden.

43 Klibansky

Neben dem oben genannten Erich-Klibansky-Platz erinnern an den letzten Schulleiter der Jawne und seine Familie fünf Stolpersteine, die hier stellvertretend für mittlerweile an die 50.000 Stolpersteine in ganz Europa genannt werden sollen. Der Kölner Künstler Gunter Demnig hat sie als kubische Betonsteine mit einer Messingplatte kreiert, die, mit den Lebensdaten von NS-Opfern versehen, vor deren letzten frei gewählten Wohnhäusern in das Pflaster der Gehwege eingelassen werden. Vor dem Haus Volksgartenstraße 10 in 50677 Köln, in dem die Familie Klibansky 1929 bis 1937 lebte, finden sich fünf dieser Steine mit den Namen von Dr. Erich Klibansky, seiner Frau Meta David und seinen Söhnen Hans-Raphael, Alexander und Michael, die 1942 gemeinsam deportiert und gleich nach ihrer Ankunft in Minsk ermordet wurden.

44 Sportplatz Deckstein

Naherholungsgebiet in Stadtnähe, das viel Natur, Historisches, Sportmöglichkeiten und gehobene Gastronomie bietet, ist die Gegend um den Decksteiner Weiher, der zwischen der Militärringstraße und der A 4 die Stadtteile Köln-Sülz und Köln-Lindenthal miteinander verbindet. Neben der Eichenkreuz-Sportanlage, heute Bezirkssportanlage Deckstein, in den Händen des Sportclubs Blau-Weiß 1906, gibt es den RheinEnergieSportpark und das Fritz-Kremer-Stadion, die vom 1. FC Köln betrieben werden. Der See selbst wurde 1920 angelegt, um Ruder-, Segel- und Eissport zu ermöglichen, wozu er heute noch von Vereinen und Schulen genutzt wird. Freizeitsportler können rund um den See joggen, Minigolf spielen, darauf Tret- oder Ruderbötchen fahren, außerdem lädt das Haus am See mit Sonnenterrasse, eigenem großen Parkplatz, mit wöchentlichem Tanzcafé, Gesellschaftsräumen und einem saisonalen Speisenangebot zum Entspannen und Genießen ein. Wer historische Gemäuer liebt, kann das Fort VI bestaunen, das der SC Blau-Weiß nutzt. Unter preußischer Besatzung wurde 1863 um Köln der damals größte Befestigungsring in Europa gebaut. Die Festung Cöln hatte einen Umfang von 42,5 km, umfasste 182 Einzelwerke und war im Wesentlichen aus Ziegelsteinen gebaut. Die Forts wurden mit römischen Ziffern durchnummeriert. Nach 1919 mussten die Anlagen aufgrund des Versailler Vertrags geschleift werden, aber der damalige Kölner Oberbürgermeister Adenauer machte sich für den Erhalt diverser Bauten und die Umgestaltung der Anlagen zu einem Grüngürtel um die Stadt stark, weshalb von den Befestigungsgebäuden am Decksteiner Weiher immerhin noch ein Seitenflügel der ehemaligen Kaserne existiert.

45 **Bündische, Navajos und Edelweißpiraten**
Die 20er Jahre waren durch die Bündische Jugend geprägt. Jugendgruppen entdeckten in der Tradition der Wandervögel und Pfadfinder das Wandern für sich, genossen die Freiheit in der Natur, hockten an Lagerfeuern zusammen, sangen und kleideten sich zünftig. Die Hitlerjugend griff diese Vorlieben auf und nutzte sie zur Gleichschaltung, aber ein Teil der bündischen Jugendlichen hielt an dem Freiheitsgedanken fest und geriet in die politische Opposition. Eine der größten Gruppen bundesweit, aber insbesondere im Rhein-Ruhr-Gebiet, waren mit mehreren tausend Anhängern im Alter von 14 bis 17 Jahren die sogenannten Edelweißpiraten, die sich vornehmlich aus dem Arbeitermilieu rekrutierten und deren Erkennungszeichen ein Edelweiß-Anstecker am linken Rockaufschlag war. Andere Gruppierungen nannten sich in Anlehnung an den gleichnamigen

nordamerikanischen Indianerstamm Navajos, es gab Naturfreunde, wilde Cliquen und andere. Sie wurden von den Nazis erst umworben, aber, sofern sie sich nicht eingliedern ließen, spätestens ab 1936 als »unangepasste Jugendliche« diffamiert und kriminalisiert. Ging es zunächst nur um verbotene Treffen und Fahrten, kam es zunehmend zu Auseinandersetzungen mit der HJ, man hörte feindliche Sender ab, verteilte Flugblätter, verbreitete Nachrichten und versteckte Juden und entflohene Kriegsgefangene. Besonders virulent wurden mit Beginn der 40er Jahre die Köln-Ehrenfelder Edelweißpiraten, an denen die Gestapo am 10. November 1944 ein Exempel statuierte: 13 Jugendliche wurden ohne Gerichtsverfahren an der Ecke Schönsteinstraße / Venloerstraße öffentlich gehängt. Die Jüngsten waren gerade 16 Jahre alt. An sie erinnert heute eine Gedenktafel an den Bögen der Bahnunterführung in der Schönsteinstraße, Nähe Venloer Straße. Im NS-Dokumentationszentrum im EL-DE-Haus **46** gibt es eine Abteilung zu den Aktivitäten der widerständigen Jugendgruppen. Außerdem findet seit 2005 im Kölner Friedenspark in der Kölner Südstadt ein Edelweißpiratenfestival statt, bei dem viele Musikgruppen, Zeitzeugen, Zuschauer den ganzen Park mit Konzerten, Ausstellungen und Aktionen in ein lebendiges Denkmal verwandeln.

46 **Gestapo-Hauptquartier**
Der Kölner Gold- und Uhrengroßhändler Leopold Dahmen ließ 1934/35 am Appellhofplatz / Ecke Elisenstraße ein Wohn- und Geschäftshaus bauen,

das an der Hausecke mit dem Kölner Stadtwappen und seinem eigenen, bestehend aus zwei gekreuzten Uhrzeigern und dem Schriftzug EL-DE versehen wurde. Noch im Rohbau beschlagnahmte die Kölner Gestapo das Gebäude, das dem Justizgebäude 25 direkt gegenüber lag, sodass sie mit dem Domizil augenfällig ihre Machtstellung außerhalb der Justiz demonstrieren konnte. Parterre und in den oberen Etagen entstanden Büroräume, von denen aus der gesamte Regierungsbezirk Köln, später erweitert um den Regierungsbezirk Aachen, das annektierte Eupen-Malmedy, die Regionen Bonn, Siegburg und Gummersbach überwacht wurden. Im Keller richtete man schon kurz nach dem Einzug Zellen ein, in denen zunächst Verdächtige vor und zwischen Verhören, später immer mehr Festgenommene für Wochen und Monate unter menschenunwürdigen Bedingungen eingesperrt und gefoltert wurden. Auf dem Hinterhof, der von den umliegenden Wohnhäusern eingesehen werden konnte, kam es während des Krieges zunehmend zu Hinrichtungen. Wie durch ein Wunder blieb das Gebäude von den Bombardierungen verschont. Die Stadt nutzte es in der Nachkriegszeit als Renten- und Standesamt und stellte den Keller mit Aktenregalen voll. Erst 1979, aufgrund von Bürgerhinweisen und einer spektakulären Aktion, bei der die Kellerwände freigelegt und Hunderte von Inschriften der ehemaligen Insassen fotografiert wurden, kam es zur Aufarbeitung der Rolle des EL-DE-Hauses im Dritten Reich. Das Gebäude wurde in den folgenden 30 Jahren nach und nach zu einem Dokumentationszentrum umgewandelt, dessen eindrucksvollster Teil nach wie vor die Kellerräume sind. Zuletzt wurde 2013 der Hinterhof der Gedenkstätte angegliedert und mit einer Installation versehen, die den Besucher an die eigene Anfälligkeit gemahnen soll.

Schräg gegenüber, zwischen EL-DE-Haus, Justizgebäude `25` und dem ehemaligen Zeughaus `39` der Stadt Köln, steht seit 2009 in Form einer Pergola das Deserteursdenkmal, das der Gruppe der Kriegsgegner unter den Opfern der Gestapo gewidmet ist. Der Betrachter muss den Blick nach oben richten, um die Inschrift des Denkmals zu lesen, die in freien Lettern in den Himmel geschrieben scheint.

`47` Adass Jeschurun

321 nach Christus findet sich die erste Erwähnung einer jüdischen Gemeinde in Köln. Bis zum Pestpogrom 1349 siedelten die Juden vor allem in dem Viertel in der Nähe des Rathauses, dort entstand im achten Jahrhundert eine Mikwe, ein jüdisches Ritualbad, das man heute (wieder) besichtigen kann. 1372 durften die Juden unter Auflagen zurückkehren, wurden aber 1424 erneut ausgewiesen, woraufhin viele in Deutz ansässig wurden, bis man ihnen Ende des 18. Jahrhunderts unter französischer Besatzung wieder gestattete, im Stadtgebiet zu leben. Im 19. Jahrhundert entstand daraufhin eine Reihe von Synagogen und Bethäusern, darunter 1906 die Synagoge der orthodoxen Gemeinde »Adass Jeschurun« in der St.-Apern-Straße, der auch die Jawne ange-

gliedert wurde. Der letzte amtierende Rabbiner der Gemeinde, Isidor Caro, kam im KZ Theresienstadt ums Leben. Sämtliche jüdische Gotteshäuser wurden vor und im Krieg zerstört, die Synagoge Roonstraße hatte als Einzige die nötige noch vorhandene Substanz für einen Wiederaufbau. Am 20. September 1959 wurde sie neu geweiht, ist heute das Zentrum der Kölner jüdischen Gemeinde, beheimatet unter anderem ein koscheres Restaurant, einen Festsaal, ein Jugendzentrum und Museum und kann nach Vereinbarung besichtigt werden. Das Gebäude steht rund um die Uhr zum Schutz seiner Besucher unter polizeilicher Beobachtung.

48 **Deutz-Tief**
Der 1845 entstandene und 1913 ausgebaute Deutzer Bahnhof ist als Kreuzungsbahnhof konzipiert worden, der im hochliegenden Teil die Ost-West-Richtung über die Hohenzollernbrücke zum Kölner Hauptbahnhof bedient, während im tiefergelegten Teil die rechtsrheinischen Gleise in Nord-Süd-Richtung verlaufen. Über den Bahnhof Deutz-Tief wurden fast alle in Köln lebenden etwa 8.000 Juden nach Theresienstadt und in die übrigen Vernichtungslager deportiert. Das Gebäude des Deutzer Bahnhofs sowie der Vorplatz, der Ottoplatz, stehen heute unter Denkmalschutz. Das im Bahnhof angesiedelte Restaurant »Deutzer Bahnhof« ist eine urige Kneipe mit vielseitigen Speiseangeboten, mit einer Bühne für Live-Programme und einer großzügigen Außenterrasse.

49 Messelager

An dem 1920 entstandenen Kölner Messeturm in
Köln-Deutz, auf der sogenannten »Schäl Sick« **23** ,
unmittelbar am Rheinufer und direkt neben dem
Tanzbrunnen erinnert heute eine Plakette an das Messelager Köln, einen von 1939 bis 1945 bestehenden
Lagerkomplex auf dem Gelände der Kölner Messe.
Darüber hinaus gibt es ein Mahnmal an den Rheinhal-
len, dem ehemaligen Messe-, heute von RTL genutzten denkmalgeschützten Gebäudekomplex aus dem
Jahr 1922, der im Dritten Reich als Deportations-
unterkunft in unmittelbarer Nähe des Deutzer Bahnhofs diente. Hier wurden Juden, Sinti und Roma,
Kriegsgefangene und andere Verfolgte »gesammelt«,
bis sie in die Vernichtungslager abtransportiert wurden. Viele wurden von hier aus auch zum Arbeitsein-
satz zur Reichsbahn, zu Klöckner-Humboldt-Deutz
oder in die Fordwerke geschickt. Außerdem war hier
ein Außenlager des KZ Buchenwald untergebracht,
dessen Häftlinge nach Bombenangriffen zu Aufräu-
mungsarbeiten, zur Bergung von Leichen, Trümmer-
und Blindgängerbeseitigung gezwungen wurden.

50 Zigeunerlager Bickendorf

1934 entstand auf einem Gelände an der Venloer
Straße 888 in 50829 Köln ein Lagerplatz für Roma
und Sinti gleich neben dem Güterbahnhof Bicken-
dorf und dem Sportplatz des Vereins »Schwarz-
Weiß«, von dem das Lager den Namen »Schwarz-
Wciß-Platz« erhielt. Dort wurden zunächst alle im
Kölner Stadtgebiet »wild« lagernden sogenannten

Zigeuner konzentriert, später wurden auch die in festen Wohnungen lebenden ausquartiert und auf dem Platz untergebracht, auf dem 1937 schließlich bis zu 500 Menschen in 65 Wohnwagen und zwei Baracken hausten. 1940 wurde das Lager unter dem Vorwand geräumt, man wolle die Insassen zum Schutz vor Bombenangriffen nach Polen evakuieren. Alle Bewohner wurden nach Deutz-Tief verbracht und von da aus deportiert und ermordet, das Lager wurde geräumt, die Wohnwagen verbrannt. Heute erinnert nur noch eine Gedenktafel an der Venloer Straße daran.

50 Jahre später zog der Kölner Künstler Gunter Demnig eine Kreidespur durch Köln, die den Weg der Zigeuner bei der Deportation nachzeichnete. Die Stadt Köln beschloss daraufhin zur dauerhaften Sichtbarmachung an 22 Stellen die Spur in schmalen Messingplatten mit der Inschrift »Mai 1940 – 1.000 Roma und Sinti« in den Boden einzulassen. Diese »Spurenelemente« finden sich auf der Venloer Straße, am Friesenplatz, auf der Zeughausstraße, am Appellhofplatz, an der Westseite des Doms **109**, am Rathaus, an der Hohenzollernbrücke, an der Agrippastraße, am Waidmarkt, in Deutz an den Brücken, am Bahnhof und vor dem Messegelände.

51 **Volksgarten**
Der von Gründerzeit- und Jugendstilhäusern umgebene Volksgartenpark liegt in der Nähe des Sachsenrings in der Kölner Südstadt zwischen der Volksgartenstraße und dem Vorgebirgswall. Er entstand,

nachdem die Preußen 1880 den Festungsring um Köln freigegeben hatten, woraufhin die Kölner die Mauern schleiften, den Festungsring aber zunächst erhielten, bis der spätere Kölner Oberbürgermeister Konrad Adenauer während seiner ersten Amtszeit 1917-33 dafür sorgte, dass hier der Kölner Grüngürtel als Naherholungsgebiet für die Stadtbewohner entstand. Teile der Festungsbauten sind heute im Volksgartenpark noch erhalten: das Hauptwerk mit Tor und zwei Rundtürmen, Reste einer Lünette und die später sogenannte Orangerie, die vor allem zu kulturellen Zwecken genutzt wird, als Veranstaltungsstätte für Theatergruppen und Festivals oder zu privaten Anlässen. Es gibt mehrere Spielplätze in dem Park, einen Teich mit großer Wasserfontäne, auf dem man Tretboot fahren kann, einen beliebten Biergarten, und auf den Wiesen lagern im Sommer bis zu 10.000 Besucher, die sporteln, chillen und grillen, was von der Stadt geduldet wird.

DER PENNER IM PATERNOSTER

Du stehst vor dem Gebäude, vor dem du schon oft in deinem Leben gestanden hast. Es ist groß, viel größer als das, in dem du zuletzt gemeldet warst, ohne dich je abzumelden. Draußen in Kalk, wo die Platte mit den Klingelschildchen die ganzen Namen nicht mehr fassen konnte, türkische, arabische, somalische, russische und andere, die du nicht kanntest, die du auch nie kennenlernen musstest, weil ihre Besitzer schneller wieder wegzogen, als man einander begegnen konnte. *Wollte*. Der Aufzug war kaputt, im Treppenhaus zogst du den Kopf ein, wenn du Schritte hörtest, bis sie vorbei waren. Die mehrfach überklebten Namensschilder überdauerten die Bewohner. Ob dein Name noch dort hing? Dir fällt ein, dass du ihn nie angebracht hattest. Du dachtest, es sei für kurze Zeit. Bald würdest du wieder ein Engagement, etwas Besseres finden.

Es währte nur kurz.

Dann standst du auf der Straße. Saßest in Hauseingängen. Lagst in U-Bahn-Schächten. So tief warst du gesunken.

Du legst den Kopf in den Nacken. Das Gebäude ist nicht höher als dein letztes Domizil, nein. Seine Größe liegt in der Breite und Tiefe. In der Abstraktion. Eine Krake, die sich in mehreren Ausstülpungen vom Herzen der Stadt über die und unter der Nord-Süd-Fahrt her erstreckt, ihre Tentakeln fingern von Haus zu Haus. Die unsichtbaren Netze, die sie auswirft, umspannen ganz Nordrhein-Westfalen, die Bundesrepublik, den Globus. Menschenfänger. Meinungsmacher. Mediale Macht.

An diesem Gebäude, durch das täglich Hunderte Menschen pulsieren, hängt nur ein Name. Drei Buchstaben: WDR **52**.

Hinter der Glasfront der Pförtner. Du könntest klingeln und einen Namen nennen, ein Studio, den Grund deines Besuchs. Er könnte fragen, ob du angemeldet seist, du könntest bejahen, aber nicht wissen, ob er zum Telefon greifen, sich eine Bestätigung holen würde. Du hast kein Papier dabei, das du ihm unter die Nase halten könntest. Er würde sehen, riechen können, dass du nicht hierher gehörst. Du aus der Gesellschaft gekippte Daseinsform.

Warum bist du gekommen?

Weil du *ihm* gefolgt bist. Dem Impuls gefolgt bist, seiner Existenz ein Ende zu setzen. Physisch. Wie er deiner sozialen Existenz den Stoß versetzt, der dich in diesen komatösen Zustand ohne Vor und Zurück befördert hat.

Nun stehst du vor dem Zerberus, dem uniformierten Engel, dessen Flammenschwert zum schlichten Knopf mutiert ist, mit dem der Zugang zur Weihestätte der Kultur, der Bildung, zur vierten Gewalt reguliert wird. Jahrelang hast du diese Himmelspforte gemieden, deine persönliche Höllenpforte, wolltest dich den Blicken der ehemaligen Mitbewerber nicht aussetzen, vegetiertest in der Peripherie dieses Zentrums der Macht vor dich hin, senktest den Blick, wenn seine Abgesandten an dir vorbeieilten, die Wichtig-Wichtigs des schönen Scheins.

Zu Füßen von Kardinal Frings **53** hast du gelegen. Des Herrn der »Fringser«, Menschen in Not, die durch Arbeit, durch Betteln nicht überleben können und denen er daher Möglichkeiten jenseits der Legalität einräumte. Des einzig Gnädigen unter Gottes Bodenpersonal hier in Köln.

Bei Sonnenschein kommen Touristenströme vorbei, es regnet Münzen. Nicht zu Ehren des Kardinals, nein. Die Menschen passieren ihn, sie passieren dich auf dem Weg zum Rathaus, zu den Museen, den Sehenswürdigkeiten der Altstadt.

Schräg gegenüber wird geheiratet **12**. Hochzeitsgäste haben die größten Spendierhosen an, solange du dem Brautpaar bloß fernbleibst. Damit du dem Brautpaar fernbleibst. Dafür fallen am Rande der Gesellschaft auch schon mal Häppchen oder ein Glas Sekt ab.

Der benachbarte Farina-Hinterhof **54** mit dem Frauenbrunnen **55** ist tabu, dort verduftet man sich besser, die Familie lässt nichts auf ihren guten Namen kommen.

Das hinter dem Rathaus gelegene jüdische Viertel samt Mikwe **56** – ein Haufen Ruinen, steinernes Zeugnis der Vertreibung unwerten Lebens durch die Jahrhunderte.

Das Museum **57**, frequentiert von Menschen mit Hemden, Jacketts, Kostümchen oder den farbigen wallenden Outfits der Alt-Achtundsechziger. Bildungsbürger neigen zum Münz-Dropping. Sie haben die gesellschaftlichen Zusammenhänge studiert, gegen Missstände protestiert, sich etabliert. Nichts zur Lösung beigetragen. Sie werfen mit Geld ihr schlechtes Gewissen über Bord. Weichen deinem Blick aus. Deine sichtbare physische Existenz ist Bedrängnis genug. Das Pfund, mit dem du wuchern kannst.

Die U-Bahn ist gut gegen Hitze, Kälte und Regen. Bei allen anderen Wetterlagen kannst du dir aussuchen, wo du dein Lager aufschlägst. Du bist frei, deine Bühne selbst zu bestimmen. Deine Rolle ist festgelegt. Aber es gibt einen Spielraum, wie du sie füllst. Auf die jeweilige Bühne zugeschnitten, klar. Die Wirkungsabsicht ist irgendwo im Spektrum zwischen Mitleid und Furcht angesiedelt, adressatenbezogen natürlich. Du erkennst es längst am Gang, an Haltung, Kleidung, Mimik, ob und wie du dich wem in den Weg stellen, ihn ansprechen und dich ihm präsentieren musst, unterwürfig, kumpelig, fordernd. Im Mittelalter war alles festgelegt: Kleidung, Aufenthaltsorte, Tageszeiten. Wer sich nicht daran hielt, dem drohte der Pranger. Oder Schlimmeres.

Du stehst Tag und Nacht am Pranger der modernen Gesellschaft, die den vermeintlich Tüchtigen vorbehalten ist. Wer nicht reüssiert, ist selbst schuld, verschandelt die Straßen als lebendes Mahnmal: Seht mich an, mich Versager! Statt mit faulem Obst bewirft man dich mit Münzen.

Du gehörst keiner der modernen Bettlergilden an, willst keine gemeinsame Sache machen mit Säufern und Junkies, auch wenn du in der Hackordnung damit ganz unten stehst. Kein guter Kumpel, der dir beisteht. Noch nicht einmal ein Hund gewährt dir Schutz und Trost.

Er hat dich nicht beachtet. Wie er dich nie beachtet hat. Diese Fähigkeit, über Leichen gehen zu können, ohne sie überhaupt wahrzunehmen – nein, du hast ihn nie darum beneidet.

Dieser Blick! Die Art, wie er sagte: »Das war's?«

Du hattest dir die Seele aus dem Leib gespielt. Büchners Woyzeck, Rolle deines Lebens. Der Versager, die von der Gesellschaft ausgestoßene, missbrauchte, betrogene

Kreatur. Die am Ende das Messer gegen die Metze Marie richtet, sie richtet. Mordet.

Nein, es sei keine Prüfung, hieß es. Ein Vorspielen, nichts weiter. Man wolle das Material sondieren. Das Material waren die Privaten. Absolventen privater Schauspielschulen, die nicht automatisch von der ZAV vermittelt werden. Anders als die zehn unter 1.000, die es auf eine der staatlichen Schauspielschulen geschafft hatten. Die Zentrale Auslands- und Fachvermittlung, kurz ZAV, behält sich vor, wen sie für vermittelbar hält – von den Privaten. Statt der Bühnen-Reife-Prüfung, die vor Jahren bereits abgeschafft wurde, heben und senken nun von den Arbeitsämtern installierte Gremien die Daumen über den Nachwuchs. Das Establishment richtet seine Erben.

Leander Hackfresse erwartete keine Antwort auf die Frage, die keine war. Zwei und ein verstümmeltes Wort genügten, um der übrigen Jury – dem Gremium –, um *dir* zu sagen, wo es langging: Ab durch die Falltür. »Weckschnapp« **58** im 21. Jahrhundert. Du warst selbst schuld. Warum bist du gesprungen? Warum hattest du nicht gleich erkannt, dass die Trauben sauer waren? Drei Jahre Bewerbungszirkus quer durch den ganzen deutschsprachigen Raum, Demütigungen, Absagen. Dann endlich ein Platz an der Schule des »Theater der Keller« **59** . Vier Jahre harter Arbeit an dir, Kampf um Anerkennung, Prüfungen, Gebühren, viel Geld, das du nachts dazuverdienen musstest. In Kneipen, Bars, Etablissements und schließlich am Bahnhof.

Ja. Du hast dich prostituiert für deinen Traum, auf der Bühne stehen zu können. Bis Leander Hackfresse den Strich unter deine Stricherkarriere zog.

Das war's!

In den Papieren hieß er Hackmann. Leander Hackmann. Da stand ursprünglich aber auch nicht Leander, sondern Adolf. Er hatte den Namen ändern lassen. Wie er seine Haarfarbe, seine Ansichten, seine Lustknaben häufiger wechselte als seine Unterwäsche.

In der Nacht vor der Prüfung hat er dich auf dem Bahnhofsklo gevögelt. Dein Gesicht hatte er sich vermutlich gar nicht gemerkt. Du warst für ihn ein Arsch wie jeder andere. Lästige Woyzecke im Filz des Showbiz.

Nie wieder hast du es mit Bars und Bahnhöfen versucht. Du hast es ihnen allen zeigen wollen. Der Hackfresse im Besonderen. Hofftest, dass Büchners gemeiner Soldat mit dir nichts gemein habe. Scheitertest an der Gemeinheit des 21. Jahrhunderts.

Erst konntest du die Miete in Klettenberg nicht mehr zahlen, dann die in Kalk nicht mehr, dann hast du dich einfach fallen lassen. Bist zur nächsten U-Bahn-Station.

Aber selbst das Fallenlassen hast du nicht zustande gebracht. Die Bahn fuhr ein, fuhr aus, die nächste kam, und nach gefühlten 100 U-Bahn-Zügen-Ein- und -Ausfahrten bist du auf der Plastikbank eingeschlafen. Seitdem lebst du auf und unter der Straße, lebst von fallen gelassenem Münzgeld und versuchst nicht weiter aufzufallen. Ein gefallener Künstler mehr, der nicht gefiel.

Er hat dich überhaupt nicht wahrgenommen. Damals nicht, nicht heute. Nicht im Vorbeigehen, nicht im Schlepptau, nicht hinter der Glastür des Gebäudes mit den drei Buchstaben. Nickt dem Pförtner zu, entert den Paternoster, der just in der Sekunde sein Kabinenmaul ebenerdig öffnet, als die Hackfresse beschwingt auf ihn zuschreitet. Hat der Fahrgast etwa schon beim Öffnen der Glastür Abstand, Zahl und Tempo seiner Schritte genau auf den Moment hin berechnet, da der Aufzug in seiner Endlosschleife den Parterre-Boden erreichen würde?

Du traust es ihm nicht zu. Nein, der Paternoster höchstpersönlich ist es, der sich ihm zu Füßen wirft. Der vorgibt, in immer gleichem Rhythmus durch das Gebäude zu kreisen, seine Ankünfte jedoch passgenau auf bestimmte Nutzer abstimmt. Auf die Erfolgsmenschen, die zielstrebig und unaufhaltsam seinen geschützten Bereich betreten, während die anderen, die Ja- und *Ver*sager hinterher hoppeln, beim Entern stolpern, beim Abgang patzen.

Da! Ein Pulk von Menschen umgibt dich plötzlich. Winkt. Sesam öffnet sich. Die Menge schiebt mit dir in den Eingangsbereich, die Vordersten verwickeln den Pförtner in ein Gespräch, fuchteln mit Bögen, zeigen auf Zeilen, die er mit gerunzelten Augenbrauen zu entziffern versucht, während andere sich in das Foyer ergießen, zwei, drei zielstrebig das Weite suchen, verschiedenen Gängen zustreben, andere stehen bleiben, sich umgucken, dir Rückendeckung verschaffend, der du willenlos und wie von einem unsichtbaren Band gezogen auf den Paternoster zugehst. Hineinstolperst.

Die Welt vor dir versinkt.

Licht. Eine neue Ebene tut sich auf, wächst. Vorsichtig riskierst du Blicke aus deinem Schutzraum hinaus. Rechts. Links. Wieder rechts. Niemand zu sehen. Ziehst den Kopf ein.

Nächste Etage. Blick nach rechts. Menschen im Gespräch, dir den Rücken zukehrend. Links – Nichts.

Drittes Stockwerk. Jemand hat auf dich gewartet. Nickt dir freundlich zu. Du nickst reflexhaft zurück, senkst den Blick, suchst den Boden. Raus, nur raus! Ein Schwaden Rasierwasser weht an dir vorbei, während du aus der Kabine hoppelst, einen Sekundenbruchteil zu spät für einen eleganten Austritt. Unmittelbar nachdem der Rasierwasserschwadenverbreiter sie geschmeidig betreten hat.

Hastiges Umgucken. Ein Hinweisschild auf eine Toilette. Die Schwaden haben dich erinnert, dass du etwas tun musst, um hier nicht aufzufallen.

Eine Tür fällt hinter dir zu, ein Riegel. Dein Gesicht im Spiegel.

Du wäschst es gründlich mit der Seife aus dem Seifenspender. Ziehst das T-Shirt über den Kopf, wäschst Hals, Nacken, Achseln. Die Haare feuchtest du an und kämmst sie wieder und wieder mit den Fingern, bis sie nach einer Frisur aussehen. Als du das Hemd über den Kopf streifst, riecht es nach Schweiß.

Du weißt nicht, wie viel Zeit du verloren hast. Traust dich nicht wieder in den Paternoster, streifst über Flure, steigst Treppen, lugst in offen stehende Räume, in den vorbeifahrenden Paternoster. Wenn dir jemand begegnet, beschleunigst du den Schritt, runzelst beschäftigt die Stirn, grüßt knapp, verschwindest um die nächste Ecke.

In einem Raum, der kurzfristig verwaist ist, schnappst du blitzschnell zu. Nun kannst du mit einer roten Mappe unter dem Arm Geschäftigkeit vortäuschen.

Mehrfach begegnen dir Menschen. Manche zweimal.

Und wenn er das Gebäude längst wieder verlassen hat?

Egal. Du wirst hier bleiben, bis er wiederkommt. Bis du ihn findest. Du bist aus dem Koma erwacht. Hast ein Ziel.

In einer Küchennische greifst du dir eine Cola aus dem Kühlschrank, eine Handvoll Reiswaffeln aus einer angebrochenen Packung, ein Küchenmesser aus der Schublade. Das du in eine Seitentasche deiner Cargo-Hose gleiten lässt. Stellst dich an ein offenes Fenster, kippst die Cola, knurpst gegen das Magenknurren an.

In deinem Rücken hörst du eine Stimme aus dem abwärts fahrenden Paternoster sagen: »Das war's!«

Eine andere antwortet: »Und tschüss!« Ein Mann verlässt den Aufzug, geht in die entgegengesetzte Richtung den Gang entlang.

Du weißt nicht mehr, wie du den Paternoster erreicht hast. Mappe, Flasche, Waffeln musst du fallen gelassen haben, als du losgelaufen bist. Die Kabine ist schon einen halben Meter abgetaucht, als du springst, plumpst, umknickst, die schlanke Gestalt verfehlst, die geschickt ausweicht, dich kopfschüttelnd von oben herab betrachtet, der du zu ihren Füßen liegst, mit schmerzverzerrtem Gesicht.

Leander Hackfresse zieht eine Augenbraue hoch und beobachtet, wie du dich bemühst, auf die Beine zu kommen.

Da ist ein stechender Schmerz in deinem Fußgelenk.

Als du kapierst, dass du so schnell nicht wieder auf die Füße kommst, dass dir die Zeit davonläuft, fingerst du nach der Hosentasche. Aber in dieser Position kriegst du das Scheiß-Messer nicht rausgezogen.

Als du es gerade zu fassen bekommen hast, reißt etwas an deinem Arm, es entgleitet dir wieder, du fühlst dich mit einem Ruck in die Höhe gezogen. Dein Gegenüber hat dich unter der Achsel gepackt und befördert dich in die Senkrechte. Die Kabine erreicht das Foyer. Leander Hackfresse drückt dich in die Kabinenecke, dass du nicht wieder umkippst, lächelt amüsiert, dreht sich um und setzt genau in dem Moment den Fuß aus dem Aufzug, als die Bodenhöhe erreicht ist.

Du zerrst das Messer aus der Hose, willst ihm nachsetzen und knickst beim ersten Schritt mit einem Wehlaut um. Fällst auf die Knie, das Messer poltert auf den Boden des Aufzugs, dein Brustkorb kippt vor, auf die Bodenkante, die sich zügig hochschiebt und deinen Oberkörper aufrichtet, während deine Hände versuchen entgegenzuwirken, sich im Boden des Foyers festkrallen, um deinen Körper aus dem Aufzug zu ziehen. Wenn du dich jetzt mit den Beinen hochstemmen, wenn du springen könntest! Aber du hast den Tritt unter den Füßen verloren. Einen endlosen Moment hängst du in der Luft, ehe deine Kraft nachlässt und du langsam ins Kabineninnere zurückrutschst.

Die Decke des Paternosters ist schneller. Erreicht deinen Nacken, bahnt sich knirschend den Weg abwärts.

Kopflos setzt du deinen Weg nach unten fort.

52 **WDR**

Der Westdeutsche Rundfunk Köln ist eine Anstalt
des öffentlichen Rechts, der Rundfunksender des
Landes NRW, der als größter unter den neun Landes-
rundfunkanstalten der BRD (neben BR, HR, MDR,
NDR, Radio Bremen, RBB, SR, SWR) mit diesen
und der Anstalt des Bundesrechts Deutsche Welle
1950 die ARD (Arbeitsgemeinschaft der öffentlich-
rechtlichen Rundfunkanstalten der Bundesrepublik
Deutschland) bildet. Nach der BBC ist der WDR der
größte Sender Europas, erhält daher auch fast 80 Prozent – über eine Milliarde Euro – der Rundfunk-
beiträge und beliefert dafür im Gegenzug die ARD
mit einem großen Anteil an Hörfunk- und Fern-
sehbeiträgen. Mit über 4.500 fest angestellten und
über 15.000 freien Mitarbeitern liegt er vor regionalen Arbeitgebern wie Ford (17.500 Arbeitnehmer),
dicht gefolgt von der Stadtverwaltung (17.000), der
Bayer AG (mit Firmensitz in Leverkusen; 13.400),
den Stadtwerken Köln (11.100), der REWE Group
(9.400) und der Deutschen Bahn AG (7.100). Die
größten Produktionskapazitäten hat der WDR in
Köln. Produziert wird vor allem in der Innenstadt,
der Breite Straße (Hörfunk und Fernsehen) und dem
Stadtteil Bocklemünd im Freimersdorfer Weg (Fernsehen). Die Produktionsstätten des WDR können
im Rahmen täglicher Führungen kostenlos besichtigt werden, außerdem gibt es ein großes Spektrum

an Produktionen, die man z. T. kostenpflichtig als Zuschauer wahrnehmen kann.

Das Funkhaus am Wallrafplatz ist ein architektonisches und künstlerisches Denkmal aus den 50er Jahren. Im Inneren sind unter anderem die großen Treppenhausverglasungen von Ludwig Gies und Georg Meistermann, die Wandverkleidungen aus Birnbaumholz, aber auch der hölzerne Paternoster sehenswert.

Der älteste Kölner Paternoster befindet sich übrigens in dem denkmalgeschützten expressionistischen Hansahochhaus in der Neustadt Nord, dem 1925, zur Zeit der Fertigstellung, mit 65 Metern höchsten Hochhaus in Europa. Weitere Paternoster gibt es in den in der Innenstadt gelegenen Gebäuden der IHK in der Straße Unter Sachsenhausen und der Bezirksregierung Köln in der Zeughausstraße. Für alle gilt: Wer eine Fahrt damit wagen will, muss am Pförtner vorbei.

53 Kardinal Frings

1887 wurde Josef Frings als achtes Kind eines Neusser Weberei-Fabrikanten geboren, 1910 wurde er zum Priester geweiht und 1942 nach verschiedenen Einsätzen in Gemeinden und am Priesterseminar zum Erzbischof von Köln berufen. Das Amt legte er erst 1969 aus Altersgründen nieder. Gemäß seinem Wappenspruch »Pro hominibus constitutus« (Für die Menschen bestellt) bezeichnete er, frisch ins Amt berufen, die Judenverfolgung öffentlich als »himmelschreiendes Unrecht«, was die Gestapo aufgrund seiner Popularität nicht zu ahnden wagte. Genauso setzte er sich nach dem Krieg – 1946 zum Kardinal befördert – aber auch für die Wiedereinstellung ehemaliger NSDAP-Mitglieder ein. Weit über die Grenzen Kölns hinaus machte er sich in der Nachkriegszeit bei der notleidenden Bevölkerung mit einer Silvesterpredigt beliebt, in der er den Mundraub in Zeiten besonderer Not legitimierte: Der Einzelne dürfe nehmen, »was er zur Erhaltung seines Lebens und seiner Gesundheit notwendig hat, wenn er es auf andere Weise, durch seine Arbeit oder durch Bitten, nicht erlangen kann.« Den derart als gesellschaftsfähig geadelten Lebensmittel- und Kohlenklau nannten die Kölner daraufhin »fringsen«.

In der langen Geschichte des Kölner Bistums, das eines der ältesten und bis heute das größte im deutschsprachigen Raum war und ist, kam es immer wieder zu – auch kriegerisch ausgetragenen – Konflikten. Das freiheitsliebende Bürgertum haderte stets mit der wirtschaftlichen Macht und der moralischen Engstirnigkeit seiner geistlichen Herren. Josef Frings erlangte als bisher einziger Kölner Erzbischof große Beliebtheit in der Bevölkerung, was nicht zuletzt auf seine Volkstümlichkeit zurückzuführen ist, die in vielen Anekdoten überliefert ist. Unter anderem wird dem im Alter in seiner Wahrnehmung beeinträchtigten Frings folgender Spruch zugeschrieben: »Jot lure kann isch schläch, ävver schläch hüre, dat kann isch jot.« (Gut sehen kann ich schlecht, aber schlecht hören, das kann ich gut.). Frings starb 1978 mit 91 Jahren und wurde im Kölner Dom 109 beigesetzt. Ihm ist am Laurenzplatz in der Altstadt ein Denkmal mit seiner Büste gewidmet.

54 Farina

Johann Maria Farina aus dem italienischen Piemont entwickelte als Parfumeur in dem Kölner Unternehmen seines Bruders zu Beginn des 18. Jahrhunderts das sogenannte »Eau de Cologne«, zu Deutsch Kölnisch Wasser, das damals noch kein geschützter Name war, es gab also viele Konkurrenten, die mit ähnlichen Kreationen auf den Markt drängelten. Der Name »Eau de Cologne« ist mittlerweile der Name einer ganzen Duftklasse. Der Familie Farina gelang es jedoch bis heute, den Alleinanspruch auf die Erfindung des einzigartigen leichten Duftwassers zu verteidigen, das an einen italienischen Frühlingsmorgen nach dem Regen erinnern soll: Orangen, Pampelmusen, Zitronen, Bergamotte, Limette, Zedern, Blüten und Kräuter des Piemont sind darin verarbeitet. Die europäischen Fürstenhöfe des 18. Jahrhunderts und die reichen Bürger des 19. und 20. Jahrhunderts rissen sich um das Parfum aus Köln, das für Normalsterbliche unerschwinglich war. Heute ist das Stammhaus am Jülichsplatz in unmittelbarer Nachbarschaft des Rathauses ein Museum, in dem man in einer (Kostüm-)Führung viel über Geschichte und Besonderheiten des Produkts erfahren und natürlich auch das ein oder andere Wässerchen erwerben kann.

55 Frauenbrunnen

Im Innenhof des Farina-Hauses an der Straße Unter Goldschmied steht der von der Keramikerin und Bildhauerin Anneliese Langenbach geschaffene Frauenbrunnen. Er zeigt zehn Frauen verschiedener Nationalitäten und Epochen, die für die weibliche Seite der Kölner Stadtgeschichte stehen. »Die Kölner Frauen im Wandel der Zeiten« sind: eine Ubierin von 50 nach Christus, eine Römerin der Colonia Claudia Ara Agrippinensium, der römischen Siedlung, aus der die Stadt Köln hervorgegangen ist, außerdem eine Christin sowie als einzige namentlich benannte Frau die heilige Ursula aus dem vierten Jahrhundert, Schutzpatronin der Stadt **64**, die fünf Mädchen unter ihren Mantel genommen hat, stellvertretend wohl für die 11.000 Jungfrauen, die mit ihr den Märtyrertod gestorben sein sollen. Den Reigen der Frauen des Brunnens ergänzen eine Bürgersfrau aus dem ausgehenden 14. Jahrhundert, eine Jüdin von 1424, dem Jahr der Vertreibung der Juden aus Köln, eine Niederländerin, die für die protestantische Einwanderung in das konfessionsoffene Köln um 1600 steht, eine Frau aus dem 18./19. Jahrhundert, eine Preußin und eine Kölnerin von 1987, dem Baujahr des Brunnens.

56 Jüdisches Viertel

Köln beherbergte die erste jüdische Gemeinde nördlich der Alpen. Juden siedelten vermutlich bereits im ersten Jahrhundert nach Christus im Zentrum der Provinzhauptstadt Niedergermaniens. Erstmalig erwähnt wurden sie in einem Dekret Kaiser Konstantins aus dem Jahr 321. Der ursprüngliche jüdische Haus- und Grundbesitz und damit das Ausmaß des Judenviertels, das im Mittelalter durch eine Mauer gegen die übrige Bebauung abgegrenzt wurde, lag zwischen der Kleinen Budengasse, der Judengasse, den Straßen Unter Goldschmied, Unter Taschenmacher und Obenmarspforten / Marsplatz, also direkt am Historischen Rathaus Köln und wird heute durch zahlreiche Grabungen wieder sichtbar gemacht. Unter anderem wurde 1956 die Mikwe, das jüdische Ritualbad, freigelegt, steinernes Zeugnis jüdischer Hygiene, die die Juden im Mittelalter lange vor der grassierenden Pest schützte, nicht aber vor dem Misstrauen der Kölner, die sich die Tatsache, dass die Seuche vornehmlich unter Christen wütete, nur so erklären konnten, dass die Juden sie in Umlauf gebracht haben mussten. Nach wütenden Pogromen wurden sie daher 1424 der Stadt up ewige tzyden (auf alle Zeiten) verwiesen. Viele Kölner Juden wanderten nach Polen und Litauen aus und etablierten dort das Jiddische als Umgangs-Mischsprache mit dem Hebräischen, Mittelhochdeutschen und Slawischen. Einige der Vertriebenen siedelten in Deutz. Nachkommen der ausgewiesenen Kölner Juden kehrten Anfang des 19. Jahrhunderts zurück nach Köln und wohnten vor allem südöstlich des Neumarkts **42**. In den 30er und 40er Jahren des letzten Jahrhunderts wurde das jüdische Leben in Köln erneut und systematisch ausgelöscht. Heute existiert es vor allem in Form von Gedenkstätten und -tafeln, nur wenige

Überlebende und neu Zugezogene prägen die jüdische Kölner Gemeinde.

Die Ausgrabungen auf dem Grund des ehemaligen jüdischen Viertels sollen als unterirdische Ausstellungsfläche mit dem Praetorium, den Fundamenten des römischen Statthalterpalastes unter dem Spanischen Bau des Rathauses, verbunden werden. Damit wird eine der größten Anlagen dieser Art in Europa entstehen. Auf dem Platz gegenüber des Rathauses entsteht ein Jüdisches Museum.

57 Wallraf-Richartz-Museum

Der Kunstsammler Ferdinand Franz Wallraf (1748–1824), Kölner Kanoniker und letzter Rektor der alten Kölner Universität, der viele bedeutende im Zuge der französischen Säkularisierung ausgemusterte Kirchenschätze gesichert hatte, vermachte der Stadt Köln seinen umfangreichen Nachlass als Grundstock eines Museums. Der Kölner Kaufmann Johann Heinrich Richartz (1795–1861) stiftete eine nicht unbedeutende Summe für den Bau des nach beiden Stiftern benannten Wallraf-Richartz-Museums, heute eine der größten klassischen Gemäldegalerien Deutschlands. Unter anderem beherbergt es die weltweit umfangreichste Sammlung mittelalterlicher Malerei, insbesondere der »Kölner Malerschule«. Die Kunst des 16. und 17. Jahrhunderts ist in repräsentativen Werken vertreten. Die impressionistische und neoimpressionistische Sammlung ist einzigartig, die grafische ebenfalls bedeutend. Werke wichtiger Maler bis ins 20. Jahrhundert hinein sind in dem von dem Kölner Architekten Oswald Mathias Ungers 2001 gestalteten Bau versammelt, dessen räumliches Konzept allein schon sehenswert ist. Seit 2014 wird an einem Erweiterungsbau auf dem Gelände des Kaufhauses Kutz neben dem Historischen Rathaus Köln gearbeitet.

Die ursprüngliche Heimat des Museums gleich hinter dem WDR-Funkhaus am Dom dient heute dem Museum für Angewandte Kunst Köln als Ausstellungsraum.

58 Weckschnapp

Der »Weckschnapp« ist ein mittelalterliches Stadtmauer-Türmchen mit modernem Anbau am Rheinufer in der Altstadt Nord. Der Name verweist auf eine Kölner Sage, nach der direkt am Rhein ein Gefängnisturm gestanden haben soll, in dem zu Tode Geweihte ohne Essen eingesperrt wurden. An der Decke des Raums hängten Wärter einen Wecken auf – ein Stück Brot –, das der Delinquent nur durch einen beherzten Sprung schnappen konnte. Da sich darunter eine Falltür befand, unter der ein messerbestückter Schacht direkt in den Rhein führte, war die Alternative zum Verhungern das Zerstückeltwerden und Ertrinken. Der heute als »Weckschnapp« bezeichnete Turm am Konrad-Adenauer-Ufer in der Nähe des Theodor-Heuss-Rings ist aufgrund seiner Lage und Bauart mit Sicherheit nicht der überlieferte Gefängnisturm. Vermutlich muss es sich bei diesem um eine Ark gehandelt haben, eine im Rhein stehende Befestigung, die mit dem Kunibertturm über

eine Wehrgangbrücke verbunden war. Die Anlage
wurde bei dem Hochwasser 1784 zerstört.

59 Theater der Keller

In der Kleingedankstraße 6 in der Kölner Südstadt
nahe der Ulrepforte ist seit 1974 der Sitz des 1955 von
dem Schauspieler-Ehepaar Marianne Jentgens und
Heinz Opfinger gegründeten »Theater der Keller«, benannt nach der ursprünglichen Spielstätte in
einem ehemaligen Luftschutzbunker in Köln-Lindenthal. Dem Theater angeschlossen ist die älteste
private Schauspielschule in NRW, deren Absolventen nach Angaben der Schule zu 99,9 % in die ZAV
(Zentrale Auslands- und Fachvermittlung, die Aufnahme bedeutet die offizielle berufliche Anerkennung) aufgenommen werden. Die Bühne wurde
1980, 1994, 2000 und 2003 mit dem Kölner Thea-
terpreis, 2007 mit dem Kurt-Hackenberg-Preis für
politisches Theater und 1996 mit dem Jugendtheater-
preis ausgezeichnet. Neunmal ging der Nachwuchs-
preis für junge Schauspieler PUCK an Absolventen
der Schauspielschule der Keller. Das Haus bietet auf
zwei Bühnen insgesamt fast 200 Zuschauern Platz.

ELF KLEINE JUNGFERLEIN

Ich war so in mein Buch vertieft, dass ich zusammenzuckte, als er auf einmal neben mir stand. Ohne hinzugucken, wies ich auf das Schild: »Zwei Euro.«

Er zog ein Portemonnaie aus der Gesäßtasche und fischte nach der passenden Münze. Knackiger Hintern. Weiter oben ein leicht melancholisches Lächeln und warme braune Augen. Schwarze Locken.

Welche Signale bewirken eigentlich, dass man Menschen so oder so wahrnimmt? Manche sind einem von Anfang an zuwider. Andere lösen ein Gefühl von Vertrautheit aus, ohne dass man je ein Wort mit ihnen gewechselt hat, und wieder andere bringen die Luft zum Knistern. Der hier war eine Mischung aus letzten beiden.

Ich war Ende 20 und Jungfrau. Sex war bei mir mit dem Gedanken an meine Schwester verknüpft und wurde daher konsequent verdrängt. Wieso hatte ich ihr Bild jetzt wieder vor Augen? Ich wollte nichts von Frauen! Das war ein Kerl. Was mischte Uschi sich da ein? Oder war es die katholische Erziehung meiner Mutter?

Er schaute sich im Raum um, musterte die Reliquiare, dann die Knochen, die oben an den Wänden zu einem Relief aus Ornamenten und Schriftzeichen angeordnet waren. »Wow«, entfuhr es ihm.

Jedem geht es so, wenn er zum ersten Mal reinkommt. Farbige, zum Teil mit Silber überzogene Köpfe auf Büsten starren einen an, lächelnd, ernst oder mit totem Blick. Manchen klafft die Hirnschale offen, andere enthalten ornamental vergitterte Schauöffnungen, hinter denen Totenschädel grinsen. Das Knochenmosaik an den Wänden rührt an Urängsten. Touristen, die sich eben noch durch den Trubel am Hauptbahnhof gekämpft haben, katapultiert die »Goldene Kammer« `60` in die heidnischen Anfänge der Menschheit zurück.

»Puh, ganz schön düster«, sagte er. »Wie hält man das bloß aus?«

Ich schwieg. Weniger weil ich nichts darauf hätte antworten können, sondern weil ich auf die Frage nicht vorbereitet war. Ich mochte den Raum. Er bot mir einmal die Woche Rückzug und Trost. Und Buße. Eine liebgewonnene Pflicht, die ich von meiner Schwester übernommen hatte.

»Ist der Pfarrer wohl zu sprechen?«, fragte er.

»Erst nächste Woche wieder. Er ist auf einer Tagung.«

»Vielleicht können Sie mir ja helfen?«

»Kommt drauf an, ich bin Laie.«

Er klang verblüfft: »Sie machen das ehrenamtlich hier?«

Ehre. Was für ein Wort! »Und Sie? Tourist?«, fragte ich zurück.

Er lachte. »Eigentlich will ich hier studieren. In Köln, meine ich. Soziale Arbeit. Aber das Semester hat noch nicht angefangen. Ich bin auf der Suche.«

»Nach einer Wohnung?«

»Auch.« Wieder lachte er. »Entschuldigung. Das klingt, als wüsste ich nicht, was ich wollte. Eigentlich weiß ich nur nicht recht, wie ich vorgehen soll.«

Das wusste ich allerdings auch nicht. Seine Verlegenheit machte ihn noch reizender. Er konnte kaum 20 sein.

Ich warf einen Blick auf mein Handy: »In fünf Minuten schließe ich hier ab. Ich lad dich auf ein Kölsch gegenüber in die ›Schreckenskammer‹ 61 ein.«

»Emil.«

»Hä?«

Er lachte. »Danke für die Einladung! Ich heiße Emil.«

»Ganz schön altmodischer Name. – Gab es da nicht einen Film? Emil und die Detektive? Noch gar nicht so lange her.«

»Ein toller Film!«

»Ist das nicht ein Kinderfilm?«

»Ich *war* da noch ein Kind«, sagte er.

Ich lächelte. »*Erich*.«

»Na, wenn *das* nicht altmodisch ist!« Er grinste. »Der Mann, der die Romanvorlage geschrieben hat, hieß auch Erich. Erich Kästner.«

»Nie gelesen. Meine Mutter mochte altmodische Namen.«

»Wo lebt deine Familie?«, wollte er wissen, als wir anstießen.

»Wieso?«, wehrte ich ab. »Wo kommst du denn her?«

»Ruhrpott.«

»Und ursprünglich?«

»Mein Migrationshintergrund?«

»Na, deutsch siehst du nicht aus. Und sich als Erstes nach der Familie zu erkundigen, ist schon ziemlich undeutsch.«

Sein Lächeln enthielt eine Spur Melancholie. »Meine Familie kommt aus Bulgarien. Losniza. Ein Kaff in der östlichen Donautiefebene. – Deine ist aber auch von weiter her angereist, oder?«

Tschaka! Ich hatte es im Gefühl gehabt. »Teilweise.«

»Hä?«

»Meine Mutter war von hier.«

»War?«

Ich ging darüber hinweg. »Mein Vater kam auch aus Bulgarien. Ich hab ihn aber nie kennengelernt. Er ist vor meiner Geburt in seine Heimat zurück, und meine Mutter hat den Kontakt abgebrochen. Meine Schwester war damals schon zehn.«

Seine Rechte zuckte vor, er stoppte mitten in der Bewegung und legte sie irgendwo in der Mitte zwischen uns auf dem Tisch ab.

»Emil«, fragte ich, »was suchst du?«

Nach dem fünften Kölsch bestellten wir uns ein Krüstchen Gulasch **62**. Andernfalls wäre ich nicht mehr aufrecht nach Hause gekommen. Nach dem, was Emil erzählte, hatte ich allen Grund, nüchtern zu bleiben. Auf der anderen Seite war alles so surreal, dass ich mich auch ohne den Alkohol fühlte, als hätte ich nicht mehr alle Sinne beieinander.

Er hatte den Pfarrer sprechen wollen, weil er nach elf Mädchen forschte, die sich vor 18 Jahren aus dem Heimatdorf seiner Eltern in den Westen aufgemacht hatten und verschwunden waren. Persönlich hatte er keine Erinnerung an sie, auch wenn ihm versichert wurde, dass er die eine oder andere bei Besuchen kennengelernt hätte. Sie mussten schon einige Jahre älter gewesen sein als er. Die polizeilichen Ermittlungen zu dem Verschwinden der

Mädchen waren längst eingestellt worden. Aber die Familien standen mit Emils Eltern in losem Kontakt, und als es hieß, er wollte in Köln studieren, hatten sie ihn gebeten, für sie zu recherchieren. Die letzten Nachrichten, die in Losniza damals angekommen waren, lauteten, dass die jungen Frauen in Köln am Eigelstein arbeiteten, um die Reisekosten abzustottern. – Sie waren samt und sonders mit Limousinen aus der Ludogorie abgeholt worden.

»Ganz ehrlich«, warf ich ein. »Die wussten doch, was ihren Töchtern blühte. Haushaltshilfen kriegen nicht so einen Shuttle!«

Wieso machte es mich so wütend?

Er seufzte. »Sie wollten es mit Sicherheit damals nicht wissen.«

Während Emil erzählte, bemühte ich mich, mir nicht anmerken zu lassen, dass in mir sämtliche Alarmglocken schrillten. Auch wenn er die Mädchen kaum kannte – es waren seine Leute! Sie wurden vermisst. Wen interessierte hier das Schicksal von elf minderjährigen Migrantinnen? In den ersten Jahren nach der Grenzöffnung war so viel drunter und drüber gegangen. Seine Bitterkeit rührte an meine eigene, die sich tief in meinem Unterbewussten eingenistet hatte.

Pfarrer Bösendorfer engagierte sich seit 20 Jahren in der Seelsorge für die Prostituierten, die das Bahnhofs- und Eigelsteinviertel 63 frequentierten. Sein Name war in einem Telefongespräch gefallen. Weshalb Emil vom Bahnhof aus als Erstes zur Kirche St. Ursula gekommen war, wo er mich in der Goldenen Kammer antraf, dem Aufbewahrungsort für die Reliquien. Einmal die Woche bewachte ich die Knochen der 11.000 Jungfrauen, die im Gefolge der heiligen Ursula um 1440 den Märtyrertod gestorben waren, woraufhin Ursula zur Stadtpatronin 64 avancierte.

»Was arbeitest du eigentlich? Hauptberuflich, meine ich«, wollte Emil wissen.

»Nachtpfleger. Im Marien-Hospital 65 .«

»Ist das hier in der Nähe?«

»Ziemlich. Im Kunibertsviertel 66 .«

»Zeigst du es mir? Ich kenne noch gar nichts von Köln!«

Ich verbiss mir ein: ›Nichts lieber als das‹, weil mir das alles viel zu heiß geworden war, rief: »Zahlen!«, und wir verließen das Lokal.

»Na, dann«, sagte er, als wir auf den Dechant-Löbbel-Platz hinaustraten.

»War nett«, entgegnete ich und wandte mich in Richtung der Geschäftsstelle der »Treuen Husaren« 67 .

»Gehst du Richtung Eigelstein?«

Einen Moment argwöhnte ich, dass er sich das gerade erst hatte einfallen lassen. »Du etwa auch?« Dann beschloss ich, dass es keine Rolle spielte. »Komm, ich zeig dir den Weg.«

Am Eigelstein gingen wir beide nach links. Wie abgesprochen. Ich hätte Ausflüchte finden, in Richtung Hauptbahnhof abdrehen können. Aber ich ließ es laufen. Wir gingen nebeneinander her. Wenn uns Menschen entgegenkamen, stießen unsere Körper zusammen, hielten die Berührung über mehrere Schritte, bis es uns wieder auseinandertrieb. Ich genoss die Wärme seiner Schultern und Oberarme, die sich durch den T-Shirt-Stoff angenehmaufregend übertrug.

Sein Kopf orientierte sich links, er musterte jeden Hauseingang. An der Ecke Im Stavenhof 68 blieb er stehen. Als ich mich nach ihm umwandte, hatte er zwei, drei Schritte in die Gasse gemacht und äugte um die Biegung. Klar, das macht jeder, der zum ersten Mal vorbeikommt. Die Straße ist ein Schmuckstück: sanierte Altbauten, originales Kopfsteinpflaster, das »Anno Pief« **69** gilt nicht nur unter den Studenten der Musikhochschule **70** als In-Kneipe. Emil hatte vermutlich recherchiert. Es ging garantiert nicht um den pittoresken Anblick.

»Da ist der Straßenstrich, nicht wahr?«, fragte er.

Oder die Mädchen hatten Straßennamen erwähnt. Ich stellte mir vor, was in den Briefen gestanden haben mochte, die sie nach Hause sandten. ›Liebe Eltern, uns geht es gut. Der Chef schlägt uns selten, aber wir geben uns auch alle Mühe, ihn und die Kunden zufriedenzustellen, damit wir euch recht bald Unterstützung zukommen lassen können. Der Eigelstein ist schön, angenehmer als der Bahnhof, wo sich viele Junkies rumtreiben, die für ein paar Euro alles machen. Hier gibt es viele altmodische Häuser, die aussehen wie zu Hause, aber alles wird super saniert. Am liebsten stehen wir in der Straße Am Stavenhof ...‹

»Früher. Die ganze Gegend war früher Rotlichtmilieu«, sagte ich. »Heute hat sich das alles in Richtung Hauptbahnhof verlagert. Jenseits des Bahnhofs beginnt der Schwulenstrich.«

Bei dem letzten Wort zuckte er leicht zusammen, guckte aber immer noch die Gasse hinunter, als wartete er darauf, dass ihm eins der Mädchen entgegengelaufen käme.

»Also – ich muss weiter zum Ebertplatz«, sagte ich.

Er schloss auf. Blieb hinter dem dm-Markt aber gleich wieder stehen. »Das ist ein Haus?«, fragte er verblüfft.

»Das schmalste von Köln«, bestätigte ich. »2,56 Meter.«

Bloß nicht stehen bleiben! Ausgerechnet hier! Warum hatte ich nicht prophylaktisch die Straßenseite gewechselt?

Seine Augen hingen an dem Schild: ›Nachmieter für das Dachgeschoss gesucht. Nicht einsehbare Dachterrasse. Zugang über den Hinterhof. Telefon …‹

Seit Wochen hing es da, und jedes Mal fragte ich mich, was den letzten Mieter vertrieben haben mochte. War das nicht eine 1a-Lage? Hatte er irgendwas gemerkt?

Emil machte ein Handy-Foto. »Werde ich mir wahrscheinlich nicht leisten können«, meinte er bedauernd. »Aber fragen kostet ja nichts.«

Bloß nicht!, hätte ich am liebsten ausgerufen. Ich war weitergegangen, stand schon fast am »Kölschen Boor« **71**. »Zur U-Bahn geht es hier weiter«, drängte ich.

»In welche Richtung fährst du?«

»Wo musst du denn hin?«, wich ich aus.

»Zur Jugendherberge **72**.«

»Linie 18, Boltensternplatz«, sagte ich schnell. »Ich muss erst zur Bank.«

Er stutzte. Erst hatte ich von der U-Bahn gesprochen, dann wollte ich zur Bank. Offensichtlicher konnte man jemanden kaum abwimmeln.

»Was für eine?«, hakte er nach. Als er mein Stirnrunzeln sah, lachte er. »So genau wollte ich das gar nicht wissen, keine Sorge. Aber vielleicht weißt du, wo der nächste Sparkassenautomat ist. Ich muss dringend Geld abheben.«

Wir passierten das Eigelsteintor **73**, querten den tiefer gelegten Ebertplatz **74** und erreichten die andere Seite vor dem Dresdner / Commerzbank-Gebäude. Ich wies auf die Sparkasse an der Ecke Neusser Straße, hob flüchtig die Hand: »Viel Erfolg!« und verschwand in dem Automatenraum. In der spiegelnden Glastür vermeinte ich einen enttäuschten Gesichtsausdruck zu erkennen. Als ich rauskam, war er verschwunden.

Eine Woche später stand er in der Goldenen Kammer und hielt mir ein Zweieurostück hin. »Wenn das der Tarif ist, dass du dir Zeit für mich nimmst, lade *ich* dich diesmal in die Schreckenskammer ein.«

Ich sagte nicht, dass ich auf ihn gewartet hatte. Blieb einfach sitzen, während er die Büsten abschritt wie beim letzten Mal. Sagte nichts, als er schließlich vor dem Aetherius stehen blieb. Wir hatten das gleiche Schönheitsideal. Emil, der Eifrige – sein Name sagte es –, der Detektiv, mein bulgarischer Bruder, der Mann meiner Träume, der mich vielleicht aus meinem Albtraum befreien konnte. Alles an ihm schien mir magisch.

Ich folgte ihm in die Schreckenskammer. Er erzählte mir von seinem WG-Zimmer in der Lübecker Straße, und ich sagte ihm nicht, dass ich ein paar Häuser weiter am Gereonswall wohnte. Die Dachwohnung in der Nr. 115 hatte er nicht besichtigt, und ich sagte ihm nicht, dass es dort nichts mehr zu sehen gab, weil meine Schwester gründliche Arbeit geleistet hatte. Er nannte den Namen des Schleusers, und ich sagte ihm nicht, dass es der meines Vaters war. Er hatte alle Nutten befragt, die er auftreiben konnte. Nur eine erinnerte sich, und die bestätigte, dass die Bulgarinnen von einem Tag auf den anderen verschwunden waren. Ja, das hätte ich ihm auch sagen können. Ich tat es nicht. Als er mich fragte, ob ich mit ihm am Rhein spazieren gehen wollte, nickte ich.

Wir bummelten eine ganze Strecke Richtung Riehler Auen flussabwärts. Ich liebe den Rhein. Er ist ein wunderbares Abführmittel für alles, was einen belastet. Wenn die Goldene Kammer mein Rückzugsraum war, in dem ich mich verkriechen konnte, dann war der Rhein der Ort, der mir half, mich von düsteren Gedanken zu befreien. Man muss sich nur ans Ufer stellen und die Strömung beobachten. Sie zieht, saugt alles aus einem raus und schwemmt es weg, sodass man am Ende mit leichtem Kopf und Herzen nach Hause geht.

»Du musst Erich Kästner lesen, Erich«, sagte Emil, »er schreibt ziemlich schlaue, schöne, lustige, aber auch ein wenig traurige Dinge. Er wird dir gefallen. Guck, das hab ich dir mitgebracht.« Er zog aus der Gesäßtasche ein dickeres Reclamheft.

»Notabene 45«, las ich.

»Er hat Tagebuch geführt über das letzte Kriegsjahr. Hat versucht, die ganzen Grausamkeiten festzuhalten – zur Warnung für die Spätergeborenen.«

»Tagebuch«, wiederholte ich und kam mir wie betäubt vor. Emil hatte mir etwas mitgebracht. Ganz persönlich für mich. Etwas *zu* Persönliches!

»Ein toller Schriftsteller, wirklich. Privat nicht ganz unkompliziert. Hatte wohl eine sehr enge Beziehung zu seiner Mutter?«

»Was willst du damit sagen?«

Emil ignorierte den Einwurf. »Sein Verhältnis zu Frauen war überhaupt ziemlich kompliziert.«

»Du meinst, er war …?«

Emil lachte. »Keine Ahnung, was er war. Ich denke, er war einfach richtig. Auch wenn er vielleicht sein Leben nicht so leben konnte, wie er es wollte.«

Wir redeten um den heißen Brei, teilten uns mit, ohne die Dinge klar zu benennen.

Ich fragte Emil nach seiner Familie und genoss die Wärme in seinem Unterton, als er von seinen Eltern und Geschwistern – vier ältere Brüder, zwei Schwestern – sprach, genoss das Mitgefühl, mit dem er meine Arbeits-alltags-Schilderungen – oder sollte ich sagen Allnachts? – zwischen Bettpfannenleerung und Herzausschüttung kommentierte.

Menschen im Krankenhaus sind Aus-der-Bahn-Geworfene, Wanderer zwischen Welten, genau wie Migranten, Kriegstraumatisierte, missbrauchte Kinder, Opfer von Verbrechen, trauernde Hinterbliebene. Wie Menschen auf der Schwelle der Pubertät oder des Outings. Wie Emil und ich. Wie elf bulgarische Mädchen, zur Prostitution gezwungen. Wie 11.000 Jungfrauen, die mit der heiligen Ursula den Märtyrertod durch Hunnen am Rhein bei Köln erlitten. 11.000, die in Wirklichkeit nur elf waren. Aber da die Kirche St. Ursula auf einem römischen Friedhof errichtet war, ermöglichte die Zahlenmogelei den Stiftsdamen einen schwunghaften Reliquienhandel und -kult, von dem die Goldene Kammer heute noch einen kleinen Abglanz vermittelt.

Ich erzählte Emil die Legende von der bretonischen Königstochter Ursula und ihrem Verlobten Aetherius, berichtete von Viventia **75**, der dritten Tochter Pipins, die dieser, als sie im Kindesalter starb, in St. Ursula bestatten wollte. Deren Körper aber immer wieder ausgeworfen wurde, weil die Kirche den heiligen Jungfrauen vorbehalten war – Bis Pipin ihren Sarkophag auf Säulen stellte.

Ich dachte an die Bulgarinnen, die gewiss nicht heilig und schon gar keine Jungfrauen, aber nicht minder Märtyrerinnen waren. Weshalb der Himmel ein Einsehen zeigte und sie im Gegensatz zu der Königstochter Viventia in St. Ursula duldete.

Es war dunkel, als wir uns in der Lübecker Straße voneinander verabschiedeten. Ich gab ihm meine Nummer, er mir einen flüchtigen Kuss auf die Wange, einen sehr behutsamen. Ich kostete das Verlangen einen Moment aus. Dann gingen wir auseinander.

Zwei Tage lang lang haderte ich mit mir, dass ich nicht nach seiner Nummer gefragt hatte. Dann rief ich bei der Polizei an. Ich wollte eine Aussage machen. Mein Outing.

Uschis Tagebuch brachte ich mit. »Sie hätte es verbrennen können, bevor sie die Tabletten schluckte«, sagte ich. »Stattdessen hat sie es mir hinterlassen. Ich sollte klar Schiff machen. Meiner Mutter wollte sie es ersparen. – Ich auch. Deshalb hat es so lange gedauert.«

Vielleicht hätte es noch länger gedauert, dachte ich, wenn Emil nicht in mein Leben getreten wäre. Aber das gehörte nicht hierher.

»Das ist also das Tagebuch, von dem Sie am Telefon sprachen? Das Ihrer Schwester, in dem sie etwas festgehalten hat, das zur Aufklärung des Verschwindens der bulgarischen Mädchen beitragen kann?«, vergewisserte sich der Beamte.

»Ja.«

»Und was genau?« Der Polizist schlug die Kladde auf.

»Es geht vor allem um unseren Vater. Lude Lalev war sein Name. Eigentlich Ulude, das andere ist eine Abkürzung. Es geht um Missbrauch.«

»Wie meinen Sie das?« Er blätterte. Als ihm mein Schweigen zu lange dauerte, blickte er auf. »Erzählen Sie. Wir können das nachher gemeinsam protokollieren.«

»Meine Mutter hatte ihn rausgeschmissen, weil er meine Schwester angefasst hatte. Uschi war erst sechs. Sie kapierte nicht, was passiert war, aber sie fühlte sich schuldig. Zehn Jahre später kam er zurück und nahm wieder Kontakt mit ihr auf. Heimlich.«

»Ihre Mutter hat nicht Anzeige erstattet?«

»Er war ja weg. Was später zwischen ihm und Uschi abging, kriegte sie nicht mit. Zum Glück. – Na, vielleicht auch nicht. Es hat sie so oder so umgebracht. Uschi sowieso. – Ihn letzten Endes auch. Das war das einzig Gute. Wissen Sie, was ›Ulude‹ heißt? Der Menschliche, Humane.«

»Was genau ist denn passiert?« Der Polizist klappte das Buch zu und lehnte sich zurück, als wollte er signalisieren, dass er mit seiner Aufmerksamkeit jetzt ganz bei mir war.

»Er hat sie verführt, das Schwein!«, stieß ich hervor. »Hat sie zum Essen eingeladen, ihr Drogen verpasst und Nacktbilder von ihr gemacht. Seine eigene Tochter! Er war dick im Geschäft mit Sex mit Minderjährigen. Dann hat er sie mit den Fotos erpresst. Drohte, er würde unserer Mutter alles erzählen. Das war so ziemlich das Schlimmste, was er ihr antun konnte. Meine Mutter wurde ohnehin schon nicht fertig mit der Situation. Uschi hatte sich immer bemüht, ihr alles recht zu machen. Unsere katholische Erziehung machte es ihr nicht gerade leichter. Sie zog sich aus der Messdienergruppe raus, hat nur noch in der Goldenen Kammer ausgeholfen. Mutter war besorgt, aber Pfarrer Bösendorfer meinte, Uschi sei halt in der Pubertät, das gehe vorbei. Er wusste es ja auch nicht besser! Sie war seitdem nicht mehr zur Beichte gegangen.

Stattdessen schrieb sie Tagebuch. Nicht wie andere Mädchen es tun, die sich über ihre Befindlichkeiten ausheulen. Uschis Aufzeichnungen ist ihre Verzweiflung, ihre Wut nur indirekt zu entnehmen. Ich habe das Buch in all den Jahren wieder und wieder gelesen, und jedes Mal hat mich die scheinbare Kaltblütigkeit entsetzt, mit der sie minutiös alles festgehalten hat, was passiert ist. Ich verstehe es als ihren Auftrag an denjenigen, der es einmal lesen würde – ihren Auftrag an *mich* –, alles nachzuvollziehen und die Dinge richtigzustellen. Vielleicht war es auch ihre einzige Möglichkeit, es selbst zu verarbeiten, dass sie es in allen Details wiedergab. Selbst Dinge, die sie nur aus Bemerkungen meines Vaters aufgeschnappt und rekonstruiert hatte. Jede Einzelheit.«

Ich schloss die Augen, öffnete sie aber gleich wieder, als ich ein Geräusch hörte. Mein Gegenüber hatte Stift und Papier vor sich liegen. »Lassen Sie sich nicht irritieren«, sagte er. »Es ist vermutlich sinnvoll, wenn ich mir Stichworte notiere. Ich werde Sie aber nicht unterbrechen. Versuchen Sie, der Reihe nach zu erzählen.«

»Sie begann mit dem Tagebuch, als mein Vater ihr das mit den Fotos antat. Das war, kurz bevor er die Mädchen aus Bulgarien hierher gebracht und auf den Strich geschickt hat. Daneben schleuste er Schwarzarbeiter aus den ehemaligen Ostblockländern ein. Unter anderem

Männer, die das Haus Nummer 115 auf dem Eigelstein hochzogen. Die damalige Grundstücksbesitzerin war im Jahr 1996 von der Stadt genötigt worden, die Baulücke zu schließen. Sie wollte gar kein Haus bauen, hatte auch kein Geld dafür. Mein Vater bot ihr einen Trupp aus Kasachstan an, der das Projekt in null Komma nix fertigstellen sollte. Zur Belohnung für ihre gute Arbeit durften die Männer sich, als das Dachgeschoss eingezogen war, einen Abend an den Mädchen aus Bulgarien schadlos halten. Sex mit ach so willigen Minderjährigen. Der Wodka floss in Strömen, die Bulgarinnen wurden bis zur Willenlosigkeit abgefüllt. Leider handelte es sich um gepanschte Ware. Am nächsten Morgen waren zwei Kasachen und alle elf Mädchen tot. Die Überlebenden setzten sich über die Grenze ab. Mein Vater fand die Leichen am nächsten Abend. Es war Sommer. Hitze und Fliegen hatten schon ganze Arbeit geleistet. Er reagierte panisch, ließ alles stehen und liegen, raffte Wertsachen, Papiere, Unterlagen, rief seine Auftraggeberin an, sprach ihr auf die Mailbox, die Bauarbeiten müssten vorübergehend unterbrochen werden, weil die Kasachen abgehauen seien, er werde sich in Polen um Ersatz bemühen. Lude hoffte, er werde so ein paar Tage Vorsprung für seine Flucht herausschlagen. Dann tauchte er unter.

Nach zwei Wochen kam ein Rückruf von der Grundstücksbesitzerin. Sie war auf einem Amazonastrip auf Humboldts Spuren unterwegs, hatte bei einem Biwak unverhofft Funkverbindung bekommen und ihre Mailbox abgehört. Das ginge klar mit den Polen – die Verbindung brach ab. Als die Medien nach drei Wochen immer noch nichts gemeldet hatten, kehrte Ulude bei Nacht und Nebel zurück. Die Leichen waren aufgrund der Witte-

rung innerhalb kürzester Zeit skelettiert worden. Maden-
fraß, Vögel, Fäulnisprozesse. Keine Ahnung, wieso der
Geruch nicht auffiel. Vermutlich waren viele Anwohner
in Urlaub. Um die Ecke ist die Gaffel-Brauerei, da riecht
es immer mal streng. Und: Das Dachgeschoss ist höher
als das der umliegenden Häuser, vielleicht hatte der Wind
den Geruch weggetragen.

Lude füllte 13 Tüten mit den Knochen. So viel Pietät
hatte er immerhin am Leibe, dass jeder der Verstorbenen
seine eigene Tüte erhielt. Er entsorgte alles, was da noch
rumlag, Kleidung, Flaschen andere Habseligkeiten und
verteilte es in öffentliche Mülltonnen. Die Tüten stellte er
in der mittleren Etage ab. Dann holte er Uschi und zwang
sie, den Tatort zu reinigen, bis kein Faserchen mehr auf
die Verstorbenen hindeutete. Natürlich hatte er ihr nicht
gesagt, was vorgefallen war. Aber sie entdeckte die Tüten
und kriegte einen hysterischen Anfall. Da hat er ihr den
Mund zugehalten und gesagt, sie hätte sich mitschuldig
gemacht, indem sie die Spuren beseitigt und überall ihre
eigenen hinterlassen habe. Er redete immer weiter auf
sie ein und erzählte ihr alles, bis sie aufhörte zu schreien.
Indem er sie zur Mitwisserin machte, sie teilhaben ließ
an dem Verbrechen, zog er sie mit hinein und nötigte sie
zu guter Letzt, ihm beim Entsorgen der Tüten mit den
Knochen zu helfen. Allein hätte er sie gar nicht alle auf
einmal wegschaffen können. Er sagte, der Rhein sei die
beste Möglichkeit, Menschen verschwinden zu lassen.
Da kam sie mit.«

Die Stimme blieb mir im Hals stecken. Der Beamte
reichte ein Papiertaschentuch und zauberte ein Glas Wasser herbei.

»Sie ist also auch nicht zur Polizei gegangen.«

Der Ton machte mich wütend. Er war irgendwo zwischen Vorwurf und Bedauern angesiedelt. Ich sagte: »Die Mädchen waren tot! Es hätte sie nicht lebendig gemacht. Meine Schwester hat auf andere Weise versucht, sich von dem Albtraum zu befreien, und ich bewundere sie dafür. Ich frage mich bis heute, woher sie die Kraft genommen hat.«

Einen Moment überlegte ich, ob ich weiterreden sollte. Sie konnten ohnehin alles nachlesen. Aber ich wollte die Sache zu Ende bringen.

»Uschi fuhr in der gleichen Nacht mit unserem Vater zur Südbrücke [76]. Er parkte das Auto an den Poller Wiesen [77]. Dann trugen sie die Tüten die Treppen hinauf bis zur Mitte der Brücke. Mein Vater beschwerte sie mit Schotter und warf eine nach der anderen in den Rhein. Die Strömung wird sie auseinandergetrieben, die Knochen nach und nach weggeschwemmt haben, das war zumindest der Plan. Womit mein Vater nicht gerechnet hatte: Dass meine Schwester sich am Ende plötzlich hinhockte, seine Knöchel umklammerte und ihn hochstemmte. Er war nicht sonderlich groß und schwer, und das Geländer an der Südbrücke nicht sonderlich hoch. Sie hat es geschafft. Mit der ganzen Wut und Verzweiflung ihrer knapp 20 Jahre. Er kippte über die Brüstung und klammerte sich an die Metallstäbe. Da hat sie dagegen getreten, bis er verschwand.«

»Wann soll das gewesen sein?«, fragte der Beamte.

»Das steht alles im Buch. Wahrscheinlich hat man ihn nicht identifizieren können, wenn er irgendwo angeschwemmt wurde. Er war ja illegal hier. Zumindest hat meine Mutter nie ein Wort darüber verloren. Sie hat überhaupt nicht mehr viel gesprochen. Uschi hat drei Tage später eine Überdosis Tabletten geschluckt. Das Tagebuch fand ich in Packpapier eingeschlagen in meiner Schreibtischschublade. Ich konnte meiner Mutter nichts davon sagen.«

Ich machte eine Pause. Tränen liefen mir übers Gesicht. Der Polizist schwieg.

»Vor drei Monaten ist sie gestorben. Einfach so. Herzstillstand. Es muss eine Erlösung gewesen sein. Im Grunde ist sie 17 Jahre lang gestorben.«

Als ich das Präsidium verließ, war der Abend angebrochen. Es hatte Stunden gedauert, ehe alles zu Papier gebracht und bestätigt war. All die entsetzlichen Dinge, die ich mir endlich von der Seele geredet hatte, sodass sie jetzt in Aktenordner gepackt werden konnten.

Ich fühlte mich frei wie bis dahin in meinem ganzen Leben nicht.

Das Handy vibrierte.

»Bitte komm, Emil«, sagte ich. »Lübecker Straße. Das Eckhaus. Zweite Klingel von unten.«

Wir haben lange überlegt. Das letzte beschriebene Blatt des Tagebuchs hatte ich der Polizei nicht überlassen. Die hätte nur die Totenruhe gestört. Schließlich haben wir die sauber ausgeschnittene Seite ganz klein zusammengefaltet und zu den 13 Knöchelchen gegeben, die meine Schwester den Tüten entnommen hatte. Aus jeder Tüte eine kleine knöcherne Märtyrer-Reliquie. Wenn man sie irgendwann entdeckt, mag der Zettel Aufschluss geben.

Die Familien hätten Uschi gewiss zugestimmt, dass die Gebeine ihrer Lieben in dem Aetherius-Reliquiar würdig aufgehoben sind.

An jenem Abend hatte ich Emil alles erzählt. Mich ihm rückhaltlos anvertraut. Mit Herz, Leib und Seele.

Endlich Frieden! Ein neues – mein *eigenes* Leben konnte beginnen.

60 **Goldene Kammer**

Eine diesseits der Alpen einzigartige »Memento-Mo-ri«-Schöpfung (»Gedenke des Todes«) der Barock-zeit ist die Schatzkammer der romanischen Kirche St. Ursula, Ursulaplatz 30, 50668 Köln, in unmit-telbarer Nähe des Hauptbahnhofs **2** auf der Alt-stadt-Nord-Seite. Das Gebiet war zu römischer Zeit ein Gräberfeld. Die zahlreichen Knochenfunde auf dem späteren Klostergelände gaben reichlich Stoff für Reliquien her. Kein Wunder, dass man die Legende von der Heiligen Ursula mit ihren elf Jung-frauen **64** zur Legende von den 11.000 Jungfrauen ausbaute. Bereits im vierten Jahrhundert hatte an der Stelle des heutigen Sakralbaus ein römischer Vorgän-gerbau gestanden. 866 wird eine christliche Kirche erstmalig urkundlich erwähnt. Eine steinerne Wid-mung, die sogenannte Clematius-Inschrift, die auf eine großzügige Schenkung zum Ausbau der Kirche verweist, wird auf das neunte Jahrhundert datiert und besagt, dass die Kirche jungfräulichen Märtyrerinnen gewidmet wurde. 922 wurden adlige Stiftsdamen auf-genommen, die auf der Flucht vor Übergriffen von Ungarn auf ihr Kloster im heutigen Düsseldorf-Ger-resheim waren und die die Verehrung der jungfräu-lichen Märtyrerinnen vorantrieben. Als im Umfeld der Kirche der Grabstein einer achtjährigen Ursula gefunden wurde, geriet die Ursula-Legende in den Fokus.

Vor dem Hintergrund des 30-jährigen Krieges, in dem die Besinnung auf den Tod Alltag war, entstand im Jahr 1643 die mit Gold und Silber ausgelegte Reliquienkammer. Sie enthält Regale mit einer Vielzahl von Büsten, die Märtyrerinnen-Gebeine bergen. Die Wände der Goldenen Kammer wurden bis in die Deckengewölbe hinein mit mosaikartig angeordneten Knochen versehen, in deren Mustern man lateinische Inschriften entziffern kann, etwa »S. Ursula pro nobis ora« (»Heilige Ursula, bitte für uns«).

61 Schreckenskammer

1487 wurde das Gebäude in der heutigen Ursulagartenstr. 11-15, 50668 Köln, erstmals urkundlich als Brauhaus erwähnt. Nachdem es mehrfach, zuletzt zweimal im 20. Jahrhundert neu aufgebaut wurde, gilt es heute als eines der kultigsten Brauhäuser Kölns – mit Scheuertischen, Holzdielen und einfacher, aber deftiger Küche.

Der Sage nach erhielt es den Namen durch seine Lage am Weg der Gefangenen, die im Gerichtsgebäude am Rathaus 12 verurteilt worden waren, zu der Richtstätte »Weckschnapp« 58 am Rheinufer. In der »Schreckenskammer« durften sie ihre Henkersmahlzeit einnehmen.

62 Krüstchen Gulasch

Das »Krüstchen« steht für die Brotkante, die zum Gulasch gereicht wird, üblicherweise handelt es sich um ein kross gebackenes »Röggelchen«, ein Roggenbrötchen. Obwohl es sich um ein ausgesprochen nahrhaftes Gericht handelt, zählt es im katholischen Köln zu den traditionellen Fastenspeisen. Der Grundsatz »Liquida non frangunt ieiunium« – »Flüssiges bricht das Fasten nicht« – definiert jegliche trinkbare Speise mit Brot als erlaubt. Die salzige Zubereitung befördert zudem den Kölsch-Konsum – wie viele andere Kölner kulinarische Spezialitäten **110** .

63 Eigelsteinviertel

Bis zur Industrialisierung wurde in der Gegend vor dem nördlich gelegenen Eigelsteintor **73** vor allem Kappes (Kohl) angebaut. Der hatte sich als genügsames, aber vitaminreiches und sehr gut zu konservierendes Wintergemüse für den Anbau innerhalb der Stadtmauern des mittelalterlichen Köln bewährt, konnte man damit doch auch längere Belagerungszeiten überstehen. Mit der Industrialisierung wurden die Ackerflächen als Wohnraum für die Arbeiter gebraucht. Aus dieser Zeit stammen noch einige der Gründerzeit- und Backsteinhäuser im Eigelsteinviertel, die die Bombenteppiche des Zweiten Weltkriegs überlebt haben. Vom Arbeiterviertel wandelte sich die Gegend in den 70er Jahren des letzten Jahrhunderts zum Migrationsgebiet, insbesondere für türkische Mitbürger, die eine bunte Vielfalt an Spezialitätenläden und Gastronomie etablierten, aber mittlerweile dem Balkan-Zuzugsdruck weichen. Was das Eigelsteinviertel im letzten Jahrhundert ausmachte: Rotlichtmilieu und Heimat urkölscher Typen, die insbesondere um die Straße »Unter Krahnenbäumen« herum das Bild des Veedels (Viertels) prägten, festgehalten in den Aufnahmen des Kölner Bohemiens und Fotografen Chargesheimer. Das Leben fand hier buchstäblich auf der Straße statt, und dessen komische Seiten wurden durch Musiker und Krätzchensänger in vielen Liedern festgehalten wie etwa in Willy Ostermanns 88 »Dem Schmitz sing Frau is durchjebrannt« oder »Kut erup, kutt erup, kutt erup, bi Palms do es de Piep verstupp« (»Kommt rauf, bei Palms ist die Pfeife verstopft«).

Durch eine der größten Nachkriegsbausünden, den Schneisenschlag Nord-Süd-Fahrt, wurden die Straße »Unter Krahnenbäumen«, das Eigelsteinviertel ebenso wie das benachbarte Kunibertsviertel 66 in ihrer Lebendigkeit nachhaltig beschnitten.

64 **Stadtpatrone Ursula und Gereon – Stadtwappen**
Das Wappen der Stadt Köln enthält – wie könnte es anders sein? – im oberen Teil drei goldene Kronen vor rotem Hintergrund, die die Heiligen Drei Könige symbolisieren, zu deren Ehre der Kölner Dom 109 erbaut wurde.

Die elf schwarzen Flämmchen auf weißem Grund – Rot und Weiß sind die Farben der Hansestadt Köln – stehen für die heilige Ursula. Allerdings werden sie unterschiedlich gedeutet: als Tränen für die elf Jungfrauen bzw. als Hermelinfelltupfen, die auf ihre königliche Herkunft als bretonische Prinzessin hindeuten.

Außer dem Schrein der Weisen aus dem Morgenland hängt im Dom über dem südlichen Dreikönigsaltar in der Marienkapelle eins der berühmtesten Gemälde des von Albrecht Dürer hoch geschätzten Kölner Malers Stefan Lochner, das um 1442 gemalte »Altarbild der Stadtpatrone«. Mittig ist hier die Anbetung des Jesuskinds durch die Könige dargestellt, auf dem linken Flügel St. Ursula mit ihren Jungfrauen. Die mit dem heidnischen englischen Königssohn Aetherius verlobte Ursula soll sich nach dessen Taufe mit elf bzw. 11.000 Gefährtinnen auf Pilgerfahrt nach Rom begeben haben. Auf dem Rückweg wurden sie und ihr Gefolge von Hunnen, die die Stadt Köln belagerten, bedroht. Als Ursula sich weigerte, den Anführer der Hunnen zu heiraten, wurde sie mit einem Pfeil getötet und ihr Gefolge niedergemetzelt. War in frühen Quellen noch von elf Jungfrauen die Rede, beruht die spätere Lesart »11.000 Jungfrauen« wohl auf einem willkommenen Lesefehler: Die Angabe »XI.M.V.« wurde statt als »11 martyres virgines« als »11 milia virgines« gedeutet. Damit ließen sich die riesigen Knochenmengen des ehemaligen römischen Gräberfelds rund um St. Ursula wunderbar als Reliquien versilbern.

Der rechte Flügel des Altars zeigt den zweiten Kölner Stadtpatron, St. Gereon (270–304). Der Legende nach diente er als Offizier bei der Thebäischen Legion in der Nähe von Köln und verweigerte wegen seines eigenen christlichen Glaubens die Mitwirkung an der Christenverfolgung, wofür er enthauptet und sein Kopf in einen Brunnen vor den Mauern der Stadt geworfen wurde. Ihm wurde die Kirche St. Gereon am Gereonskloster 2, 50670 Köln, geweiht.

Der gewaltige spätantike Bau in Form eines Dekagons (Zehnecks) aus dem vierten Jahrhundert wurde unter den Staufern ummantelt und zu der romanischen Kirche St. Gereon ausgebaut. Er ist der größte frei überwölbte mittelalterliche Zentralbau nördlich der Alpen.

65 Marien-Hospital

Das heute unter der Leitung der »Cellitinnen zur heiligen Maria« stehende Marien-Hospital im Kunibertskloster 11–13, 50668 Köln, wird im Volksmund auch »Kunibertsklösterchen« genannt. Es entstand Mitte des 19. Jahrhunderts und wurde über 100 Jahre lang von den Aachener »Armen Schwestern vom heiligen Franziskus« geführt, bevor es nach vielen Aus- und Umbauten von den ebenfalls katholischen Cellitinnen übernommen wurde.

Vielen Fernsehzuschauern wird die Fassade des Marien-Hospitals unter einem anderen Namen bekannt sein: Zwischen 1993 und 2000 wurde hier die RTL-Krankenhaus- und Arztserie »Stadtklinik« gedreht.

66 Kunibertsviertel

Noch bis in die 70er Jahre war das nördlich vom Hauptbahnhof am Rhein gelegene nach der markanten romanischen Basilika St. Kunibert benannte Viertel von kleinen Läden und Werkstätten durchsetzt. Heute ist es vor allem ein Wohnviertel, in dem sich neben dem Marienhospital die Hochschule für Musik und Tanz, zwei Schulen sowie die Fachhochschule für öffentliche Verwaltung, außerdem viele Hotels und Pensionen befinden. Es grenzt an die Turiner Straße bzw. Nord-Süd-Fahrt, an das Konrad-Adenauer-Ufer und den Theodor-Heuss-Ring. Erst in den 8oer Jahren erhielt die Kirche St. Kunibert, die nach den schweren Schäden des Zweiten Weltkriegs jahrzehntelang keinen Hauptturm mehr hatte, ein neues historisierendes Westquerschiff samt imposantem Turm. Im Chorraum der Kirche befindet sich der sogenannte »Kunibäätspütz« (Kunibertsbrunnen), der der Sage nach den Kölner Frauen mit Kinderwunsch Fruchtbarkeit verschafft.

67 Treue Husaren
Am Dechant-Löbbel-Platz 1, 50668 Köln, direkt gegenüber der Kirche St. Ursula befindet sich die Geschäftsstelle der Karnevalsgesellschaft »Treuer Husar Blau-Gelb von 1925 e.V. Köln«. Ihr Erkennungslied ist die kölsche Variante des Lieds vom »treuen Husaren«:
»Jetz wäd op die Trumm geklopp –
zimm bumm bumm, zimm bumm bumm.
Bes mir Kölsche stonn om Kopp –
zimm tärä bumm bumm.«
Der Refrain des deutschen Volkslieds lautet:
»Es war einmal ein treuer Husar,
Der liebt' sein Mädchen ein ganzes Jahr,
Refrain: Ein ganzes Jahr und noch viel mehr,
Die Liebe nahm kein Ende mehr.«
Der Ursprung des gern zu Karneval gesungenen Lieds ist unbekannt. Die älteste schriftliche Fassung

datiert auf 1749 und stammt aus dem Besitz von Caspar Josef von Mylius aus Leverkusen-Bürrig, Sohn des damaligen Kölner Bürgermeisters, und ist angeblich aus Österreich mitgebracht worden.

Die Husaren waren seit dem 17. Jahrhundert berittene ungarische Kämpfer von legendärer Kühnheit. Die gleichnamige Karnevalsgesellschaft knüpft als reine Männergesellschaft an das Idealbild des schneidigen Husaren an und duldet Frauen nur als Tanz-Mariechen bzw. weibliche Musiker in ihren Reihen.

68 Im Stavenhof

Die bis zu ihrer Sanierung Ende des 20. Jahrhunderts ausgesprochen schummrige und schmuddelige Gasse beherbergte über Jahrhunderte einen Straßenstrich, in den Augen der ehrbaren Anwohner ein Schandfleck, um den man einen großen Bogen machte. Heute ist »d'r Stüverhoff«, der den Eigelstein mit dem Gereonswall verbindet, ein Schmuckstück. Wunderschön sanierte Altbauten wurden ergänzt durch architektonisch gelungene postmoderne Bauten. Das Wohn- und Atelierhaus Im Stavenhof 20 erhielt 2003 den Architekturpreis.

69 Anno Pief

Was anderes als ein Bordell sollte eine Gastwirtschaft mitten im Rotlichtmilieu von Köln gewesen sein? Das »Anno Pief«, Im Stavenhof 8, hält heute zwar viele Traditionen hoch, aber Prostitution soll es hier nicht mehr geben. Dafür ist das Interieur original, das Ambiente urig, das Kölsch lecker. Eine Zeit lang gab es regelmäßige Jazzkonzerte, bis ein ruhebedürftiger Nachbar dem musikalischen Treiben gerichtlich Einhalt gebot. Heute trifft man sich zum Breitwand-Fußball-Gucken, und die Location gilt nach wie vor als Geheimtipp. Zum Ausklang des Karnevals wird hier wie in vielen anderen Kölner Traditionskneipen um Mitternacht der Nubbel abgehängt, mit einem Trauerzug durchs Viertel begleitet und unter herzzerreißendem Wehklagen der Gäste verbrannt.

70 Musikhochschule

Der korrekte Name der größten Musikhochschule Europas, Adresse: Unter Krahnenbäumen 87, lautet »Hochschule für Musik und Tanz Köln«. Sie gliedert sich in sechs Fachbereiche, dazu kommen Abteilungen in Aachen und Wuppertal sowie seit 2005/06 das Pre-College für musikalisch hochbegabte Kinder und Jugendliche. Allein in Köln gibt es über 1.000 Studierende, die dem Kunibertsviertel gerade im Sommer ein besonderes Gepräge geben, weil hinter offenen oder gekippten Fenstern die Übungen der Sänger und Instrumentalmusiker zu hören sind. Die Hochschule ging aus der 1850 gegründeten Rheinischen Musikschule, später Conservatorium der Musik hervor, bot seit 1925 einen staatlich anerkannten Studiengang an und wurde 1945 als Staatliche Hochschule dem Land NRW unterstellt. Anwohner, Kölner und Besucher profitieren von vielen Musikveranstaltungen mit Studenten, Dozenten und Gast-Künstlern, die zum Teil kostenlos in den Sälen der Hochschule angeboten werden.

71 **Kölscher Boor**

Ursprünglich hieß das Brauhaus am Eigelstein 121–123 in seiner 250-jährigen Geschichte erst »Zum Elephanten«, dann »Zur Stadt Aachen« und schließlich »Stavenbräu« nach der benachbarten Straße »Im Stavenhof«. Um den halbseidenen Ruf, der der Straße anhaftete, loszuwerden, benannte Peter Baum, der Inhaber und Präsident der Cölner Brauer-Cooperation es 1912 um in »Kölscher Boor«. Der Name passte sowohl zum Zustand dieses Fleckchens Erde in Köln vor der Industrialisierung wie auch zur Figur des in Sichtweite am Eigelsteintor angebrachten »Kölschen Boor«. Der Mann mit dem Dreschflegel war als wehrhafter Begleiter des Karnevalsprinzen und der Jungfrau ins Dreigestirn avanciert und ausgesprochen positiv besetzt. Heute wird im »Kölschen Boor« kein Eigenbräu mehr ausgeschenkt, sondern von der nahegelegenen Gaffel-Brauerei bezogen. In den rustikal und mit stimmungsfrohen Bildern und Sinnsprüchen ausgestatteten Gasträumen finden viele Veranstaltungen statt, es gibt eine Kegelbahn, einen Partyservice und Platz für 450 Gäste.

72 **Jugendherberge**

Mitten im Grünen an den Rheinauen vor der Mülheimer Brücke wird die größte Kölner Jugendherberge An der Schanz 14 vor allem von Familien und Gruppen genutzt. Auf der »Schäl Sick« in Deutz **23** gibt es eine weitere, kleinere Jugendherberge, die zwar aufgrund ihrer zentrumsnäheren Lage bei Städtereisenden punkten mag, dafür aber keinen unmittelbaren Zugang zum Rhein und daher keine Möglichkeit zu ausgedehnten Spaziergängen in der Natur, der Nähe zum Kölner Zoo und zur Flora aufweisen kann. 2011 frisch renoviert, ist die Riehler Jugendherberge energieoptimiert, komfortabel, rollstuhlgerecht und für Tagungen und Events geeignet.

73 Eigelsteintor

Der Name der Eigelsteintorburg leitet sich möglicherweise von dem römischen »Adler« als Feldzeichen ab, die Deutung ist aber umstritten. Die Torburg gehört zu den vier erhaltenen von ursprünglich zwölf Kölner Stadttoren: Severinstorburg, Ulrepforte und die ganz ähnlich gebaute Hahnentorburg **92** am Rudolfplatz.

Im September 1804 zog Kaiser Napoleon mit seiner Frau Josephine triumphal am Eigelstein in Köln ein. Unter den Preußen wurde das Gebäude als Gefängnis genutzt und nachdem die Stadt Köln es übernommen hatte, diente es als naturwissenschaftliches, später historisches Museum, nach dem Zweiten Weltkrieg als Ausstellungsraum, schließlich zog die »Offene Jazz Haus Schule« ein. Man kann die Räumlichkeiten für Veranstaltungen anmieten.

Im östlichen Torgewölbe hängt das Wrack eines Rettungsschiffs des im Ersten Weltkrieg bei einem Seegefecht vor Helgoland mit Mann und Maus untergegangenen Kreuzers »Cöln«. Eine Gedenktafel erinnert an das Ereignis und an den einzigen Überlebenden des Unglücks, einen Heizer aus Köln, der nach 76 Stunden aus der See gefischt werden konnte.

Auf der westlichen Seite neben dem Durchgang ist auf der Innenstadtseite die von Christian Moor geschaffene Steinskulptur des »Kölschen Boor« angebracht. Die Inschrift darunter lautet: »Halt fass do Kölscher Boor. Bliev beim Rich et fall sös ov sor.« (»Halt fest, du Kölner Bauer, bleib beim Reich, es falle süß oder sauer aus / egal, wie es kommt.«) Damit sollte offensichtlich die Treue der Kölner zum deutschen Kaiserreich beschworen werden.

74 Ebertplatz
Der vor dem Eigelsteintor gelegene Ebertplatz verbindet als Verkehrsknotenpunkt Hansa- und Theodor-Heuss-Ring, Eigelstein, Neusser Straße, die sechsspurige Nord-Süd-Fahrt (Riehler und Turiner Straße), hier treffen mehrere U-Bahn-Linien aufeinander, sodass die Querung des Platzes für Fußgänger auf verschiedenen Ebenen ermöglicht werden musste, was insbesondere im Bereich der Tunnelzugänge zu Räumen von »eingeschränkter sozialer Kontrolle« geführt hat, in denen sich Obdachlose und Junkies sammeln. Bei gutem Wetter kann man die stillgelegte wasserkinetische Plastik des Metallbildhauers Wolfgang Göddertz bestaunen und zu imaginieren versuchen, wie diese Brunnenanlage einmal in Betrieb gedacht war – wie überdimensionierte Pusteblumen aus Wasser.
Während der Weimarer Zeit war die Platzanlage geschaffen worden. Sie erhielt damals den Namen »Platz der Republik«, der 1933 in »Adolf-Hitler-Platz«, 1945 in »Deutscher Platz« und 1950 nach

dem ersten Reichspräsidenten Friedrich Ebert umbenannt wurde.

Eine seit über einem Jahrzehnt geplante Neugestaltung des Platzes, zu dem es einen Architekturwettbewerb und viele Entwürfe in Eigeninitiative gab, scheiterte bislang an einer Machbarkeitsstudie zum Bau einer Tiefgarage.

75 Viventia

Vermutlich Anfang des 12. Jahrhunderts wurde der Sarkophag der Viventia im Langschiff der Kirche St. Ursula aufgestellt. Es handelt sich der Inschrift nach um die als Kind verstorbene dritte Tochter Pippins des Älteren (gestorben 639), die der Vater hier hatte beisetzen wollen. Zweimal wurde der Körper wieder aus dem Boden »herausgeworfen«, wie die Legende sagt. Gemäß des Willens des Stifters Clematius war die Kirche nun mal jungfräulichen Märtyrerinnen vorbehalten. Die Tochter des Hausmeiers der Merowingerkönige hatte jedoch kein Märtyrium erlitten. Schließlich ließ Pippin den kleinen Sarkophag auf vier Säulen stellen und umging so das Verbot der Beisetzung.

76 Südbrücke

Die dreiteilige Fachwerkbogenbrücke aus Stahl wurde 1919 als zweigleisige Rheinquerung von der Königlich-Preußischen Staatseisenbahn gebaut und dient der Entlastung der Hohenzollernbrücke 15 vom Güterverkehr. Sie wurde nie offiziell eingeweiht, da kurz vor der Fertigstellung bei dem

Zusammenbruch eines Gerüsts acht Arbeiter ums Leben kamen und man aus Gründen der Pietät auf einen Festakt verzichten wollte.

Kriegsschäden machten einen teilweisen Wiederaufbau erforderlich, der 1950 abgeschlossen war. Die Brücke ist heute Eigentum der Deutschen Bahn. Da deren Interesse sich in dem Schienenverkehr erschöpft, erhielt die unter Denkmalschutz stehende Brücke nur auf Betreiben und Kosten der Stadt Köln beidseitig neben den Gleisen Gehwege, deren Pflege und Unterhaltung der Stadt obliegt. Man erreicht diese Fußgängerüberwege über Treppenaufgänge in den Türmen an beiden Uferseiten und kann so zu Fuß oder mit dem Fahrrad von den Stadtteilen Neustadt-Süd bzw. Köln-Bayenthal auf die andere Seite nach Köln-Deutz bzw. Köln-Poll gelangen.

77 Poller Wiesen

Die Herkunft des Namens »Poll« ist unklar. Er kann sowohl mit dem holländischen »Polder« (eingedeichtes Land) als auch mit »Pöhl« (Wassertümpel, Pfuhl) oder »Boll« (Hügel) zu tun haben.

Es handelt sich um das rechtsrheinische Gebiet südlich von Deutz, das bei Pegelhochständen überschwemmt wird und ein wenig Hochwasserdruck von der Kölner Innenstadt nimmt. Schon im Hochmittelalter versuchte die Stadt Köln den Flussverlauf im Poller Ufergebiet durch Befestigungsanlagen zu regulieren: die sogenannten »Poller Köpfe«, die heute zu den Bodendenkmälern zählen. Die modernen Buhnen oder Kribben leisteten später ähnliche Dienste.

Die Stadtbevölkerung genießt die Poller Wiesen vor allem als riesiges Naherholungsgebiet, wo man Fußball spielen, Drachen steigen lassen, grillen und chillen kann. Gelegentlich finden dort auch Großveranstaltungen statt, etwa im Rahmen des Weltjugendtags 2005 oder des Evangelischen Kirchentags 2007.

MUSEUM MUSS NICHT

Wir hatten Disneyland Paris vorgeschlagen. Notfalls Phantasialand.

Was. Aber. Gar. Nicht. Ging:

Museum.

Genau das hatten die Lehrer sich in den Kopf gesetzt. Elternabend einberufen, von wegen Weichen stellen, Gümmi oder Real, vierte Klasse, Zielgerade. Da wär jetzt Bildung dran. Und Köln hätte ja soooo viele Museen! Logo, dass die Eltern »Hier!« geschrien haben!

Klar: *Unsere* persönlichen Interessenvertreter waren nicht dabei. Die waren halt ziemlich gechillt. Justins Alter lag im Wodkakoma, Patricks Mutter unter ihrem neuen Lover, meine hatte Spätdienst und Kara zu Hause lieber nix von Elternabend fallen gelassen. Wir vier waren alle schon ein Jahr oder mehr sitzengeblieben. Und eins war wohl klar: Noch ein Jahr länger würden die uns da sowieso nicht behalten. Und: Die Lehrer kriegten schließlich Geld dafür, dass sie uns an eine weiterführende Schule schickten. Wozu Bildung? Museen? – Bah!

Stressen tun immer die kinderkarrieregeilen Eltern. Also fast alle. Wenn Gümmi nur über die Museumsprojektwoche ging, dann gingen *die* über Leichen.

Das konnten sie haben!

Erster Tag: Römisch-Germanisches **78**. Mit Pieselchen. Jeden Tag war ein anderer Lehrer und ein anderes

Museum dran. Pieselchen hieß richtig *Klein-Pies*. War auch so: Klein. Außerdem dick. Und dämlich. Bei der Einschulung hieß der noch nur *Klein*. – Hat sich von seiner Frau ein Pieselschwänzchen anhängen lassen. Checkt's echt nicht!

Das Pieselchen hatte Geschichte studiert. Ägüppten, Römer, Napolium und so. Ganzen Weg nur geschwafelt. Die Kindergeldempfängerin von dem Nero war das wohl alles schuld hier. Nero? Der Neroticker, der Rom abgefackelt hat. Dem seine Alte hatte Köln gegründet – Agrippina! Wie klingt *das* denn? Wie Grippetablette! *Die* war vielleicht scheiße drauf! Aggressiva hätte besser gepasst. Ihre Männer reihenweise vergiftet, den Sohn hat sie auch versucht um die Ecke zu bringen – Er *sie* genauso. Aber die Alte war ein verdammt harter Brocken. Da hat der mächtig Frust geschoben – Und tschüss, Rom!

Als wir am Museum ankamen, waren wir schon total gebildet, von wegen Mord und Totschlag. Der kleine Pieselmann hatte uns richtig Lust auf die Römer gemacht.

Dabei ging's drinnen erst richtig los mit der Zutexterei! Wir hatten einen extra Führer. Wie im Dritten Reich! Stehen bleiben! Mund halten! Zuhören! Der kannte sich noch besser aus als das Pieselchen. Dachte der wenigstens. Aber der Klein-Pies hat ihm dauernd gesagt, was er alles Falsches gesagt hat. *Wir* waren das von der Schule ja gewöhnt. Aber der Kerl guckte nach einer Weile wie Nero kurz vor Rom.

In dem Museum lag lauter kaputtes Zeug rum, nur kaputtes Zeug. Echt bekloppt. Wenn wir einen Mülleimer auf dem Schulhof zerlegen, schreien sie rum, das wär kriminell. Aber wenn die Römer sich die Köppe und die Architektur einhauen, dann heißt das Kultur! Bildung!

Dabei *konnte* man sich gar nix angucken. Hieß immer nur: »Hände weg!« Überall Knalltüten, die aufpassten, dass keine Fingerabdrücke auf die Trümmer kommen. Dabei stand draußen hinter dem Museum noch jede Menge von dem Zeug rum! Große Steintruhen mit Deckel. Sargofarge nannte der Kerl die. Da kämen die Toten rein. Hallo? Wir hatten Eintritt bezahlt und durften noch nicht mal *gucken*!

Kara und ich haben dem Piesel gesagt, uns wär kotzschlecht von den ganzen Schlachten und schlimmen Dingen, die der Führer da erzählt hat, und Patrick und Justin haben gesagt, sie kommen mit, bevor wir draußen umkippen und krepieren, weil's keiner mitkriegt. Das Pieselchen ist total nervös geworden, von wegen Aufsicht und so. Aber der Führer hat gesagt, kein Problem, er schafft das schon allein mit der Klasse. Der war scheißfroh, den Klein-Pies loszuwerden. Waren ja auch nur noch Mädchen übrig. Ich meine: Schon auch Jungs. Aber die waren halt richtige Mädchen. So cool wie Patrick und Justin war keiner.

Im Nachhinein glaub ich, der Piesel hatte mehr Angst mit uns rauszugehen als die anderen allein zu lassen. Warum wohl!

Wir hatten auf dem Weg zum Ausgang Schnick-Schnack-Schnuck gemacht. Mein Job war jetzt, den Klein-Pies zu beschäftigen. Ich hab mich also vor dem Eingang an ihm festgehalten und angefangen zu spucken oder jedenfalls so getan, als käm mir das Frühstück wieder hoch. Hab so rumgeheult, dass der halbe Roncalliplatz sich versammelt und dem Pieselchen Ratschläge gegeben hat. Von Krankenwagen rufen bis Ohrfeige war alles dabei.

Die Jungs und Kara hatten sich blitzartig hinters Haus verpieselt. Zu den Sargofargen. Klang so, als hätten sie Spaß. Hab sie um die Wette brüllen hören. Da hatte ich auch keine Lust mehr auf die Show und bin losgerannt. Als der Klein-Pies endlich gecheckt hat, dass ich wieder lebendig war, ist er hinterhergeschnauft.

Hinter dem Museum war kein Mensch außer den drei. Die hatten echt geschafft, den Deckel von einem Sargofarg zu verschieben. Justin war reingeklettert, von dem guckte nur noch der Kopf raus.

»Justin!«, schrie der Klein-Pies und legte einen Zahn zu.

Ich war längst da und tauchte mit Kara und Patrick hinter dem Sargofarg ab. Justin drinnen. Pieselchen pfiff auf dem letzten Loch, als er angekommen war. Sprang hoch wie ein Stehaufmännchen, wollte wohl molto elegante über den Rand, plumpste aber gleich zurück. Als er den dicken Bauch endlich hochkriegte, verlor er das Gleichgewicht. Gab ein waagerechtes Freeze, halb draußen, halb drinnen, kippte dann vornüber. Etwas krachte wie Kopf gegen Stein, dann rutschten die Beine hinterher. Pieselchen war weg. Drinnen jaulte wer. Dann tauchte Justins Kopf wieder auf. Ziemlich weiß.

»Uiuiui, der bewegt sich nicht mehr!« Stöhnte wie Bauchweh, kletterte so schnell aus der Kiste, als wär Cobra-Alarm angesagt.

»Macht bloß den Deckel wieder drauf!«, zischte er.

»Und Pieselchen?«, fragte ich.

»Jenny, der ist tot!«, flüsterte er. Da wollte ich das gar

nicht genauer wissen, und die anderen auch nicht. Wir haben zu viert an dem Deckel gezerrt mit Superkräften.

Dann sind wir ums Haus zurück zum Eingang. Im selben Moment kam die übrige Klasse gerade raus.

»Nanu, wo ist denn euer Lehrer?«, fragte der Führer.

»Ich glaub, der ist schon nach Hause«, sagte Patrick.

Kara quiekte: »Jedenfalls ist er weggegangen.«

»Schade, dann kann ich mich ja gar nicht mehr von ihm verabschieden«, meinte der Führer, sah aber ganz glücklich aus.

Wir haben ihm dann alle zum Abschied gewinkt. Irgendwie fand ich die übrige Klasse auf einmal richtig nett.

Und dann sind wir alle nach Hause gegangen.

Am nächsten Tag war die Schumi dran. Die Schumi war echt hardcore. Hatte gehört, dass wir genölt hatten. Klar.

»Ihr wollt nicht ins Museum?«, fragte sie.

Alle brüllten.

»Okay.« Sie grinste. »Wir haben gutes Wetter. Dann gucken wir uns Kunst im öffentlichen Raum an.«

Weil keiner verstand, was sie meinte, sind wir erst mal hinterher getrottet. Sie hat auch kein Stück gelabert, nur gesagt: »Augen auf! Wer Kunst sieht, sagt Bescheid!«

Na, das war ja keine Kunst. Überall an den Häusern waren Sprühbilder.

Die Schumi hat ganz böse geguckt, und dann hat sie erklärt, das wär keine Kunst, sondern Umweltverschmutzung. So was zu entfernen wär super schwer, und die armen Hausbesitzer, blablabla. Wir haben schon nicht mehr zugehört. Aber wir waren noch nicht viel weiter, gleich hinter dem Rudolfplatz, da hat sie auf einmal

»Stopp!« geschrien. Dabei war da gar nichts Besonderes. Außer einem Betonklotz an der Straße mit einem Mini-Graffiti. Eine Banane.

Das wär Kunst, hat die Schumi gesagt. Das hätte der Thomas Baumgärtel gesprüht, der wär Künstler. Der hätte in Köln studiert, Kunst und Püschologie, und überall, wo so eine Banane wär, da wär Kunst.

»Das ist ja wohl total Banane!«, hab ich gerufen. Die Klasse hat gelacht, aber die Schumi fand das gar nicht lustig.

Wir sollten uns den Betonklotz mal genauer angucken, hat sie gesagt. Der stand aber auf dem Mittelstreifen mitten auf dem Hohenzollernring. Patrick ist gleich losgerannt und hat versucht draufzuklettern, aber das war auch wieder falsch. Die Schumi hat so rumgebrüllt, dass alle Autos zwischen dem Rudolfplatz und dem Friesenplatz eine Vollbremsung gemacht haben, dann ist sie hinterher, hat den Patrick am Arm gepackt und zurückgezerrt. »Du bleibst jetzt bei Fuß!«, hat sie geschrien und ihn festgehalten. Als sie weggeguckt hat, hat der Patrick ein Bein gehoben, als wollte er sie anpinkeln. Wieder haben alle gelacht, aber sie es hat nicht geschnallt.

Nathalie, die Streberbratze, hat mit dem Finger geschnipst. »Frau Schumacher, Frau Schuhmacher, das Ding sieht aus wie 'n Auto!«

Justin hat geglotzt wie ein Auto. »Und wo sind die Räder?«

»Genau«, hat die Schumi gesagt, aber gemeint hat sie die blöde Nathalie.

Das wär von dem Wolf Vostell, der wär auch Künstler. Der hätte den Klotz »Ruhender Verkehr« 79 genannt.

Das sollte bewirken, dass man nachdenkt und das Auto mal anhält.

»Yeah! Der Patrick ist ein Künstler«, hat Kara gerufen. »Der hat auch bewirkt, dass die Autos angehalten haben.«

Das wär keine Kunst, sondern lebensmüde, hat die Schumi gezischt.

Bei Kunst hätte jemand im Gegensatz zu Patrick vorher nachgedacht und sich was einfallen lassen. Der Betonklotz wär nämlich nicht einfach ein Betonklotz, sondern da wär in Wirklichkeit ein Auto drin, ein Ford.

»Was für eine Verschwendung!« Ich bin stinkesauer geworden. Meiner Mama hat neulich jemand das Auto geschrottet, nachts dran entlanggeschrammt, abgehauen, Totalschaden. Ein neues war nicht drin. Und so ein Idiot gießt Autos in Beton!

Die Schumi hat dann gesagt, wir würden jetzt weitergehen Richtung Zeughaus, da könnten wir noch ein Auto sehen, eins mit Flügeln **39**.

»Ein Batmobil?«, fragte Justin.

»Dürfen wir das ausprobieren?« Das war Kara.

Aber die Schumi hat den Patrick fest am Oberarm gepackt und ist weitergegangen Richtung Friesenplatz. Wir haben den Ring überquert und sind in die Palmstraße eingebogen.

Unterwegs haben wir jede Menge Bananenschalen gefunden, aber die Schumi hat immer nur gesagt, nein, das wär keine Kunst, das gehörte entsorgt, und wir sollten das gefälligst in den nächsten Mülleimer werfen. »Ich mach doch nicht den Müll von anderen Leuten weg«, hab ich gemault.

Das wär eben der Unterschied zwischen Asozialen und Menschen mit Verantwortung. *Die* würden nämlich auch für andere den Müll entsorgen, hat die Schumi gesagt. Das sollte ich mir mal hinter die Ohren schreiben.

Ja, und dann sind wir an dieser Baustelle in der Palmstraße vorbeigekommen. Da war ein Baugerüst gleich neben der Grube, wo die Arbeiter mit einem Betonmischer standen und das Fundament von einem neuen Haus gegossen haben. Direkt hinter dem Absperrband.

Baugerüste sind Justins Spezialität. Der braucht keine drei Minuten, dann ist der oben.

Als der Justin halb oben war, hat der Patrick sich was einfallen lassen. Nämlich, dass er hinterher wollte. Na, und das war dann vielleicht Kunst. Oder Müllentsorgung. Wer soll das verstehen? Hat sowieso keiner mitgekriegt, weil alle zu Justin geguckt haben, auch die Bauarbeiter. Nur ich hab's gesehen. Und ich bin ja ein Mensch mit Verantwortung. Die Schumi hat sich mit aller Kraft dagegen gestemmt, wie der Patrick sich losgerissen hat. Da ist sie natürlich mächtig ins Wackeln gekommen. Ihren Schrei und den Platsch hat keiner gehört, weil alle Kinder so laut geschrien haben, weil nämlich der Justin jetzt ganz oben war und da rumgehopst ist, und der Patrick hinterher, aber die Männer waren auch da und haben Justin an den Füßen gepackt, und dabei haben die Bauarbeiter tierisch rumgebrüllt und waren eine ganze Weile damit beschäftigt, die Jungs von dem Gerüst runterzuholen. *Die* waren vielleicht wütend!

»Wo ist euer Lehrer?«, hat der Vorarbeiter geschrien.

»Lehrer*in*«, haben die Mädchen gerufen.

»Frau Schumacher!«, haben alle geschrien. Aber die war weg. Und weil sie nicht wiederkam, konnten wir schließlich nach Hause gehen.

Am dritten Tag hatten wir die Kossebrock. Ein richtiger Kotzbrocken. Sportlehrerin halt. Mit der sind wir zum Heumarkt [90] gefahren. Sie wollte uns aber nicht verraten, wohin es ging. Wir sind zum Rhein runter, und da war natürlich klar: Schokoladenmuseum [80].

Wär ja auch zu schön gewesen! Der Kotzbrocken ist mit uns zum Sport- und Olümpiamuseum [81]. Wieder kriegten wir einen Führer. Der hat uns in Teams eingeteilt. Und dann sollten wir irgendwelchen Pipikram machen. Wettkampf mit Diskus, Fußballquiz und so einem Mist. »Höher, schneller, weiter«, hieß das Motto. Klar, dass ich zu Kara, Justin und Patrick ins Team kam. Und klar, dass wir als Erstes »Weiter« geübt haben, und »Schneller« gleich mit. Weil wir nämlich wieder draußen waren, ehe der Führer bis drei zählen konnte.

Draußen haben wir uns erst in die Sonne gehockt, aber dann war uns ein bisschen langweilig. Die Promenade war menschenleer, nur auf dem Rhein kam von Zeit zu Zeit ein Frachtschiff vorbei. Kara hat ihre Slackline ausgepackt. Die haben wir dann von einem Pfosten vor dem Museum bis zum Geländer quer über den Weg gespannt und ein bisschen »Höher« geübt. Also Wippen. Auf dem Gummiseil. Ohne runterzufallen. Und Balancieren natürlich. Kara kann das super gut. Die Jungs sind dauernd runtergeflogen, aber die fanden das total witzig und haben trotzdem versucht, immer höher zu jumpen. Ich wollte eigentlich nur balancieren, aber Justin hat immer an dem Seil gewackelt, dass ich springe. In Wirklichkeit wollte er bloß, dass ich runterfalle und die Jungs wieder dran waren. Kara hat sich dann mit mir draufgestellt, mir die Hände gehalten, und dann sind wir zusammen gewippt. Echt cool.

Bis der Kotzbrocken auf einmal neben uns stand. Schaum vorm Mund. Ich bin vor Schreck gleich vom Seil gefallen. Aber Kara ist oben geblieben und hat, während die Kossebrock keifte, auf einem Bein gewippt. Das andere hat sie in die Höhe gestreckt wie 'ne Ballarina mit Tütüt.

Dem Kotzbrocken ist der Mund mitten im Schimpfen offen geblieben.

Ganz kleinlaut hat sie Kara gefragt, ob sie ihr mal zeigt, wie das geht. Als Sportlehrerin müsste sie die Trendsportarten ja kennen. Scheißfreundlich auf einmal.

Kara hat gegrinst, und dann hat sie dem Kotzbrocken auf die Slackline geholfen, ihr gezeigt, wie sie die Füße stellen muss für einen sicheren Stand. Na, und dann hat sie sie wippen lassen.

Das muss man der Kossebrock lassen: Sportlich war sie. Aber auch ziemlich eingebildet. In der Schule hat sie am Trampolin immer die Show abgezogen. Höher, weiter, lauter Ackerbatiübungen, Drehungen, Salto, Rückenlandung, Angeberei halt. Das hat sie auf der Slackline prompt auch angefangen. Ist so hoch gewippt, dass Kara loslassen musste. Und noch höher. Irgendwann hatten die Jungs keine Lust mehr und haben das Seil in der Nähe des Pfostens mit einem Ruck angehoben, um ihren Abgang zu beschleunigen.

Tja, da hat sie den Adler gemacht. Köpper in den Rhein. Vorbildliche Haltung. Eingetaucht fast ohne Spritzer. Nur aufgetaucht ist sie nicht mehr.

Wir sind noch ein bisschen gewippt, bis wir keine Lust mehr hatten. Die anderen waren ganz froh, dass wir uns aus dem Wettkampf rausgehalten hatten. Die hätten eh keine Schnitte gehabt. Der Führer hatte uns nicht vermisst, logo. Und den Kotzbrocken hat erst recht keiner vermisst.

Alles in allem eigentlich ein ziemlich lässiger Tag.

Vierter Tag. Unsere Klassenlehrerin kam rein. Frau Funkel. Sie war die Einzige gewesen, die gegen die Museums-Projektwoche gestimmt hatte. So kurz vor der Pensionierung würde sie keine Ausflüge mehr begleiten. Ihre Beine machten das nicht länger mit. Und mit *dieser* Klasse schon gar nicht. Frau Funkel nannte uns immer ihre »Pappenheimer«. Keine Ahnung, was das heißen sollte. Wahrscheinlich, dass es kein Pappenstiel wär mit uns oder dass wir nicht von Pappe wären.

Sie war fair. Aber wir auch mit ihr. Eigentlich war sie eine ganz Liebe. Schimpfte selten und ließ uns meistens machen. Wenn wir sie trotzdem »Frau Furunkel« nannten, war das eher aus Versehen. Warum hatte sie auch so einen Namen, wo man gar nicht anders konnte?

Als sie reinkam, haben wir uns erst sogar gefreut, weil wir dachten, wir brauchten nicht mehr in ein Museum. Aber dann stellte sich raus, dass der Schulleiter sie überredet hatte, weil Kollegen ausgefallen wären. Heute sollte Heimatkunde am dransten sein. Also Kölnisches Stadtmuseum **39**.

»Das mit dem Batmobil?«, fragte Justin.

»Betten gibt's da nicht«, hat Frau Funkel geantwortet. Dafür müssten wir ins Museum für Angewandte Kunst **82**.

»Weia«, hat Justin gesagt. »Es reicht, wenn die Anverwandten zu Weihnachten kommen.«

Wir hatten mittlerweile kapiert, dass Bildung nichts

anderes war als kaputtes Zeug, Müll, idiotische Spiele – warum nicht Tanten und Onkel? So gesehen kamen wir aus Familien mit jede Menge Bildung!

Wir also wieder in Richtung Zeughaus. Diesmal mit der U-Bahn bis zum Appellhofplatz. Das Batmobil war trotzdem da. Aber so hoch oben, dass wir es kaum sehen konnten. Eine Runde fahren ging schon gar nicht. Wir fanden es ziemlich cool und auf jeden Fall hunderttausendmal schöner als den Betonklotz. Golden und mit riesigen Flügeln.

Endlich mal Kunst, die wir mochten!

Drinnen gab es dann doch wieder allerhand langweiliges Zeug. Kölschgläser und Geschirr. »Ratssilber« nannte die Furunkel das. Wir haben ein bisschen geraten, was das heißen sollte, aber so wichtig fanden wir es auch wieder nicht. Dann gab es da so eine Spielzeugstadt, Köln von früher, eher was für kleine Kinder und sowieso nur zum Angucken. Bloß nix anfassen. – Ich fass es ja nicht! Wozu steht das alles da, wenn man nur gucken kann? Kann man doch gleich zu Hause bleiben und fernsehen.

Hinten ging es eine Treppe höher in die zweite Etage. Aber erst sollten wir uns auf die Stufen setzen, und die Furunkel wollte uns erzählen, warum das Zeughaus Zeughaus hieß.

»Weil da lauter blödes Zeug drin aufbewahrt wird!«, rief Patrick –

Glaubstes? Frau Funkel hat genickt. »Das war die Waffenkammer der Stadt Köln«, sagte sie. Weil Waffen ja nun wirklich nichts Schönes wären – das sah Patrick anders –, und zweitens wären das auch minderwertige Waffen gewesen, die man hier aufbewahrte. Die reichen

Bürger hätten eigene Rüstungen und Schwerter und Pistolen gehabt.

Zum Glück gab's um die Ecke in einem Raum ein paar richtig tolle Rüstungen: Ein Pferd mit Panzer, oben drauf ein Reiter, daneben zwei Ritter, die in einer Art Ganzkörperkondom aus Metall steckten, sogar das Gesicht mit Wesir und so. Nur keine Schwerter und Lanzen. Ich hätte zu gerne gewusst, ob jemand in den Rüstungen steckte, aber als ich näher ging – war ja klar! – »Nicht anfassen!«, rief die Funkel.

In der zweiten Etage gab's Dampfmaschinen und so ein Zeug, was wieder keiner wissen wollte, aber auch einen Film über Köln vor 100 Jahren. Da sollten wir uns alle hinsetzen und gucken.

Wir haben sofort die Biege gemacht und sind eine Etage tiefer geschlichen zu den Rüstungen. Wir waren ganz leise. Einen der Ritter flachgelegt und auseinandergenommen – nix drin. Gerade wollten wir anfangen, Patrick die Rüstung anzulegen, da kommt die Funkel um die Ecke. Als sie uns sieht, wird sie erst rot, dann weiß, dann fasst sie sich ans Herz, dann röchelt sie, verdreht die Augen, kippt um. Da lag sie.

Wir waren völlig geflasht.

Kara flüsterte als Erste: »Scheiße! Jenny, fass mal an! Ich trau mich nicht.«

Seit Tagen hatte ich nur gehört, ich dürfte nichts anfassen, und ausgerechnet jetzt.

Patrick und Justin beugten sich über Frau Funkel, fühlten den Puls, schüttelten den Kopf. Patrick hielt ihr sicherheitshalber die Nase zu. Nichts. Da lag die liebe kleine Frau Funkel neben der Rüstung am Boden und war mausetot.

Irgendwie hätte es ziemlich scheiße ausgesehen, wenn man uns so gefunden hätte.

Zehn Minuten später stand der Ritter wieder genauso wie vorher, und wir schlichen uns nach oben zu der Klasse. Die guckte immer noch den Film. Die Hälfte war eingeschlafen. Keiner achtete auf uns.

Am Ende von dem Film fiel auf, dass Frau Funkel verschwunden war.

Da sind wir wieder allein nach Hause gegangen.

Aber irgendwie hat es sich ziemlich mies angefühlt.

Am fünften Tag kam der Schulleiter in unsere Klasse. Stellte sich vor die Schüler, räusperte sich. Wir waren ziemlich schnell ziemlich still.

Ich hab zu Kara geschielt. Kara krächzte: »Kacke!«

Aber der Döring wollte gar nicht auf den Putz hauen, sondern Klinken putzen. Es täte ihm so leid, sagte er. Eigentlich stünde für heute ein Besuch des Museum Ludwig 83 auf dem Plan. Da gäbe es im Moment so eine tolle Ausstellung von einem Künstler, der lebensecht wirkende Figuren aus Kunstharz machte. Maurizio Cattelan wär sein Name.

Ich weiß nicht, warum ich an der Stelle anfing zu kichern und überhaupt nicht mehr aufhören konnte. Ich stellte mir den Döring als lebensechte Puppe vor. In Harz gegossen! Natürlich habe ich keinen Ton herausgebracht. Aber Kara, Patrick und Justin haben mich gleich verstanden. Wetten das? Die haben losgeprustet, und die ganze Klasse hat mitgegeiert, obwohl sie nichts verstanden hat, und am Ende hat der Döring auch gelacht, und das war am allerkomischsten, ich hab mir bald in die Hose gemacht.

Ich weiß, das ist alles gar nicht lustig. Wir hatten das auch gar nicht gewollt. Alles, was passiert ist, war irgendwie Notwehr.

Zumindest *das* hat es gebracht: Wir sind am Freitag in der Schule geblieben. Es gab keinen Lehrer mehr, der mitgegangen wäre.

Stattdessen haben wir einen Film geguckt. Mary Poppins.

Reichlich albern. Das Einzige, was ich an dem Film ziemlich cool fand: wie die Kinder mit Mary Poppins und dem Straßenmaler in das Bild gestiegen sind. Nathalie hat erzählt, dass es in Köln ein Museum gibt, das Wallraf-Richartz heißt **57**. Da hängen jede Menge Bilder. Wenn wir *da* mal hingehen, probier ich das aus. Falls was schiefgeht, kann man ja zur Not jemanden in einem Bild verschwinden lassen.

Ich glaub, wer *das* hinkriegt, der ist richtig *gebildet*!

78 Römisch-Germanisches Museum

Das Römisch-Germanische Museum am Roncalliplatz 4 in 50667 Köln steht an der Südseite des Doms **109**. 1946 ging es aus der Römischen und Germanischen Abteilung des Wallraf-Richartz-Museums hervor. Es ist gleichzeitig Forschungsstätte, Amt für Archäologische Bodendenkmalpflege und Archäologisches Archiv der Stadt Köln. Der 1974 eröffnete Bau steht auf den Mauern einer 1941 im Zuge von Aushebungsarbeiten für einen Luftschutzbunker entdeckten römischen Stadtvilla mit dem weltberühmten Dionysos-Mosaik. Er wurde als »Schaufenster in die Römerzeit« konzipiert und bietet von außen Einblick auf den Boden des ehemaligen Speisesaals der Römervilla, die mit einem aus dem dritten Jahrhundert stammenden und eine Million Mosaiksteinchen umfassenden Bodenmosaik gestaltet wurde, das dem römischen Gott des Weins und der Freude, Dionysos oder Bacchus gewidmet ist. Die Ausstellung ist nach Themen gruppiert: Alltagsleben, Siedlungsgeschichte, öffentliches Leben und Wirtschaft. Unter den Exponaten sind einzigartige Kunstwerke von unschätzbarem Wert zu bewundern, etwa das prunkvolle mehrfarbige Diatretglas, ein glockenförmiges, doppelwandiges Gefäß, dessen Körper von einem durchbrochenen Glasnetz umfangen wird.

79 **Kunst im öffentlichen Raum, hier:** »**Ruhender Verkehr**«

Die Plastik »Ruhender Verkehr« am Hohenzollernring wurde 1969 von dem Maler, Bildhauer und Aktionskünstler Wolf Vostell (1932–1998) geschaffen. Dazu betonierte er einen fahrtüchtigen Opel, dessen Konturen grob erhalten blieben.

Der Künstler Thomas Baumgärtel, geb. 1960, ist auch unter dem Namen »Bananensprayer« bekannt geworden. Seine knallgelben aufgesprühten Bananen markieren etwa 4.000 Kunstmuseen, Galerien und Kunstwerke in deutschen und internationalen Städten. Für ihn sind die Grafitti ein subversiver Spaß, der Kunstfreiheit ausdrücken soll, die Bananen-Sinngebung überlässt er dem Betrachter.

Köln ist voll von Kunstwerken im öffentlichen Raum, für die die beiden erwähnten Beispiele, aber auch viele in weiteren Anmerkungen genannte stehen. Nicht alle sind mit amtlicher Genehmigung dort hingekommen, wo sie sind. Viele verschwinden aufgrund von Verwitterung, Klau oder Vandalismus. Neben den zahlreichen Exponaten der vergangenen Jahrhunderte seien hier als ein aktuelleres Beispiel die Fassadenmalereien des internationalen Urban Art Festivals CityLeaks 01 hervorgehoben, anlässlich dessen 2011 weltweite Größen der Streetart-Szene ihre Spuren in Köln hinterlassen haben.

80 **Schokoladenmuseum**

Das weltweit einzigartige Schokoladenmuseum ist ein äußerst beliebter Touristenmagnet. Schon archi-

tektonisch ist es ein ausgesprochener Hingucker an
der Pforte des Rheinauhafens in Sichtweite des Kölner Doms 109 direkt am Rhein. In seiner Formgebung einem Schiff aus Glas und Metall nachempfun-
den, verbindet es historische Bausubstanz des alten
Hafens mit moderner Gestaltung. Im Inneren präsentiert es anschaulich den Weg der Schokoladenpro-
duktion von der Kakaobohne bis zum Endverbrau-
cher anhand vieler interaktiver Stationen, Medien,
historischer Ausstellungsstücke, eines begehbaren
Tropenhauses bis hin zu einer Miniaturproduktions-
anlage. Das beliebteste Objekt ist aber der Schoko-
ladenbrunnen, an dem der Besucher eine in flüssige
Schokolade getauchte Waffel verkosten darf.
Initiator und Stifter des Museums war der Inhaber der
Kölner Stollwerck AG, Hans Imhoff (1922–2007).
Heute wird das Museum von der Schokoladenmuseum Köln AG betrieben. Neuer Partner in der Pro-
duktionsausstellung ist seit 2006 der Schweizer Scho-
koladenhersteller Lindt & Sprüngli.

81 **Deutsches Sport- und Olympiamuseum**
Südlich hinter dem Schokoladenmuseum befindet
sich das Deutsche Sport- und Olympiamuseum,
betrieben von einer Stiftung gleichen Namens.
Hauptgeldgeber sind das Land NRW und der Deutsche Olympische Sportbund. In einer denkmalgeschützten ehemaligen Zoll- und Lagerhalle des
Rheinauhafens kann der Besucher auf 2.000 Quad-
ratmetern Ausstellungs- und Aktionsfläche in zwei
Etagen sportartenübergreifend und aspektorientiert

ca. 125.000 Objekte des nationalen, internationalen und olympischen Sports besichtigen und (inter-) aktiv erfahren. Besonders spektakulär sind zwei Sportplätze auf dem Dach des Hauses, auf denen man Fußball, Tennis oder Basketball spielen kann – mit Blick auf den Kölner Dom, die Kranhäuser des Rheinauhafens und die Severinsbrücke.

82 **Museum für Angewandte Kunst Köln, kurz MAKK**
Das ursprüngliche Kunstgewerbemuseum Köln, seit 1987 Museum für Angewandte Kunst Köln, zeigt vor allem Gebrauchsgegenstände wie Schmuck, Porzellan, Waffen, Möbel, aber auch architektonische Exponate. Es befindet sich in dem ehemaligen Wallraf-Richartz-Museum, An der Rechtschule in 50667 Köln, von dem es auch einen Teil der Sammlung übernommen hat. Vor seiner Front stehen nach wie vor die Statuen der beiden Stifter Ferdinand Franz Wallraf und Johann Heinrich Richartz. Das Gebäude empfindet in seinem Grundriss und in der gestalterischen Schlichtheit einem ehemaligen Minoritenkloster nach, das an gleicher Stelle gestanden hatte. Die vier Gebäudeflügel umschließen einen Innenhof, eine Oase der Ruhe in unmittelbarer Nähe der belebten Einkaufsstraße Schildergasse.
Die Sammlung des Hauses ist in Deutschland einzigartig und international renommiert. In einem chronologisch angeordneten Rundgang machen Gebrauchs-Zeugnisse aus unterschiedlichen Epochen das Leben unserer Vorfahren anschaulich, vorzugsweise natürlich der oberen Zehntausend. Hin-

sichtlich der Moderne gibt es Schlüsselwerke des Designs zu bewundern, die in der Gegenüberstellung mit Gemälden zeitgenössischer Künstler dialogisch wirkungsvoll präsentiert werden.

83 Museum Ludwig

An der Nord-Ost-Seite des Doms befindet sich das Museum Ludwig, das in seinem Ursprung auf die Expressionismus-Sammlung des Kölner Bürgers Josef Haubrich zurückzuführen ist, dank einer Spende des Sammler- und Mäzenatenehepaars Peter und Irene Ludwig 1976 als eigenständiges Museum aus dem Wallraf-Richartz-Museum hervorging und 1986 schließlich auch einen eigenen Neubau beziehen konnte. Das Ehepaar Ludwig stellte dabei nicht nur erhebliche Summen für den Bau zur Verfügung, sondern übereignete der Stadt bedeutende Werke der Pop-Art, der russischen Avantgarde, von Pablo Picasso und eine fotografische Sammlung. Im Gegensatz zum Wallraf-Richartz-Museum 57 zeigt das Museum Ludwig also Kunst der Moderne, ergänzt um weitere Spenden und Anschaffungen, etwa der europaweit größten Sammlung an Editionen von Sigmar Polke und Gemälden von Ernst Ludwig Kirchner. Regelmäßige Ausstellungen zu wichtigen kunsthistorischen Themen und Gegenwarts-Künstlern finden überregionale Beachtung, so auch eine Ausstellung der lebensnahen Kunstharz-Skulpturen des italienischen Künstlers Maurizio Catellan im Jahr 2003, der auf witzige und oft politisch provokante Weise Menschen, Tiere und Gegenstände surreal arrangiert. 2015 wurde mit dem neuen Direktor Yilmaz Dzewior die komplette Sammlung konsequent chronologisch von oben nach unten neu geordnet, um eine bessere Orientierung zu ermöglichen.

NULL BOCK-STIMMUNG

»Was heißt denn hier Mord?«, meint Gustl und zündet sich die nächste Zigarette an. Die fünfte innerhalb der letzten halben Stunde, den Stummeln nach zu urteilen, die sich zu unseren Füßen sammeln. »Im Grunde ist es doch ein Unfall gewesen.«

»Klar.« Ich nicke. »Was hältst du von Entführung, Raub? Erpressung werden sie uns mit Sicherheit auch anhängen. Da ist die Leiche nur ein Kollateralschaden.«

Willy sagt nichts. Er glotzt uns vorwurfsvoll an.

»Carola wird uns killen«, sage ich.

Da wird Gustl böse. »Ohne sie wäre das nie passiert!«

Aber es hilft nicht. Willy Birgel ist tot. Und wir haben ein Problem.

Gustl legt den Kopf in den Nacken, lässt Rauch in einem Kringel entweichen, schickt einen zweiten, kleineren hinterher, der durch den ersten hindurchschlüpft und sich gräulich wabernd auflöst. »Tschüss, Willy«, brummt er. »Nach dieser Schlappe kriegste 'n Heiligenscheinchen.«

Geräuschvoll zieht er Rotz hoch und spuckt ihn dicht vor die Gitterstäbe. Flucht: »Bekloppte!«

Ich zucke die Achseln. »Fußball, Gustl. Es hat nichts mit Verstand zu tun.«

»Die werden uns erst recht killen«, verkündet er düster.

Wenn man es recht bedenkt, steht es tatsächlich nicht gut um unsere Überlebenschancen.

Warum nur sind wir nicht mit den anderen über den großen Teich geschippert?

Zuletzt war einfach alles schiefgelaufen. Ein Virus hatte die Truppe drastisch dezimiert. Als Carola jemanden suchte, der die Stellung hielt und die Verpflegung derer übernahm, die für die anstrengende Überfahrt nicht kräftig genug waren, hatten wir gedacht, wir nutzen die Gelegenheit und bauen mit Zarah Leander eine neue Mannschaft auf. Wir brauchten ein neues Programm, gute Ballartisten, Training und vor allem eine Auszeit.

»Und wenn wir einfach nach Amerika durchbrennen? Noch heute Nacht?«

»Wovon sollen wir die Überfahrt bezahlen? Was erzählen wir Carola? Und was ist mit Zarah und den Mädels? Mit der Begum?«

»Die nehmen wir mit. Einen Teil zumindest. – Du hast ja recht!« Das Letzte schreit er in Richtung Willy, den das im Totsein ziemlich kalt lässt.

Gustl und ich waren seit der Flucht aus Prag, seit Kriegsende, dabei gewesen, gehörten also quasi zum Inventar. Wir hatten schon die Aachener Straße mitgemacht, das erste Kölner Quartier 1946. Damals lag alles in Trümmern, und Carola war die Königin von Köln. Sie hatte der Stadt 1947 die damals größte Mehrzweckhalle beschert. 2.500 Leute gingen in den Williamsbau rein, da fanden die ersten Karnevalssitzungen nach dem Krieg statt. Ja, Carola konnte Stroh zu Gold machen. Oder vielmehr Mist. Elefantenmist. In den Anfangsjahren lief viel über Tauschhandel. Ziegelsteine gegen Dünger.

Zeitgleich hat sie mit den Düsseldorfern was angefangen. Die durften an der Erkrather Straße im warmen Zelt ihre erste Karnevalssitzung feiern. In Hinsicht auf Düsseldorf verstehen die Kölner keinen Spaß. Die halten sich selbst für die größten Clowns auf Erden und auf jeden Fall für um Längen lustiger als die dusseligen Düsseldorfer. Dabei ist ihr Humor genauso drittklassig wie ihr Fußball. Damit die Kölner wissen, wann etwas zum Lachen ist, haben sie extra das Tätä-Tätä-Tätä bei den Karnevalssitzungen eingeführt. Das haben die sich bei den Zirkussen abgeguckt. Nur markiert es *da* das Ende der Nummer. In Köln markiert es die Pointe bei den Büttenreden **84**. Da weiß man, wann es witzig sein soll.

Nein, sie werden es überhaupt nicht lustig finden, dass wir Willy um die Ecke gebracht haben. Wer schon aus einem UFA-Helden ein *Hänneschen* macht **20**!

Willy Birgel war Ende des letzten Jahrhunderts in Köln geboren, ehe die Universum Film AG ihn zum Weltstar beförderte. Aber für die hiesigen Einheimischen geht ja nichts über ihr Provinz-Stockpuppen-Kasperletheater!

»Wir müssen ihn zurückbringen«, sage ich schließlich.

Gustl ist sofort einverstanden. Hätte ich vorgeschlagen, das Problem mit Willy der Begum zu überlassen, wäre es ihm vermutlich genauso recht gewesen. Hauptsache, es passierte endlich etwas. Dabei ist er gar nicht so. Im Gegenteil. Er ist ein schlichtes, aber reines Gemüt. Aber er hat jetzt schlicht keinen Bock mehr. Wie sehr er Willy ins Herz geschlossen hatte, ist mir heute Abend erst bewusst geworden. Gefühle helfen aber im Moment nicht weiter.

Die Begum ist in der Hinsicht weniger sentimental. Sie hat Willys letzter Schnaufer kalt gelassen. Obwohl sie ihm durchaus zugetan war. Der Kölner würde sagen: »Wat fott es, es fott.« – Was fort ist, ist fort.« Das trifft ihr Temperament vielleicht am ehesten.

Zarah und die anderen haben nichts mitgekriegt, sie ruhen in Morpheus' Armen. Ein günstiger Zeitpunkt. Wenn wir jetzt gleich aufbrechen, sind wir zurück, bevor sie wach werden. Wir haben eine verdammte Strecke vor uns. Aber die Nacht ist noch jung.

Gustl watschelt in Richtung Schuppen, wo der Handkarren steht. Schon komisch, dass er sich selbst in so einem Moment bewegt wie auf der Bühne. Wenn er die Schuppentür gleich aufreißt, wird er sich wahrscheinlich verbeugen.

Aber Gustl ist so fertig, dass er seinen Auftritt verpatzt. Als der Wagen über die Schwelle ruckelt, rutscht er auf dem Mist aus und schlägt der Länge nach hin. Der Narr gibt die Niete. Der August den Pierrot.

Gustls Mutter war Garderobiere, sein Vater Kartenabreißer gewesen. Zusammen wollten sie partout, dass ihr Sohn etwas Besseres würde. Da sie selbst nichts Besseres dazu beitragen konnten, schickten sie ihn zu mir, und wir beide hatten uns gesucht und gefunden. Held und Hanswurst. Oder wie das Programm es ausdrückt: Spott und Spiele.

In Italien schlossen wir uns den Williams an. Zum Kriegsende, auf der Flucht in Richtung Westen, sind wir an der Orla auf Anny gestoßen. Das war die Keimzelle unserer Truppe. Ich fand den Namen ganz passend. Anny Ondra war Hitchcocks erste Blondine. Bald darauf heiratete sie Max Schmeling.

In den Aufbaujahren war Anny unser Star. Dabei war sie, als unsere Wege sich kreuzten, völlig am Ende gewesen. Ihr Haar ohne Glanz, die Rippen traten hervor, ihr Gang ähnelte Gustls, aber sie schien aus gutem Stall zu kommen, ein vielversprechendes Talent. Das hat sie in den Folgejahren unter Beweis gestellt. Die Welt lag ihr zu Füßen.

Ich helfe Gustl auf selbige. Wir hieven Willy auf den Karren. Dann suche und finde ich eine Plane, mit der ich ihn aus Gründen der Pietät abdecke, bevor Gustl kübelweise Mist darüber kippt, dass es aussieht, als wollten wir uns mit dem Wagen auf den Weg zu unserer Scholle machen.

Aber wem sollten wir auch schon mitten in der Nacht begegnen?

Kurz vor der Deutzer Brücke **85** wissen wir es.

Zwei Streifenbeamte in Zivil schlendern uns entgegen. Dass sie es sind, offenbart sich, als der eine Gustl ein Kärtchen unter die Nase hält.

»Wohin des Wegs, ihr Wandersleut?«, fragt er leutselig.

»Zum Judenkirchhofsweg **86**«, sage ich schnell, bevor Gustl etwas erwidern kann. »Kürbisse düngen.«

Gustl guckt so überrascht, dass ich nur hoffen kann, unsere Freunde und Helfer schenken ihm keine Aufmerksamkeit. Tun sie auch nicht. Sie stochern im Mist. Der zweite zumindest. Nachdem er seinen gespitzten Zeigefinger hineingesteckt und wieder herausgezogen hat, schnüffelt er, verzieht das Gesicht und sagt: »Verduftet bloß.«

»Kürbisse am Judenkirchhofsweg?«, zischt Gustl, als die beiden in sicherer Entfernung sind.

»Schrebergartenkolonie«, gebe ich zurück, während ich mit der Steigung auf der Brückenzufahrt kämpfe. »Drüben gehen wir am besten über den Friedhof.«

»Du willst Willy verbuddeln? Ich dachte, wir bringen ihn zurück!«

»Er liegt auf unserer Route. Da fallen wir weniger auf als auf der Hohen Straße 87 .«

Eine Weile schweigen wir vor uns hin. Wir bewegen uns auf die Altstadt-Kulisse 88 zu, rechts vor uns Groß Sankt Martin 89 , am Ende der Brücke der Heumarkt 90 mit Wilhelm III. 91 .

Gustl hat ausgegrübelt und schreit: »Gladbach!«

»Wer sonst?« Man muss ihm wirklich zugutehalten, dass er unter Schock steht. Anders kann ich mir die lange Leitung nicht erklären. Gladbach ist mein erster Gedanke gewesen. Logisch. Die Gladbacher sind in Köln alles andere als beliebt. Und umgekehrt natürlich. Die neue Amtszeit hatte für den 1. FC mit einer Niederlage begonnen. Heimspiel gegen Gladbach. Von da an hatten sie konsequent gegen die Borussen verloren. Bis zum DFB-Viertelfinale im Bökelberg-Stadion am 5. August in der Verlängerung, als Hennes Löhr, Werner Biskup und Matthias Hemmersbach das Duell gegen Berti Vogts und Ludwig Müller gewannen. Seitdem denken die Kölner allen Ernstes, sie könnten an die Erfolge von '62 und '64 anknüpfen. *Deutsche Meister*! Lächerlich! Aber ausgerechnet jetzt mussten wir ihren Spielmacher um die Ecke bringen. Passender konnten wir es gar nicht deichseln.

Als wir in Höhe des Hahnentors 92 angekommen sind, rollt ein grüner VW-Käfer mit Rundumkennleuchte langsam neben uns her. Der Bulle auf dem Beifahrersitz kurbelt das Fenster runter. Was ist bloß los im *hillije* Köln, dass es von Polypen nur so wimmelt nachts? Klar, linksrheinisch ist das Bundesamt für Verfassungsschutz angesiedelt. Und die Uni. Eine *unhillije* Allianz. Seit den Frankfurter Kaufhausbränden und der Mai-Offensive gegen die US-Armee wittern die überall Warnzeichen des Werteverfalls. Zumal Gustl lange Haare hat. Normalerweise trägt er Zopf, aber vor unserem Aufbruch hat er sich nicht mehr frisieren können. Sein schleppender Gang wird den Verdacht nahelegen, dass er tüchtig geraucht hat. Hat er ja auch. Ernte 23.

»He, ihr Clowns, wohin des Wegs?«, fragt der Ordnungshüter.

»Melaten 93 «, gebe ich einsilbig Auskunft. Auch wenn mein bester Freund ein Clown ist – so ein blöder Bulle sollte seinen Babbel besser nicht zu weit aufreißen.

Er setzt noch eins drauf. »Leichen verbuddeln?«

Da brennt mir die Sicherung durch. *Wenn* einer Leichen im Keller hat, dann die sogenannten Staatsschützer. Man munkelt, dass der derzeitige oberste Verfassungshüter, Hubert Schrübbers, keine ganz kleine Rolle in der NS-Justiz gespielt hat.

Ich sage: »Wir haben den Andreas Bader kaltgestellt. Jetzt wird er kompostiert.«

»Bist du bekloppt?«, zischt Gustl.

Aber der Streifenwagenbeamte ist in Sachen Humor erwartungsgemäß genügsam. So leicht kann man denen eine Freude machen. Bader verbuddeln. Die uniformierte Ulknudel giggelt: »Ihr kommt aus Berlin? *Deswegen* mieft der Karren so! Und wir wundern uns, wo die rote Socke steckt. Dann seht mal zu, dass ihr den Dreck loswerdet.«

Wir betreten den Melatenfriedhof durch den unauffälligen Nebeneingang in der Piusstraße. Willy Birgel kriegt ein würdiges Geleit über die Millionenallee 94 .

Gustl schlägt eine Zigarettenpause auf der steinernen Bank vor dem Rautenstrauch-Grabmal 95 vor. Den Karren lassen wir mitten auf dem Weg stehen. Gustl ist ausgehungert nach Nervennahrung, steckt sich gleich die zweite Züchte an der ersten an. Der Mond taucht hinter einer Wolke auf. In der Ferne kläfft ein Köter. Ich lehne den Kopf an Gustls Schulter, schließe für einen Moment die Augen, gleite in einen Minutenschlaf, der alle Erdenschwere von meinen Schultern nimmt, fühle mich leicht und frei, hebe von der steinernen Bank ab, fliege über die Gräber, über die Stadt, dahin, wo der Hund sein muss – und reiße die Augen auf: Das Bellen ist ohrenbetäubend nah. Etwas Riesiges, Schwarzes fliegt über den Kies, ein dumpfer Rumms – der Wagen neigt sich, fällt auf die Seite. Mist, Plane, Willy rutschen gen Boden. Herr Birgel kippt auf die Seite, ein totenstarres Bein in die Höhe gereckt, als wollte er Wasser lassen. In seinem Intimbereich schnüffelt ein riesiger schwarzer Hund.

In zwei Sätzen sind wir am Umfallort, richten mit vereinten Kräften den Karren auf, packen Willy an Schultern und Beinen, aber ehe wir ihn mit Schwung auf die Holzplanken befördern können, hören wir eine Stimme hinter uns: »Hätt ihr Hilfe nödich?« – Und fahren herum.

Ein nächtlicher Spaziergänger? Ein Penner? Der Mann trägt einen weiten Mantel mit riesigen Taschen, rechts lugt eine Lambrusco-Flasche heraus. Steht da, breitbeinig, bärtig, stiert bass erstaunt auf den leblosen Körper. Ich erwäge spontan, was ich ihm über den Schädel ziehen könnte. Das bisschen Kies zu unseren Füßen taugt nichts. Den nächsten Grabstein aus der Erde zu stemmen, kostet Zeit, die ich nicht habe. Also bleibe ich schockstarr stehen, bis eine schwarze Nase sich schnobernd meinem Unterleib nähert. Vermutlich hält der Köter mich für eine weitere Leiche. »Leg ab!«, fauche ich ihn an. Er gehorcht, und der Mann guckt überrascht auf den Hund, dann auf mich. Sein Gesicht verzieht sich zu einem Grinsen. »Chapeau«, brummt er. Es bleibt unklar, ob das auf das Tier zu meinen Füßen oder den Toten bezogen ist. Sein Daumen weist auf Willy. »Wat hätt ihr dem denn övver d'r Kopp jezogen?«

»Ein Unfall«, krächzt es neben mir. Ammoniakgeruch breitet sich aus. Der Blick des Mannes wandert zu dem Fleck auf Gustls Hose, der schnell größer wird. »Kammer su nenne«, sagt er, und diesmal klingt es eher mitleidig. »Wat bess du dann für ene Bangendresser, Jüngelche?« Er zückt die Flasche: »Drinkt ihr ene met 96 ?«

Wir gucken einander an, ihn, nicken synchron. Bringen immer noch kein Wort heraus. Er tippt sich mit der Flasche an die Brust, sagt: »Hennes.«

»August«, stammelt Gustl.

»Siegfried«, ergänze ich.

Die Flasche kreist, der edle Tropfen löst unsere Zungen. Wir erzählen einem Wildfremden, der zudem noch Hennes heißt, wie es dazu gekommen ist, dass unser Entführungsopfer nicht mehr unter den Lebenden weilt, und wohin wir unterwegs sind.

Er grunzt grimmig: »Bie de Bagaasch 96 do han ich och noch jet joot.«

Auch wenn wir des Kölschen kaum mächtig sind, scheint klar: Er ist kein Anhänger unseres Angstgegners. Warum er das nicht ist, erzählt er uns im Folgenden brühwarm, lässt das Leid nur so über die Lippen strömen – der

Gegenverkehr in Form von Rotwein scheint den Redefluss zu befördern. Wir sind ganz Ohr. Solange er redet, zeigt er uns nicht an. Außerdem wollen wir kein zweites Mal in dieser Nacht Blut an unseren Händen kleben haben.

Anfang der 50er habe er für den 1. FC Köln gespielt, offenbart er uns. Zwischen '51 und '54 sogar sechsmal in der Nationalmannschaft. 1954 sei er mit in Bern gewesen, bei der Weltmeisterschaft, aber Sepp Herberger habe ihn im entscheidenden Moment nicht eingesetzt. Ihn. Johannes Möbius. Der sein Leben lang kein anderes Ziel vor Augen gehabt, kurz darauf mit einem Kreuzbandriss seine Karriere habe beenden müssen und in der Bedeutungslosigkeit versunken sei. Keiner interessiere sich für die, die die Chance ihres Lebens verpasst hätten. Wenn es so schön heiße: »Elf Freunde sollt ihr sein«, bedeute das doch in aller Deutlichkeit: Ersatzspieler bleiben außen vor. Zu jener legendären Karnevalssitzung im Williamsbau, 13. Februar 1950, hätten sie ihn das letzte Mal eingeladen. Wo diese Zirkusziege –

»Carola«, grollt Gustl und zermalmt die heruntergerauchte Zigarette mit der Ferse im Kies. Ein richtiges Loch macht er. Als wollte er die Chefin gleich mit auslöschen.

Johannes Möbius, der sich uns als Hennes vorgestellt hat, fährt fort mit seiner Geschichte, die wir an dem Punkt nur allzu gut kennen.

Einen Geißbock als Maskottchen **97**! Damit konnte man sich doch nur lächerlich machen. Das Vieh habe in seiner Verstörtheit den Trainer angepinkelt.

Aber das kann Gustl nicht auf Hans Albers sitzen lassen. Jetzt ist er so richtig angepisst. »Der Hans, der hat so was nicht getan«, schnaubt er.

»Hennes«, korrigiert Hennes und verdreht die Augen: »Minge Nome!«

»Weißweilers«, korrigiere ich. Aber das will er nicht gelten lassen, der Name gehöre ihm mindestens genauso gut wie Weißweilers Hennes, und er fühle sich höchstpersönlich beleidigt, wenn so ein pissender Geißbock …

»Hans Albers war mein bester Stürmer«, schreit Gustl. »Und ich war schließlich dabei. Er hat den blöden Weißweiler nicht angepisst.«

Einen Moment sieht es so aus, als wollten die beiden aufeinander losgehen. Aber der blöde Weißweiler scheint Hennes Möbius zu gefallen.

»Wieso eigentlich Hans Albers?«, fragt er, und ich erzähle von unserer zauberhaften Ziegentruppe. Von dem dummen August, der sie jonglieren, tanzen und Fußball spielen lässt. Von mir und den Tigern. Die mit den Ziegen Fußball spielen. Vielmehr nicht mit, sondern gegen sie.

Die Nummer ist wirklich sensationell. Wie virtuos die Zicken die Bälle an den trägen Tigern vorbei ins Tor dribbeln. Dabei ist es alles andere als leicht, die Tiere dazu zu bringen, miteinander in die Manege zu steigen. Wir sind weltweit die Einzigen, die es geschafft haben. Die diese Nummer überhaupt erst entwickelt haben.

Hans Albers war noch sehr jung damals, aber durchaus vielversprechend. Wenn Gustl ihn seinen besten Stürmer nennt, war das eher in die Zukunft gedacht. Es hätte einer aus ihm werden können. Wenn man ihn nicht den Kölnern überlassen hätte. Und wer kann Gustls Wut besser verstehen als ich? Einmal hat Carola dem Prager Zoo einen frisch geworfenen Tiger aus einem Wurf der Begum geschenkt – wie gesagt, sie hatte es drauf mit dem Maggeln.

Unser Nachwuchs war *ihr* Unterpfand. Auftrittsmöglichkeiten hier, Quartiersplätze dort. Ohne Auftritte keine Einnahmen. Gezahlt wurde in Naturalien – auf beiden Seiten. Jahrelang hat sie Briketts statt Eintritt gefordert. Es war das Kostbarste, was man damals kriegen konnte.

»Jeder muss mal ein Opfer bringen«, hat sie immer gesagt. Aber dann sollte es nach dem Tod des ersten Hennes schon wieder Gustls Truppe treffen. Klar konnte der sich nicht wehren. Aber er brauchte seine Böcke doch. Was sollte er am Ende mit einer reinen Damenriege machen?

Na, die haben sich gefreut, als wir uns den Willy ausliehen. Für eine Nacht nur. Er wurde sehnsüchtig erwartet. Zarah vorneweg. Der ganze Harem, eine nach der anderen hat ihn rangelassen. Wenn das kein schönes Ende war.

Nur die Begum hat ihn nicht mehr erkannt.

Im Morgengrauen erreichen wir zu dritt – nein, fünf – das Geißbockheim **98**. Als wir uns davonschleichen, sind wir drei Männer und ein Hund. Willy Birgels sterbliche Überreste liegen in seinem Gehege.

Anderntags steht es im ›Express‹: ›Tot! Tot! Tot! Tot! Das Spiel ist aus!‹ Das Maskottchen des 1. FC Köln, Hennes II., dessen Name im wahren Leben Willy Birgel lautete, wie sein Vorgänger Hennes I. in Wirklichkeit Hans Albers hieß, soll einem heimtückischen Anschlag zum Opfer gefallen sein.

Günter Neumann, der Geißbock-Betreuer, wiegelt ab. Er vermute einen Unfall. Habe er doch in den frühen Morgenstunden einen großen schwarzen Hund in der Nähe des Geheges beobachtet. Der habe das Tier womöglich totgebissen. Verletzungen am Kopf deuteten darauf hin.

Die Kölner Fußball-Fans wissen, dass das eine Mär ist, ausgedacht, um weitere Morde zu verhindern. *Sie* kennen den Mörder: Mönchengladbach.

Die Begum ist sich keiner Schuld bewusst. Der Prankenhieb war nicht böse gemeint. Sie hat Willy einfach nicht mehr erkannt.

Ihr Gutes hat die Aktion dennoch: Sobald die Mädels geworfen haben, können wir das Training endlich wieder aufnehmen.

84 Karnevalssitzungen / Büttenredner

Mit dem 11.11. um 11.11 Uhr startet im Rheinland die sogenannte fünfte Jahreszeit **13**. Bis zum Wieverfastelovend (Weiberfastnacht) findet die Kölner Karnevalssession in Form von Sitzungen (lat. sessio = Sitzung von sedere = sitzen) statt. Terminierung und Länge der Karnevalstage sind abhängig vom Datum des Aschermittwochs, der nach der Osterformel des beweglichen Osterfestes berechnet wird: Er ist der 46. Tag vor Ostersonntag. Die Sitzungen werden von den Karnevalsvereinen oder Gemeinden veranstaltet und von einem Sitzungspräsidenten geleitet, der als eine Art Conférencier die Moderation übernimmt. Bei der Planung steht ihm der sogenannte »Literat« zur Seite, ein unabhängiger Intellektueller, Mitglied des Vereins mit Kenntnissen der Kulturszene. Während der Sitzung thront der Präsident in der Mitte des »Elferrats«, der sich aus zehn weiteren Mitgliedern zusammensetzt, die, eher einheitlich-formell gekleidet und mit Narrenkappen in Schiffchenform versehen, in der Regel etwas oberhalb im Hintergrund der Bühne aufgereiht sitzen.

Das Sitzungspublikum erscheint verkleidet, sitzt an langen Tischen im Saal, trinkt Kölsch, jubelt, schunkelt und beantwortet die dreifache Aufforderung des Sitzungspräsidenten, jemanden hochleben zu lassen, mit dem Ruf »Alaaf!« Je nach Art der Sitzung wird ein unterschiedliches Publikum

angesprochen: Kinder, Senioren, Frauen (»Damen-
sitzung«), Herren, Homosexuelle (»Rosa Sitzung«),
Alternative (»Stunksitzung«, »Fatal Banal«, 105)
etc. Gerade im Kölner Raum sind die Sitzungen
wie die Karnevalstage ein großer Wirtschaftsfak-
tor. Die »Lachende Kölnarena« besuchen etwa
10.000 Jecken, sie findet etwa zwölfmal pro Session statt. In der gesamten Karnevalszeit werden
an die 500 Millionen Euro umgesetzt, die sich zu
ungefähr gleichen Teilen auf den Sitzungskarne-
val, die Umzüge und den Kneipenkarneval vertei-
len. Über 200 Millionen werden dabei durch den
Tourismus erzielt. Die großen Sitzungen werden
im Fernsehen übertragen.

Das Programm der Sitzungen ist eine bunte
Mischung aus Tanz- und Musikgruppen und Büt-
tenrednern, die in der Tradition der Hofnarren sati-
rische Reden im rheinischen Dialekt halten. Dabei
stiegen sie ursprünglich in ein leeres Fass oder einen
Bottich (»Bütt«), um wie von einer Art Kanzel zum
versammelten Volk zu sprechen. Den Auf- und
Abtritt der Büttenredner begleitet die Saalkapelle
mit einem Marsch, die Pointen seiner Rede werden
häufig von einem Tusch unterstrichen. Vor seinem
Abgang wird ihm in der Regel durch den Präsiden-
ten ein Sitzungsorden verliehen.

85 **Deutzer Brücke**

Sie verbindet die »Schäl Sick« 23 mit dem linksrheinischen Köln am Heumarkt 90 und ist ein Nachfol-
gerbau zu der ältesten Kölner Rheinüberquerungs-

möglichkeit. Ab 310 n. Chr. verband an dieser Stelle eine Holzbrücke die Colonia Claudia Ara Agrippinensium mit dem Kastell Divitia, das die Römer auf der anderen Rheinseite als Militärstützpunkt zur Abwehr der germanischen Horden errichteten. Die Konstruktion war elf Meter breit und fußte auf etwa 150 Eichenpfählen, die nach dem Verfall der Brücke ab 400 als Hindernis für den Schiffsverkehr empfunden und entfernt wurden. Die Strecke verlief über die damals noch vorhandene Rheininsel und den römischen Hafen, der in dem heutigen Areal des Alter- und Heumarkts lag. Dieser Rhein-Nebenarm ermöglichte in der Antike ein gefahrloses Anlegen außerhalb der reißenden Strömung und unterhalb der Stadtmauer, er versandete aber nach und nach und wurde schließlich aufgeschüttet und zum Marktplatz ausgebaut **5**.

Gegen Anfang des 19. Jahrhunderts entstand an der gleichen Stelle eine hölzerne Schiffbrücke, die von etwa 40 Nachen getragen wurde. Dreimal täglich wurde der Mittelteil der Brücke ausgeschwommen, um den Schiffsverkehr durchzulassen. 1915 wurde schließlich wieder eine feste Brücke in einer Kettenhängekonstruktion, die »Hindenburgbrücke«, gebaut, die am 28. Februar 1945 am helllichten Tag während Reparaturarbeiten von Kriegsschäden und gleichzeitiger Belastung durch Flüchtlingsströme und Militärfahrzeuge zusammenbrach. Die Zahl der Opfer konnte in den Nachkriegswirren nicht genau ermittelt werden. Ein Kettenglied der ehemaligen Hängebrücke ist heute als Denkmal auf dem nörd-

lichen Fußgängerüberweg der linksrheinischen Brückenseite angebracht.
Die neue Brücke wurde als weltweit erste Stahlkastenträgerbrücke bereits 1948 fertiggestellt und im »Kölner Brückengrün« gestrichen, einer Farbe, die gleich drei weitere Brückenkörper im Stadtgebiet erhielten. 1976–1980 wurde direkt neben der Deutzer Brücke eine zweite mit gleichem Profil aus Spannbeton errichtet und mit dieser verbunden. Die Hohlräume des Spannbetonkörpers werden heute gerne für Kunstinstallationen, Konzerte und Ausstellungen genutzt. Von oben auf der Brücke hat man einen grandiosen Blick über das Köln-Panorama zu beiden Seiten – inklusive der Hohenzollernbrücke 15 . Die Deutzer Bücke ist nicht nur im Köln-Marathon und bei anderen Sport-Events ein gern genutzter Streckenabschnitt, auch die Parade zum Christopher Street Day führt auf diesem Weg über den Rhein. Sämtliche Kölner Brücken sind heute in ein Alter gekommen, in dem sie umfänglich renoviert oder gleich neu gebaut weden müssten, was wohl noch einige Jahre in Anspruch nehmen wird.

86 Judenkirchhofsweg
Der Kleingärtnerverein Köln-Deutz e.V. wurde im Jahr 1917 am Judenkirchhofsweg in 50679 Köln als eine von heute etwa 100 Kölner Kleingartenanlagen gegründet. Sie ist als öffentliche Anlage in das Grün des Deutzer Stadtgartens eingebettet und dient dem stark durch Industrie geprägten Stadtteil Deutz als grüne Lunge. Wurden die Parzellen bis weit ins 20.

Jahrhundert hinein vor allem zum Gemüseanbau
genutzt, überwiegt heute der Hobby- und Erho-
lungsaspekt.

87 **Hohe Straße**
Die Kölner Hohe Straße ist eine Nord-Süd-Ver-
bindung, die bereits von den Römern als »Cardo
Maximus« (»Hauptachse«) und Heeresstraße angelegt wurde. Der innerstädtische Teil begann an dem
nördlichen Römertor, von dessen Seiteneingang eine
Kopie über der ursprünglichen Stelle vor dem heutigen Dom **109** aufgestellt ist. Südlich hinter dem Dom-
vorplatz beginnt die Hohe Straße am Wallrafplatz als
Fußgängerzone. Sie endet hinter dem Gürzenich am
Burghöfchen, während der Fußgängerbereich über
die Schildergasse weiter bis zum Neumarkt führt. Als
Einkaufsstraße ist die Hohe Straße eine der bekanntesten Adressen Europas. 2011 erreichte sie mit fast
10.000 Passanten pro Stunde Rang zehn der meist-
frequentierten Einkaufsstraßen Deutschlands.

88 **Altstadt**
Die nördliche Kölner Altstadt, die südlich neben
dem Dom **109** beginnt und sich in großem Umkreis
rund um die Kirche St. Martin **89** und das ehemalige römische Hafengelände erstreckt, ist bei Touristen sehr beliebt. Im engeren Sinne wird das Mar-
tinsviertel meist als »Kölner Altstadt« verstanden,
obwohl die eigentliche Altstadt sich bis an die ehemalige mittelalterliche Stadtmauer, die heutigen
Ringe erstreckt. Der südliche Teil beginnt jenseits

des Heumarkts 90 . Dorthin verirren sich weniger Touristen, unter Kölnern ist er dafür umso beliebter. Die Altstadt ist durch eine lebendige Kneipenkultur und zahlreiche historische Häuser, im nördlichen Teil durch viele enge Gässchen geprägt. Die Bebauung musste nach dem Zweiten Weltkrieg fast vollständig rekonstruiert werden, da die Kölner Innenstadt von alliierten Bombern praktisch dem Erdboden gleichgemacht worden war. Allerdings waren die mittelalterlich anmutenden Strukturen bereits ein Fake aus den 30er Jahren. Im Rheinviertel herrschten in den 20er Jahren katastrophale hygienische Verhältnisse, es war derart überbaut und heruntergekommen, dass die Nationalsozialisten schließlich eine grundlegende Sanierung durchsetzten, im Zuge derer der Eisenmarkt und der Ostermannplatz 94 angelegt, künstlerisch wertvolle Häuser erhalten und etwa 30 Prozent der Gebäude in historischem Stil neu errichtet wurden. In der Altstadt gibt es eine Fülle an Sehenswürdigkeiten mit je eigener Geschichte zu entdecken.

89 **Groß Sankt Martin**

Groß Sankt Martin ist die markanteste unter den romanischen Kirchen Kölns. Neben dem gotischen Dom 109 verfügt Köln über den kunsthistorisch-architektonisch weltweit einmaligen Schatz von insgesamt zwölf Kirchen romanischen Ursprungs und hat damit gute Aussichten auf die Zuerkennung eines weiteren Weltkulturerbe-Status. Die große Martinskirche prägt dabei das Rheinpanorama rheinaufwärts neben dem Dom, während die kleinere St. Kunibertskirche ein Stückchen weiter rheinabwärts steht. Daher ist insbesondere Groß St. Martin vielen Besuchern der Stadt vertraut, auch wenn sie den Namen nicht kennen mögen. Dieser verrät, dass es auch eine kleinere Martinskirche geben muss. Diese liegt ein Stückchen weiter rheinaufwärts immer noch in Sichtweite an der Verbindungsstraße zwischen Heumarkt **90** und Neumarkt, aber von ihr ist nach dem Krieg nur der Turm wieder aufgebaut worden, die Kirche Klein St. Martin gibt es nicht mehr, lediglich im Untergeschoss des Turms existiert heute eine kleine Andachtskapelle.

Wie alle Grundstücke in der Altstadt ist auch der 1150 begonnene große christliche Sakralbau zu Ehren des heiligen Martin durch römische Reste fundiert, die man nach Vereinbarung in der Krypta besichtigen kann. Dabei handelt es sich um eine ummauerte Platzanlage, die keiner anderen römischen Konstruktion diesseits der Alpen gleicht und als Rudiment eines Sportplatzes, eines Schwimmbeckens sowie eines späteren Lagerraums gedeutet wird.

Die Kirche gehörte über mehrere Jahrhunderte zum Benediktinerkloster Groß St. Martin. Ein Vorgängerbau wird schon in fränkischer Zeit (fünftes bis neuntes Jahrhundert) vermutet, ist aber nicht belegt. Der romanische Neubau ist im Laufe der Geschichte durch Brände und Stürme, später durch die Säkularisierung unter den Franzosen in Mitleidenschaft gezogen, aber immer wieder aufgebaut und umgestaltet worden. Zuletzt wurde die Kirche im Zweiten

Weltkrieg erheblich zerstört, aber schon 1948 begann man mit dem Wiederaufbau. Allerdings gab es keine Pfarrgemeinde mehr, da man die verbliebenen Mitglieder der Kölner Dom-Pfarre zugewiesen hatte. So wurde Groß St. Martin nach 200 Jahren wieder Klosterkirche. Der aus Paris stammende benediktinische Orden der Gemeinschaften von Jerusalem gründete hier eine neue Niederlassung seines Ordens.

Die dreischiffige Basilika mit dem kleeblattförmigen Ostchor und dem quadratischen Vierungsturm samt seinen vier Ecktürmchen gilt als ausgesprochenes Schmuckstück, das den Dom angemessen flankiert.

90 Heumarkt

Im Mittelalter legte man den Sumpf trocken, der aus der römischen Zeit von dem Nebenarm des Rheins übrig geblieben war. Ein Marktplatz entstand, auf dem vor allem – daher der Name – mit Heu gehandelt wurde. Die Kornwaage stand hier, Bauern aus dem Umland verkauften und kauften Tuche, Leder, Salz, Fleisch und Käse. Neben seiner wirtschaftlichen gewann der Platz politische Bedeutung durch den Weberaufstand 1371, zudem gaben Karl Marx und Friedrich Engels hier 1848 bis 1849 die »Neue Rheinische Zeitung« heraus. Dem Kommerz tat das keinen Abbruch: 1787 war auf dem Heumarkt die Kölner Börse eröffnet worden, die den Wandel zu einem Geldumschlagsplatz kennzeichnete, 1757 wurde ein Theater gebaut, 1877 eine Hauptwache, in der Soldaten und Gefangene einquartiert wurden, 1904 entstand eine Markthalle, ihr folgten mehrere Brauereien. Die Deutzer Brücke durchbrach 1910 die Bebauung zum Rhein hin, die Stadtbahn führte die Querverbindung in Richtung Neumarkt fort. Aus dem früher intensiv genutzten Platz wurde nach dem Zweiten Weltkrieg zeitweilig eine Rasen-platz-Brache, die erst durch die Ende der 90er Jahre erfolgte Umgestaltung zum Veranstaltungsplatz über einer Tiefgarage nach mehrfacher Neubepflasterung neuen Charme gewann und heute durch Außengas-tronomie von drei Seiten belebt wird.

Auf der südlichen Seite des Heumarkts, hinter dem Maritim-Hotel **28**, befindet sich die Brauerei zur Malzmühle, traditionelle und nach wie vor familien-geführte Kölsch-Brauerei und Gaststätte. 2015 eröff-nete sie ein in das Gebäudeensemble integriertes Hotel mit Zapfhahnanschluss direkt auf die Gäste-zimmer. Zudem wurde ein Eventbereich mit Pan-orama-Glasfenstern eingerichtet, der so genannte »Höhnerstall«, gleichzeitig Museum zu der Kölner Kultband »Höhner«.

91 ### Wilhelm III.

Den Kölnern war die preußische Lebensart fremder als die der Franzosen, denen sie sich 1794 kampflos ergeben hatten. Selbst die Säkularisation empfand man im »hillije Köln« weniger schlimm als den solda-tischen Drill der Preußen. Nach mehreren Jahrhun-derten als freie Reichsstadt war den Einwohnern die Obrigkeitshörigkeit gründlich abhandengekommen. Mit Kämpfen hatten die Kölner es ohnehin nie. Man erkaufte sich die Gunst des Feindes lieber, statt sein Leben zu riskieren. Angeblich hatten die Stadtsoldaten, als die Franzosen sich näherten, von der Mauer heruntergerufen: »Nit schieße, he stonn Minscher!« (Nicht schießen, hier stehen Menschen!) Man war gut katholisch, dem angenehmen Leben nicht abgeneigt. Wenn man über die Stränge schlug, wurde gebeichtet, und alles war wieder gut. Die protestantisch-asketische Haltung der Preußen stand dazu in deutlichem Widerspruch. Nicht zuletzt war Köln aufgrund seiner Lage immer ein prosperierender Handelsplatz gewesen. Die Preußen dagegen brachten nicht viel in die Ehe ein und steckten alles in die Rüstung. Ihr Wahn, die Stadt als Bollwerk gegen Frankreich umzugestalten, machte das Leben in der Stadt immer schwieriger. Während die Preußen einen Festungsring nach dem anderen vor den Stadttoren ausbauten, herrschte innerhalb der Mauern durch den Bevölkerungsanstieg im Zuge der Industrialisierung drangvolle Enge, bis die Kölner 1881 ihre eigene Stadtmauer zurückkaufen und sprengen konnten. Man war am Ende heilfroh, als die preußische Hoheit mit dem Ersten Weltkrieg ein natürliches Ende fand.

Das Reiterdenkmal für Friedrich Wilhelm III., 1855 von den »dankbaren Rheinlanden« ihm zu Ehren an der Rampe zur Deutzer Brücke errichtet, eins von vielen Reiterdenkmälern, das von der preußischen Zeit übrig blieb, fand daher fast 100 Jahre später wenige Freunde. Dringend fällige Restaurierungsmaßnahmen müssen immer wieder verschoben werden, weil sich nicht genügend Sponsoren finden. Dabei war die Gestaltung schon subversiv ausgefallen: Den hoch zu Ross dargestellten König umgeben 16 überlebensgroße Sockelstatuen. Darunter sind vier Flachreliefs angebracht, die 51 weitere Figuren zeigen. Der Künstler hatte gegen den Willen des Königs mehr Zivilisten als Militärs auf dem Sockel dargestellt: Wissenschaftler, Industrielle, Musiker, bildende Künstler, Dombauer und Kaufleute. Auch waren die Abgebildeten überwiegend für ihre demokratische Gesinnung bekannt. Dass der Reitergeneral Jan von Werth `9` in der Nähe des Preußenkönigs nicht zu Pferd abgebildet werden durfte, nehmen die Kölner bis heute übel.

`92` **Hahnentor**

Die Hahnentorburg ist eine von ursprünglich zwölf Torburgen der mittelalterlichen Stadtmauer und sicherte den westlichen Zugang zur Stadt und steht heute mitten auf dem Rudolfplatz. Die Herkunft des Namens ist nicht geklärt, möglicherweise weist er auf »Hain« hin, den Wald außerhalb der Stadt. Anfang des 13. Jahrhunderts erbaut, wurden hier nicht nur Soldaten postiert und einquartiert, sondern auch Gefangene. Da die Richtstätte vor dem Tor auf Melaten `93` lag, war es für manche der letzte Aufenthaltsort. Zur Strecke nach der Kaiserstadt Aachen hin gelegen, mussten außer den Verbrechern alle Könige das Tor passieren, die, in Aachen frisch gekrönt, den Segen der heiligen drei Könige im Dom zu Köln `109` mitnehmen wollten.

Nachdem die Kölner den Preußen die Stadtmauer

abgekauft hatten, entging die Hahnentorburg nur knapp dem Abriss. Sie wurde zunächst als Museum genutzt. Im Zweiten Weltkrieg schwer beschädigt, wurde sie dennoch größtenteils wieder aufgebaut und diente in der Folgezeit zunächst als Ausstellungsgebäude. Seit 1989 wird sie von der Ehrengarde von 1902 genutzt, einer Kölner Karnevalsgesellschaft, die als Reiterkorps Bauer und Jungfrau aus dem Kölner Dreigestirn zur Seite gestellt wird nach dem Motto: »Dem Bauer zur Wehr, der Jungfrau zur Ehr«. Der Schlachtruf der Ehrengardisten ist »Rubbedidupp«, ihre Uniformen in preußisch-friderizianischer Tradition sind grün-gelb, weshalb die Träger gern als »Spinat mit Ei« verspottet werden. In der Hahnentorburg haben sie ihren Versammlungssaal, das Vorstandszimmer, die Kleider- und Sattelkammer sowie das Archiv und ein eigenes Museum. Für die Unterkunft im Besitz der Stadt musste die Gesellschaft sich verpflichten, die Torburg zu sanieren, was 2008 vorläufig abgeschlossen wurde.

93 Melaten

Im mittelalterlichen Köln herrschten unerträgliche hygienische Zustände, die unter anderem in den christlichen Bestattungsgewohnheiten begründet lagen. Man strebte, um möglichst schnell in den Himmel zu gelangen, nach einer Grabstätte, die dicht an einer Kirche lag. Wer Geld hatte, ließ sich drinnen begraben. Als bedeutendste Pilgerstadt auf dem Jakobsweg hatte Köln bald für jeden Tag im Jahr eine Kirche. Eine reihte sich an die andere, und überall im

Stadtgebiet wurden Tote bestattet. Das Grundwasser war mit Leichenflüssigkeit vergiftet. Eine Kanalisation und frisches Trinkwasser, unter den Römern Standard, gab es im mittelalterlichen Köln nicht. Erst die Franzosen zwangen die Kölner, ihre Toten vor der Stadt zu begraben. Dazu wählten sie das Gelände der ehemaligen Richtstätte und Unterkunft der Leprakranken, der Maladen (franz. malade = krank). Um den Kölnern den Friedhof schmackhaft zu machen und sie dafür zu entschädigen, dass sie die Grabstätten ihrer Toten nicht mehr in unmittelbarer Nähe haben durften, wurde der Friedhof nach dem Vorbild des Pariser Père Lachaise wie ein Park mit vielen Bänken zum Verweilen angelegt. Diesen Charakter hat er noch heute, 200 Jahre später. Als ältester Kölner Friedhof enthält er viele historische und künstlerisch gestaltete Grabmale. Um deren Erhalt zu ermöglichen, hatte die Stadt sich einen Deal einfallen lassen: Wer als Pate für die Instandsetzung eines der Gräber aufkam, sicherte sich damit seine eigene Grabstätte. Das war pragmatisch gedacht, aber verträgt sich nur bedingt mit Denkmalschutzauflagen, daher will man diese kölsche Lösung noch einmal überdenken. Ein Grab auf Melaten ist aber eine Conditio sine qua non für jeden Kölner, der etwas auf sich hält. Neben den Gräber-Paten haben heute nur Anwohner und Kölner Ehrenbürger ihr Plätzchen dort sicher.

94 Millionenallee

Die Ost-West-Achse oder auch Mittelachse des Melatenfriedhofs, die parallel zur Aachener Straße von der Piusstraße zum Gürtel führt, wird im Volksmund »Millionenallee« genannt, weil hier die reichsten Familien die pompösesten Grabstätten innehaben. Wer ein Liegeplätzchen ergattert, dem ist ewiger Ruhm gewiss. Bildhauerkunst der letzten 200 Jahre hat sich hier an marmornen Mausoleen ausgetobt, die das Kölner Who's Who bergen, das hier in wenigen Namen exemplarisch veranschaulicht werden soll: Die Kölner Künstlerschaft findet sich hier unter anderem vertreten mit der Schauspielerfamilie Millowitsch **19**, dem Liedermacher Willi Ostermann (1876–1936) und dem Bariton Wolfgang Anheisser, der durch einen Sturz auf die Bühne **13** schwer verletzt wurde und vier Tage später starb. Oberbürgermeister in der Reihenfolge ihrer Amtszeit: Max Wallraf, OB von 1907 bis 1917, Peter Winkelnkemper, OB von 1940 bis 1944, Theo Burauen, OB von 1956 bis 1973. Für Industrie, Handel, Handwerk stehen: Familie Farina **54**, Schöpfer des »Eau de Cologne«, Franz Carl Guilleaume (1789–1837), Gründer der Firma Felten und Guilleaume, die Bestatterfamilie Kuckelkorn, der Gummiwarenfabrikant Franz Clouth (1838–1910) und der Bankier Wilhelm Ludwig Deichmann (1798–1876). Daneben gibt es aber auch eher exotische Anlieger wie die Roma-Königin Sophia Czory (1930–1996), der eine eigene Grabkapelle errichtet wurde, und einige Gemeinschaftsgräber wie das der Augustinerinnen und der Pfarrer der Altstadt. Wer einmal die Millionenallee entlang – und über viele Nebenwege – geschlendert ist, begreift, dass der Tod etwas ausgesprochen Ästhetisches sein kann.

95 Rautenstrauch-Grabmal / Rautenstrauch-Joest-Museum

Im ersten Drittel des Wegs hinter der Trauerhalle an der Piusstraße auf der rechten Seite lädt die Grabanlage der Familie Rautenstrauch mit einer ebenso nüchternen wie imposanten Stele hinter Lorbeer und Friedhofsgrün und einer Steinbank zum Verweilen ein. Der aus Belgien stammenden Nachkommenschaft des Kommerzienrats, General-Consuls und Wildhäute-Importeurs Ludwig Theodor Rautenstrauch hat die Stadt Köln zwei wichtige Errungenschaften zu verdanken:

1862 gründete Adolf Rautenstrauch mit dem Bankiersspross Eduard Oppenheim und Angehörigen anderer Kölner Mäzenaten-Familien die »Actien-Gesellschaft zur Anlage eines botanischen Zier- und Lustgartens«, für die die Gemahlin des preußischen Königs Wilhelm I., Augusta, die Schirmherrschaft übernahm. Man erwarb ein ausgedehntes Grundstück zwischen den damaligen Dörfern und heutigen Stadtteilen Nippes und Riehl, auf dem in direkter Nachbarschaft zum 1860 gegründeten Kölner Zoo nach den Plänen des Berliner Landschaftsarchitekten Peter Joseph Lenné die heutige Flora entstand, die später um einen botanischen Garten erweitert wurde und in deren Zentrum ein repräsentativer – heute denkmalgeschützter – Veranstaltungssaal errichtet wurde. Die Anlage wurde im Krieg stark zerstört und zunächst nur provisorischen, in den 80er Jahren größeren Sanierungsmaßnahmen unterzogen, nach denen sie pünktlich zum hundertjährigen Jubiläum im Juli 2014 in neuem Glanz erstrahlte.

Adele Rautenstrauch schenkte der Stadt Köln nicht nur mit dem Nachlass ihres Bruders, des auf einer Südpazifik-Reise früh verstorbenen Völkerkundlers Wilhelm Joest (1852–1897), den Grundstock an Exponaten, sondern mit dem Vermögen ihres Mannes zudem die finanzielle Grundlage für das erste und bisher einzige städtische ethnologische Museum. 1901 zunächst am Ubierring eingerichtet, zog das Rautenstrauch-Joest-Museum 2010 in das neue Domizil an der Cäcilienstraße in der Nähe des Neumarkts. Der Bau ist nicht nur architektonisch außerordentlich beeindruckend, sondern überzeugt insbesondere mit einem thematisch orientierten Ausstellungskonzept, das sich von der klassischen, durch die eurozentristische Sichtweise des Kolonialismus geprägten Einteilung in geografische Räume mit mehr oder minder »entwickelten« Völkern absetzt. So kann der Besucher verschiedene kulturelle Umgehensweisen mit grundlegenden Themen wie Wohnen, Kleidung, Körper, religiösen Riten und Tod »auf Augenhöhe« wahrnehmen.

96 **Bangendresser / Drink doch ene mit / Bagaasch – Kölsche Sproch**
Höchste Zeit zur gesprochenen Variante des Kölsch (ergänzend zur flüssigen) ein paar Worte zu verlieren. Hier: »Angsthase« (Bange = Angst, Dresser / Drießer = Scheißer), »Trink doch ein (Glas) mit« und »Sippschaft« (franz. bagage = Gepäck, ursprünglich »Heerestross«, abwertend »Gesindel«).

Die kölsche Sprache ist nicht nur – wie alle Dialekte – identitätsstiftende Besonderheit einer speziellen Region, sondern nimmt unter den städtischen Dialekten eine Sonderstellung ein. Eine repräsentative Untersuchung zur Beliebtheit der deutschen Dialekte von 2012 führte Kölsch mit 13 % in der Beliebtheitsskala vor Berlinerisch (11 %) an. Da die Sympathiewerte statistisch mit der Menge der Menschen, die die Sprache sprechen, steigen, hat Köln vor der Bundeshauptstadt eindeutig die Nase vorn. Nur die Dialekte großer Gebiete wie Bayerisch (27 %) und Norddeutsch (29 %) konnten die kölsche Sprache klar toppen. Diese Prominenz ist nicht nur auf Willy Millowitschs **19** »Straßenfeger«-Filme der 50er bis 80er Jahre oder Fernsehsendungen wie die Kölner »Tatort«-Folgen oder die »Lindenstraße« und auf Comedians wie den 2012 verstorbenen Dirk Bach oder Hella von Sinnen zurückzuführen. Insbesondere das Kölner Liedgut war und ist weit über die Grenzen der Stadt verbreitet. Hatte sich schon Willi Ostermanns Heimweh-Hymne mit dem Refrain: *»Ich möch zo Foß noh Kölle jon«*, unter den Frontsoldaten im Zweiten Weltkrieg zur heimlichen – bei Todesstrafe verbotenen – Nationalhymne entwickelt, sind es heute Bands wie BAP, Bläck Fööß, Höhner, Brings oder die A-Cappella-Band Wise Guys (Die ehemalige Rockband des Hildegard-von-Bingen-Gymnasiums in Köln-Sülz hat 2016 ihre Abschiedstournee gestartet!), die nicht nur Karnevalslieder in kölscher Mundart verbreiten, sondern auch politische Aktionen wie »Arsch huh, Zäng ussenander«

(»Hintern hoch, Zähne auseinander«) gegen Rechts populär gemacht haben.

Die kölsche Sprache hat sich aus dem Ripuarischen entwickelt, weist aber Bezüge zu vielen Sprachen auf, da das Kölner Becken immer schon von vielen Völkern frequentiert wurde. Insbesondere im Verlauf der Besatzung unter Napoleon wurden viele französische Begriffe »eingekölscht« und blieben bis heute erhalten. Auffällig sind die ausgeprägte Sprachmelodie, der weiche Klang beim Sprechen und der Hang zum *sch*. Sprachlich wie in der Interaktion neigt der Kölner zu einer gewissen Distanzlosigkeit und einer durchaus liebevollen Ruppigkeit, indem Wildfremde gerne und jederzeit angesprochen, grundsätzlich geduzt und als »Liebelein« (Liebchen) oder »leve Jong« (lieber Junge) tituliert werden.

97 Geißbock als Maskottchen

In den letzten Tagen des Zweiten Weltkriegs hatten Mitarbeiter des aus Köln stammenden Zirkus Williams im thüringischen Neustadt an der Orla eine Ziege am Wegesrand aufgegriffen, die 1949 Hennes I. das Licht der Welt schenkte. Der ursprüngliche Name des kleinen Ziegenbocks ist nicht überliefert. Als am 13. Februar 1950 Carola Williams, die Zirkusbesitzerin, ihn im Rahmen einer Karnevalsfeier des 1. FC Köln im sogenannten »Williamsbau«, dem Kölner Quartier des Zirkus, dem damaligen FC-Trainer Hennes Weisweiler überreichte, soll das Tier in seiner Aufregung Wasser gelassen haben. Zeitzeugen bestreiten diese Anekdote allerdings. Damit erhielt der Ziegenbock den Namen »Hennes«. Er wurde das erste lebendige Maskottchen einer Fußballmannschaft und begleitete seine Elf in den ersten Jahren im Mannschaftsbus, später im Hänger überall hin, bis man ihn aus Tierschutzgründen nur noch bei Heimspielen einsetzte. Als der erste Hennes 1966 an Altersschwäche starb, schenkte Carola Williams dem Fußballclub einen weiteren Ziegenbock, Hennes II., der 1970 an den Folgen einer Bissverletzung starb. Nach Angaben seines Betreuers soll ein Schäferhund in das Gehege am Clubheim eingedrungen sein. Unter den Kölner Fußball-Anhängern hält sich allerdings die Legende, Hennes II. sei von Gladbach-Fans vergiftet worden. Der ausgestopfte Kopf des Tiers hängt seitdem in dem nach dem Maskottchen benannten Geißbockheim. Hennes III. und die folgenden Maskottchen wurde bei einem Bauern in Köln-Widdersdorf einquartiert, um sie vor ähnlichen Vorfällen zu schützen. Die Nachfolger sind mit ihren Vorgängern im Übrigen nicht verwandt, nach den beiden ersten wurden sie jeweils ausgewählt. Hennes VIII. wurde 2008 nach einer Abstimmung über die FC-Homepage ermittelt. Er ist im Sommer 2014 als Publikumsmagnet in ein artgerechtes Gehege des Kölner Zoos umgezogen, wird aber dem 1. FC Köln natürlich weiterhin Glück bringen. Der Geißbock hat sich als erfolgreiches Marketinginstrument erwiesen, dem längst eine eigene Kollektion gewidmet ist. Seine Liaison mit Streichelziege Anneliese musste 2014 allerdings unerfüllt bleiben: Hennes ist kastriert.

98 **Geißbockheim**

Am 13. Februar 1948 fusionierten der Kölner Ball-
spielclub 01 und die Spielvereinigung Sülz 07 zum
1. Fußball-Club Köln. 1953 wurde das nach dem
Maskottchen »Geißbockheim« genannte Clubhaus
an der Berrenrather Straße in 50937 Köln-Kletten-
berg eingeweiht und beherbergt mittlerweile ein Restaurant, einen Fan-Shop, die Verwaltung und eine
Sporthalle. Neben dem Heim entstanden mehrere
Trainingsplätze und ein Amateurstadion, das seit
1977 Fritz-Kremer-Stadion heißt. Die ganze Anlage
nennt sich heute nach dem Hauptsponsor »Rhein-
EnergieSportpark«.

Spielstätte des 1. FC Köln war ursprünglich das
1923 erbaute Müngersdorfer Stadion an der Aachener Straße. Als es zur Weltmeisterschaft 1974 neu
errichtet werden sollte, wurde es nicht rechtzeitig fertig, woraufhin zum Leidwesen der Kölner
Düsseldorf die Ausrichtung übernahm. Das heutige »RheinEnergieStadion« ist im Besitz der Kölner Sportstätten GmbH und wird auch zu anderen
Veranstaltungen genutzt, der 1. FC Köln ist nur Mieter.

Der erste Präsident, Franz Kremer, hatte die Fußball-
Bundesliga mit aufgebaut. Nach ihm wurde nicht
nur das vereinseigene Stadion, sondern zu seinem
100. Geburtstag die Straße zum Clubheim Franz-
Kremer-Allee genannt. Unter seinen Nachfolgern
war der ehemalige Weltmeister-Spieler Wolfgang
Overath, 2004 mit großen Hoffnungen gewählt, die
er nicht einlöste, bis er 2011 zurücktrat. Seit 2012 lei-

tet Werner Spinner den Verein. Langjährige Trainer waren neben und nach Hennes Weisweiler unter
anderem Rinus Michels, Hannes Löhr, Christoph
Daum, Peter Neururer, Ewald Lienen, Friedhelm
Funkel. Bekannte Spieler des 1. FC Köln waren bzw.
sind Harald (»Toni«) Schumacher und Bodo Ilgner
im Tor, Hans Schäfer, Christian Müller, Thomas All-
ofs, Heinz Flohe, Pierre Littbarski, Bernd Schuster,
Rainer Bonhof, Thomas Häßler, Toni Polster, Mili-
voje Novakovic, Patrick Helmes und natürlich Lukas
Podolski.

An der wechselvollen Geschichte des Vereins, der
an die Erfolge von 1962, 1964 und 1978 als Deutscher Meister, zwischen 1953 und 1963 fünfmal als
Westdeutscher Meister sowie an die Pokalsiege von
1968, 1977, 1978 und 1983 nicht mehr anknüpfen
konnte, ist vor allem etwas einzigartig: die unver-
brüchliche Liebe der Kölner zu ihrem Verein. Der
FC Köln scheint machen zu können, was er will, die
Fans geben ihn nicht auf, haben sich in ihrem Leiden und dem Warten auf bessere Zeiten eingerichtet.
Die FC-Hymne, die zu der Melodie der traurigen
schottischen Liebesballade »Bonnie Banks of Loch
Lomond« gesungen wird, heißt daher auch ganz passend: »Mer stonn ze dir, FC Kölle!« (»Wir stehen zu
dir, FC Köln!«). 2014 wurde die Treue der Kölner
immerhin zum dritten Mal nach 2000 und 2005 mit
dem Meistertitel der 2. Bundesliga belohnt.

AUF DEN HUND GEKOMMEN

Wenn man die Kölner fragt, ist ihre Stadt »dat Hätz vun der Welt«. Herr Gründgens siedelte das Bild tiefer an. Da, wo manche Menschen zwar noch von der Körpermitte sprechen, aber vermutlich eher den -schwerpunkt meinen. Zumindest bei Frauen, die den Zenit ihres Lebens überschritten hatten, konzentrierten sich hier nach Gründgens' Beobachtung Massen nicht unerheblichen Ausmaßes. Gemeint war nicht der Bauch, sondern dessen untere Kehrseite.

Frau Schmitz' Körperbau war ein typisches Beispiel für diese Formgebung, wie Herr Gründgens seit seinem Einzug am Hans-Böckler-Platz `99` missbilligend feststellte. Ihr Pudelchen hatte sich im Übrigen in den letzten drei Jahren dem Leibesumfang seines Frauchens proportional angenähert. Die tägliche Nahrungsration, die Frau Schmitz ihrem Moppelchen zukommen ließ, hielt Gernot Gründgens für jegliche Toleranzgrenzen sprengende Tierquälerei. Die Fülle an daraus resultierenden Verdauungsendprodukten, die der Moppel – in Wirklichkeit hieß er Anouschka, »dat Nuschi« laut Frau Schmitz – ausschied, fügte der visuellen Verschmutzung des Stadtbilds, zuvörderst der Erholungsflächen in unmittelbarer Nähe, sprich Stadtgarten `100`, Grüngürtel `101` und Herkulesberg `102`, eine nicht unerhebliche faktische und olfaktorische hinzu.

Herr Gründgens – wir können ihn, da wir mit ihm vertraut, wenn auch nicht befreundet sind, gerne auch *Gernot* nennen – war in vielen Belangen das genaue Gegenteil von Frau Schmitz – *Annemie* nannten ihre Freunde sie, Gründgens höchstens in Gedanken und nicht ohne einen äffenden Beiklang, wenn er einen der typischen Dialoge memorierte, die er im Vorbeigehen aufschnappte: »*Na, Annemie, wie isset?*« – »*Och, wie sollet sinn? Et muss!*« Der jammernde Singsang und das asthmatische Keuchen der Nachbarin ließen Gernots Nackenhaare sich aufrichten.

Dabei war Frau Schmitz nur einer von vielen Aspekten, die ihm seine Heimatstadt zunehmend verleideten.

Mindestens ebenso sehr widerten ihn die Tunten an, die vom Friesenviertel **103** her hüftschwenkend vorbeiflanierten, um ihre Schoßhündchen oder – was fast auf dasselbe hinauslief – aktuellen Lebensabschnitts-Verkehrsteilnehmer, wie Gernot Gründgens sie vornehm umschrieb, Gassi zu führen und in aller Öffentlichkeit zu beschnäbeln. Ob es sich dabei um im engeren oder weiteren Wortsinne weiblich gekleidete und veranlagte Homophile, Schwule, Schwuchteln, Transen, Transvestiten oder sonst wie widernatürlich veranlagte Zeitgenossen handelte, wollte Gernot gar nicht ergründen. Die Schwulen-Hochburg Köln war ihm ein Dorn im Auge.

Aus der anderen Richtung, rund um die Venloer Straße **104**, drohte weiteres Ungemach in Form von Angehörigen aus dem anatolischen Sprachraum, die die Segnungen westlicher Freiheit, Freizügigkeit und Freigiebigkeit missbrauchten, indem sie das Straßenbild mit ihren ganzkörpervermummten Frauen verschandelten. Sinnbild steinzeitlicher Denkungsart, von rot-grünen Polit-

Aktivisten als kulturell schützenswerte Folklore verkauft. Nicht genug damit: Hatten die Mullahs doch direkt an der Inneren Kanalstraße einen an Monstrosität kaum zu überbietenden Zementklotz `105` als künftige Hochburg religiösen Fanatismus und des Strebens nach islamistischer Terrorherrschaft hochgezogen!

Köln war definitiv auf den Hund gekommen!

Ein einziges Mal nur hatte Gernot Gründgens kurz nach seinem Einzug den Fehler begangen, Frau Schmitz im Treppenhausflur sein Herz zu öffnen – in der Hoffnung irgendwo in ihrer kölsch-patriotischen Gesinnung eine gemeinsame Schnittmenge an Bedenken vorzufinden oder zumindest anzustoßen.

Kein Gedanke daran!

Annemie Schmitz walzte Gründgens' messerscharfe Gesellschaftsanalysen mit volkstümlicher Dümmelei nieder, sie zitierte rheinische Grundgesetzartikel `106`, populistische Plattitüden, wie: »Et hätt noh immer jot jejange«, und: »Jede Jeck is anders«, trällerte gar ein Karnevalsliedchen von den Bläck Fööß, »Unsere Stammbaum« `107`. Als sie dann noch den Nachkriegs-Schlager: »Wir sind die »Eingeborenen von Trizonesien« `108`, anstimmte, war es mit Gründgens' Contenance vorbei. Kapierte diese gefühlsduselige Dummbratze nicht, dass sie mit ihrer Friede-Freude-Eierkuchen-Backerei nicht nur die Augen vor aktuellen und kommenden Bedrohungen verschloss, sondern auch aus der Kriegs- und Nachkriegszeit nichts gelernt hatte? »Wir sind zwar keine Menschenfresser, doch wir küssen umso besser.« So hatten die Kölner sich nach dem Krieg an die Besatzer rangeschleimt, hatten verdrängt und poussiert, dass sich die Balken bogen.

Damals die Besatzungsmächte, heute die Bosporuszuwanderer und die Balkanmafia. Das Schmitzsche Rezept lautete stets: »Drink doch ene mit!« 96 Wenn man den Feind umarmte, würde er einem nichts tun. Schon bei der Besatzung durch die Franzosen hatten die Kölner von den Zinnen der Stadtmauer gerufen: »Nit schieße, he stonn Minscher!« 91 . Ganz egal, was von wo angeschwemmt wurde: Jedes Treibgut wurde in Köln nicht nur akzeptiert und toleriert, sondern kopiert und zur neuen Devise nominiert. Nach der italienischen und griechischen hatte die Döner-Einheitsküche ihren Siegeszug angetreten. Ob es den neuen Schlitzaugen-Speisen, ob es dem Rohfisch-und-Algen-Fraß gelingen würde, die Knoblauch-Kultur zu verdrängen, konnte Gernot Gründgens letzten Endes egal sein. Spätestens wenn die neue Weltmacht China die Hohe Domkirche St. Peter und Maria 109 aufkaufte, würde Annemie Schmitz sich noch umgucken. Dann würde nach Sushi *Nuschi* zur neuen Delikatesse erklärt. Ha! Ein Scheißer weniger. Und nicht nur einer. Gründgens grinste. Welche Aussichten. Tretminenfreies Stadtgebiet.

Sollte die olle Schmitz doch sehen, was sie davon hatte, wenn sie jede Unsitte willkommen hieß. Wo blieben dann *Himmel un Äd*, *Kölsche Kaviar*, *Halver Hahn*, *Flönz*, *Mettbrötchen mit Öllich* 110 ?

Herrn Gründgens lief das Wasser im Mund zusammen. Gleichzeitig gärte Adrenalin in seinen Adern. Die unselige Gedankenverknüpfung von Nuschi, Nahrung, Abrechnung und Annemie trieb eigentümliche, aber nicht minder erregende Blüten. Sie zeitigte im Folgenden mehrere mindestens ebenso unselige Handlungsverknüpfungen:

Als Erstes verschwand die Pudeldame Anouschka spurlos. Frau Schmitz war untröstlich. Rund um den Hans-Böckler-Platz, am inneren Grüngürtel, im Stadtgarten und am Herkulesberg war jeder Baum, jeder Zaun, jedes Ladengeschäft und jeder Laternenpfahl mit einem Steckbrief versehen, auf dem Nuschi mit großen Augen und perforierte Abreißzettelchen mit Annemaries Telefonnummer die Passanten zur Mithilfe bei der Wiedervereinigung des geliebten Tiers mit seinem Frauchen aufforderten. Ohne jeglichen Erfolg.

Bereits einen Tag nach Nuschis Verschwinden klingelte Gernot Gründgens bei Frau Schmitz an, gab seinem lebhaften Mitgefühl über den Verlust des Pudelchens Ausdruck und bot dem verwaisten Frauchen ein Trost-Tütchen mit frischem Mett an, das er ihr mit grob geschnittenen Zwiebelringen und einem Röggelchen einzunehmen anempfahl.

Annemie, bei allem Leid tief gerührt über diese ungewohnte empathische Geste des Nachbarn, dessen unzugängliche Art ihr seit Langem Kopfzerbrechen bereitete, revanchierte sich noch am gleichen Abend mit einer Schüssel Blätterteigtaschen mit Fleischfüllung nach einem Rezept ihrer Freundin Fatma. Wohlweislich verzichtete Annemie auf die Knoblauchzehen, die Fatma üblicherweise dem Fleisch untermengte. Auch nahm sie es mit der Vorgabe Rindfleisch nicht so genau: War sie doch alles andere als in der Stimmung auf Mettbrötchen gewesen, wo sie sich schließlich um ihren Liebling sorgte. Annemarie Schmitz war eine pragmatische Frau. Was lag näher, als das von dem Nachbarn überraschend angebotene Mett im wahrsten Sinne des Wortes zu verwursten?

Es sollte der erste und letzte Liebesdienst sein, den die ungleichen Nachbarn einander erwiesen. Zu ergänzen wäre noch der Kranz, den Annemarie Schmitz Gernot Gründgens bei seiner Bestattung an das Grab legte. Aber da war er ja schon tot. Zuvor hatte sie der Polizei überzeugend darlegen können, dass sie über keinerlei Zugang zu Rattengift verfügte. Dass das Fleisch, das sie für die Teigtaschen verwendet hatte, eine hohe Konzentration desselben aufwies und zudem mitnichten von einem Schwein stammte, legte zwei schreckliche Vermutungen nahe: Gernot Gründgens musste in einem der chinesischen Supermärkte, die im Moment wie Pilze aus dem Boden schossen, eine Portion Hunde- statt Schweinefleischmett angedreht bekommen haben. Und: Der Hund war offensichtlich keines natürlichen Todes gestorben. Die Ration Rattengift, die man ihm verpasst hatte, reichte aus, um den Menschen, der von seinem Fleisch aß, gleich mit um die Ecke zu bringen. Beweisen ließ sich aber keine der Vermutungen.

Traurige Konsequenz dieser traurigen Begebenheit: Annemarie Schmitz schaffte sich nie wieder einen Hund an. Um Restaurants und Lebensmittelmärkte ausländischer Provenienz machte sie hinfort einen großen Bogen, überhaupt war ihr Verhältnis zu Menschen mit Migrationshintergrund fortan von äußerstem Misstrauen geprägt.

99 **Hans-Böckler-Platz**
Das Plätzchen direkt am Westbahnhof hat seinen
Namen von dem Gewerkschaftsfunktionär (1875–
1951), nach dem auch die Hans-Böckler-Stiftung
des DGB (Deutscher Gewerkschaftsbund) benannt
wurde. Hans Böckler ist Ehrenbürger der Stadt Köln,
Ehrendoktor der Universität Köln, Freund von Konrad Adenauer, er wurde an prominenter Stelle auf
Melaten beigesetzt, sein Grab mit einem monu-
mentalen steinernen Zahnrad auf einer Welle, dem
Gewerkschaftssymbol, versehen. Der Hans-Böckler-
Platz liegt außerhalb der ehemaligen mittelalterlichen Stadtbebauung, die mit den heutigen Ringen
abschloss, unmittelbar an dem heutigen Grüngürtel
rechts von der Venloer Straße, die stadtauswärts den
multikulturellen Stadtteil Ehrenfeld durchquert. Der
Platz selbst gehört aber noch zur Innenstadt. Über
die benachbarten Auffahrten zu der Stadtautobahn
A 57 und der Inneren Kanalstraße Richtung Zoobrü-
cke und A 3 kommt man im Nu aus der Stadt heraus.
Die zentrumsnahe und gleichzeitig sehr verkehrs-
günstige Lage mitten im Grünen, nicht weit von der
Bezirkssportanlage Mitte auf der anderen Seite der
Inneren Kanalstraße kompensiert die Nachteile der
Bahntrassennähe, die hier mit der U-Bahn kreuzt
und Beeinträchtigungen durch Güterzuglärm und
Obdachlose mit sich bringt.

100 **Stadtgarten**

Die Grünanlage auf der Innenstadtseite der Bahn-
trasse in unmittelbarer Nähe des Friesenplatzes lädt
Anwohner und Arbeitnehmer aus den zahlreichen
Bürokomplexen am und um den Ring zu einer Kurz-
erholung ein. Der Landschaftspark mit seinen schat-
tenspendenden hohen, zum Teil exotischen Bäumen,
mit seinen Klangskulpturen und einem Spielplatz
ist im Norden über eine Fußgängerbrücke mit dem
Mediapark, Kölns neuestem Park, verbunden und
steht selbst als erster neuzeitlicher Kölner Landschaftspark unter Denkmalschutz. Das gilt auch für
die Bebauung, insbesondere das Gärtnerhaus an der
Spichernstraße. An der Nordecke des Parks befindet sich die 1957 errichtete Kirche Neu St. Alban.
Der »Stadtgarten« ist Konzerthaus und Restaurant,
dessen Biergarten sich im Sommer vor Gästen kaum
retten kann, im Winter findet hier ein sehr beliebter
Weihnachtsmarkt statt, außerdem gibt es zahlreiche
Konzerte, Schwerpunkt Jazz und neue Improvisa-
tionsmusik, Tanz- und Kulturveranstaltungen, u. a.
den »Literarischen Salon« des Literaturhauses Köln,
moderiert von den Schriftstellern Guy Helminger
und dem vielfach – zuletzt 2015 mit dem Friedens-
preis des Deutschen Buchhandels – ausgezeichneten
Navid Kermani. Konzerthaus und Park gehören zu
den Spielstätten der MusikTriennale Köln.

101 **Grüngürtel**

Die inneren Grünanlagen wurden 1922 bis 1924 auf
Betreiben Konrad Adenauers, des damaligen Ober-

bürgermeisters von Köln und späteren Bundeskanzlers der BRD, angelegt. Die Anlage war gleichzeitig eine Beschäftigungsmaßnahme, mit der er der damaligen hohen Arbeitslosigkeit entgegenwirken wollte. Die mittelalterliche Kölner Stadtmauer war in der Besatzungszeit von den Preußen durch die Errichtung von zahlreichen Forts und Lünetten verstärkt und ausgebaut worden – als Antwort auf die moderne (Kanonen-)Kriegstechnik. Innerhalb der Stadt herrschte im Zuge der Industrialisierung zunehmend drangvolle Enge, bis es den Kölner Bürgern 1880 schließlich gelang, den Preußen die eigene Stadtmauer für fast 12.000 Mark abzukaufen, um sie zu schleifen. Trotz der sofort einsetzenden nahezu explosiven Vergrößerung des Stadtgebiets außerhalb der Mauern gelang es, einen Großteil der Grünflächen **44** und einige der Stadttore und Wehranlagen zu erhalten, bis der Grüngürtel nach dem Zweiten Weltkrieg unter Adenauer systematisch als Naherholungsgebiet um die Innenstadt ausgebaut werden konnte. Sportmöglichkeiten und Spielplätze sowie Weiher – einer der bekanntesten und unter den Studenten der naheliegenden Kölner Uni beliebtesten ist der Aachener Weiher an der Aachener Straße. Hier ist seit 1977 das Museum für Ostasiatische Kunst als erstes Spezialmuseum seiner Art beheimatet.

102 Herkulesberg oder »Monte Klamott«

Der Herkulesberg oder »Monte Klamott« ist mit ca. 72 Metern über dem Meeresspiegel, 25 Meter oberhalb des Kölner Niveaus, der höchste von insgesamt elf Trümmerbergen im Kölner Stadtgebiet. Hier wurde nach den Bombardements des Zweiten Weltkriegs, die die Kölner Innenstadt dem Erdboden gleichmachten, der größte Teil des Schutts aufgehäuft, dann ließ man Gras darüber wachsen. Eine weitere, sanft-hügelige Trümmeraufschüttung befindet sich ganz in der Nähe im Grüngürtel zwischen dem Aachener Weiher und dem Universitätsgelände.

Der Herkulesberg wird durch die Innere Kanalstraße von der Herkulesstraße und dem Herkuleshochhaus getrennt, das mit seinen 102 Metern Höhe und der blau-roten Klinkerverkleidung weithin den Grenzbereich zwischen Innenstadt und dem Stadtteil Ehrenfeld markiert. Mit dem Stadtgarten ist er über eine luftige Stahl-Beton-Brückenkonstruktion verbunden, die über die Gleise des ehemaligen Güterbahnhofs Gereon führt.

103 Friesenviertel

Am westlichen Rand der Altstadt gelegen, ist das Friesenviertel nicht nur wegen seines Nachtlebens, seiner Clubs und Tanzlokale beliebt. Auch tagsüber brummt die Gastronomie, die von klassischen Brauhäusern wie dem »Päffgen« über spanische, japanische, thailändische und andere trendige Restaurants bis zu typischen Kölner Bistros wie dem »Alcazar« ein großes Spektrum bietet. Die Bebauung rund um den Friesenplatz war bis 1882 durch das Friesentor geprägt, das mit der Stadtmauer abgerissen wurde. Heute kreuzen dort zwei U-Bahn-

Linien, es gibt Kinos, viele Einkaufsmöglichkeiten, Büros und Banken. Städtebaulich sehr gelungen ist die im Jahr 2013 vollendete Umwandlung ganzer Häuserfluchten im Besitz des Gerling-Konzerns, deren denkmalgeschützte Fassaden erhalten blieben, während dahinter ein Mix aus Eigentumswohnungen, Appartements, Lofts, Servicewohnungen für Geschäftsleute, Büros, Kneipen und kleinen Läden entstand.

104 **Venloer Straße**
Die Venloer Straße ist eine der pulsierendsten multikulturell geprägten Einkaufsstraßen der Stadt, die insbesondere türkische, aber auch viele andere Spezialitäten zu bieten hat. Als Ausfallstraße zwischen der Innenstadt und Pulheim ist sie zumindest im Bereich zwischen der Inneren Kanalstraße und dem Gürtel nicht zu empfehlen, da das Vorankommen bei vorgeschriebenem Tempo 30, kreuzenden Fußgängern, lebhaftem Radfahr- und stehendem Lieferverkehr Geduld und dicke Nerven erfordert.
Neben dem Bezirksrathaus gibt es hier das von Kindern, Jugendlichen, Familien, Menschen mit Behinderungen, Senioren und Kulturgruppen frequentierte Bürgerzentrum »Büze«. Unter anderem findet dort seit über zwei Jahrzehnten die Karnevalssitzung »Fatal Banal« statt, die sich als Alternative im alternativen Karneval versteht und im Vergleich zu der »Stunksitzung« **84** immer noch als Geheimtipp gelten kann.

105 **Ditib**

2009 wurde der Grundstein zu der Ehrenfelder Zen-
tralmoschee nach dem Konzept des Architekten
Paul Böhm gelegt, die 1.200 Gläubigen, Schulungs-
und Seminarräumen, einer Bibliothek, Geschäften,
Dienstleistungsbetrieben und einer Tiefgarage Platz
bieten sollte. Die moderne helle 35 Meter hohe Kup-
pel mit den zwei Minaretten wurde erst nach vielen
Protesten in der Bevölkerung und Problemen der
Abstimmung zwischen Architekt und Bauherr, der
Türkisch-Islamischen Union der Anstalt für Reli-
gion (DİTİB) fertiggestellt. Ralf Giordano, Günter
Wallraff, Politiker aller Couleur, Linke und Rechtsradikale fochten mehr oder weniger heftig für bzw.
gegen den Bau, ein Bürgerbegehren dagegen scheiterte schließlich an zu vielen ungültigen Unterstüt-
zerunterschriften. Unstimmigkeiten zwischen Bauherr und dem Architekten zögerten seit 2011 die
endgültige Fertigstellung des Gebäudes hinaus. Die
Ditib-Zentralmoschee gilt aber schon jetzt als weiteres Highlight unter den touristischen Anziehungs-
punkten in Köln.

106 **Rheinisches / Kölsches Grundgesetz**

Entsprechend dem Hang der Kölner zu der Zahl Elf
gibt es elf Grundgesetzartikel, die in jedem Köln-
Devotionalienshop auf Postkarten, Plakaten, Früh-
stücksbrettchen, Abtrockentüchern und Kölsch-
stangensets angeboten werden und folgendermaßen
lauten:
Artikel 1: Et es, wie et es. (»Es ist, wie es ist.«)

Artikel 2: Et kütt, wie et kütt. (»Es kommt, wie es kommt.«)

Artikel 3: Et hätt noch immer joot jejange. (»Es ist noch immer gutgegangen.«)

Artikel 4: Wat fott es, es fott. (»Was fort ist, ist fort.«)

Artikel 5: Nix bliev, wie et wor. (»Nichts bleibt, wie es war.«)

Artikel 6: Kenne mer nit, bruche mer nit, fott domet. (»Kennen wir nicht, brauchen wir nicht, fort damit.«)

Artikel 7: Wat wellste maache? (»Was willst du machen?«)

Artikel 8: Maach et joot, ävver nit ze off. (»Mach es gut, aber nicht zu oft.«)

Artikel 9: Wat soll Quatsch? (»Was soll das sinnlose Gerede?«)

Artikel 10: Drinkste ene met? (»Trinkst du einen mit?«)

Artikel 11: Do laachste dich kapott. (»Da lachst du dich kaputt.«)

107 **Bläck Fööß: »Unser Stammbaum«**
Die Bläck Fööss (Nackte Füße) ist seit 1970 eine der erfolgreichsten und ausgesprochen vielseitigen Kölner Mundartbands, der immerhin noch vier Mitglieder ihrer Ursprungsbesetzung angehören: Günther Antonius »Bömmel« Lückerath, Hartmut Reinhold Priess, Franz Peter Schütten und Ernst »Erry« Josef Stoklosa. Frontmann Thomas »Tommy« Richard Engel verabschiedete sich 1994, um seitdem solo aufzutreten. Das Lied »Unser Stammbaum« war einer der großen Hits im Jahr 2000 und idealisiert den kul-

turellen Schmelztiegel Köln seit der Stadtgründung durch die Römer. Die erste Strophe lautet:
»Ich wor ne stolze Römer, kom met Caesars Legion,
(Ich war ein stolzer Römer, kam mit Cäsars Legion,)
un ich ben ne Franzus, kom mem Napoleon.
(und bin ein Franzose, kam mit dem Napoleon.)
Ich ben Buur, Schreiner, Fescher, Bettler un Edelmann,
(Ich bin Bauer, Schreiner, Fischer, Bettler und Edelmann,)
Sänger un Gaukler, su fing alles aan.
(Sänger und Gaukler, so fing alles an.)
Refrain:
Su simmer all he hinjekumme,
(So sind wir alle hier hingekommen,)
mir sprechen hück all dieselve Sproch.
(wir sprechen heute alle dieselbe Sprache.)
Mir han dodurch su vill jewonne.
(Wir haben dadurch so viel gewonnen.)
Mir sin, wie mer sin, mir Jecke am Rhing.
(Wir sind, wie wir sind, wir Jecke am Rhein.)
Dat es jet, wo mer stolz drop sin.«
(Das ist etwas, worauf wir stolz sind.)
(zitiert nach www.koelsch-woerterbuch.de/unsere-stammbaum-auf-deutsch-1624.html)

108 **Karl Berbuer: »Wir sind die Eingeborenen von Trizonesien«**

Das Karnevalslied von 1948 wurde als heimliche Nationalhymne der deutschen Nachkriegszeit weit über die Grenzen des Rheinlands hinaus bekannt

und bei einigen sportlichen Wettkämpfen behelfs-
weise als solche eingesetzt. Mit »Trizonesien« war
die durch die drei alliierten Kräfte – USA, Frankreich, Großbritannien – besetzte Westzone gemeint.
Sehr umstritten waren und sind Andeutungen und
versteckte Kritik, die die Besetzer mit den Kolonial-
mächten gleichsetzt, sich über die Nazi-Termino-
logie (deutsches Wesen = »wildes Wesien«) lustig
macht, aber auch den Holocaust verharmlost (»Wir
sind zwar keine Menschenfresser, doch wir küssen
umso besser«).
Refrain:
»Wir sind die Eingeborenen von Trizonesien,
Hei-di-tschimmela-tschimmela-tschimmela-tschim-
mela-bumm!
Wir haben Mägdelein mit feurig wildem Wesien,
Hei-di-tschimmela-tschimmela-tschimmela-tschim-
mela-bumm!
Wir sind zwar keine Menschenfresser, doch wir küssen umso besser.
Wir sind die Eingeborenen von Trizonesien,
Hei-di-tschimmela-tschimmela-tschimmela-tschim-
mela-bumm!«
(zitiert nach: https://de.wikipedia.org/wiki/Trizo-
nesien-Song)

109 **Hohe Domkirche St. Peter und Maria**
So lautet der offizielle Name des Kölner Doms, der
heute mit 157,38 Metern Höhe nach dem Ulmer
Münster das zweithöchste Kirchengebäude Europas sowie das dritthöchste der Welt ist. Die Adresse

lautet: Domkloster 4, 50667 Köln. Der Dom ist UNESCO-Weltkulturerbe. Es gibt weltweit kaum eine gotische Kirche von solcher Reinheit, was vor allen Dingen dem Umstand geschuldet ist, dass der Kölner Dom jahrhundertelang eine Bauruine war. Die Grundsteinlegung erfolgte 1248, weil man den Gebeinen der Heiligen drei Könige, die der Erzbischof Reinhard von Dassel von Kaiser Friedrich I. als Kriegsbeute aus Mailand mitbrachte, einen würdigen Aufbewahrungsort bieten wollte. Mit dieser bedeutendsten Reliquie der Christenheit wurde »et hillije Köln« (das heilige Köln) zu einer der wichtigsten Pilgerstationen Europas. Das ehrgeizige Bauprojekt kam ab 1530 weitgehend zum Stillstand, weil es an Geld mangelte und der gotische Bau nicht mehr den ästhetischen Vorstellungen der damaligen Zeit entsprach. Erst 300 Jahre später, nachdem der historische Fassadenplan wiederentdeckt worden war, Romantiker sich mit ihrer Begeisterung für das Mittelalter für das Projekt erwärmten, der preußische Kaiser Friedrich Wilhelm IV. die Vollendung des Monuments als eines Nationalheiligtums forcierte und die Bautechnik so weit fortgeschritten war, dass man mit Motorkraft und einer Stahl-Dachstuhlkonstruktion viel schneller und ökonomischer vorankam, als das 300 Jahre früher hätte gelingen können, wurde das Bauwerk innerhalb kürzester Zeit fertiggestellt und im Jahr 1880 eingeweiht. Zu dem Zeitpunkt war es das höchste Gebäude der Welt.

Der Dom ist und bleibt eine immerwährende Baustelle. Neben den Kriegsschäden macht die unter-

schiedliche Umwelteinflüsse-Anfälligkeit der rund
50 verbauten Gesteinsarten der Dombauhütte zu
schaffen. Der Dom ist aber auch das größte Pfund,
mit dem Köln wuchern kann.

Wer eine Ahnung von den Dimensionen dieser Kirche bekommen möchte, sollte einen Blick auf die
Kreuzblume werfen, maßstabgetreue Betonrep-
lik einer der Domspitzen, die seit dem Domjubilä-
umsjahr 1980 – erneuert 1991 – vor der Westfassade
des Doms als beliebter Treffpunkt für Führungen
genutzt wurde und wird. Der Standpunkt am Kar-
dinal-Höffner-Platz direkt neben dem Tauben-
brunnen, den Ewald Matare als ersten Nachkriegs-
brunnen 1953 geschaffen hat, soll 2016 aufgegeben
werden. Dann wird die Kreuzblume an das Deutzer
Kennedyufer versetzt.

Dringender Tipp: Die Führung über die Dächer des
Doms, die überwältigende Ein- und Ausblicke bietet.

110 **Himmel un Äd, Kölscher Kaviar, Halver Hahn,
Flönz, Mettbrötchen**
Typische deftige kölsche Küche, die in allen Brau-
häusern angeboten wird:
- Himmel un Äd (Himmel und Erde): Apfelmus mit
Kartoffelbrei. Die Kartoffel ist im Gegensatz zum
Apfel, der »am Himmel«, also hoch oben am Baum
wächst, ein »Erdapfel«.
- Kölscher Kaviar: eine Blutwurstscheibe auf einem
Roggenbrötchen, garniert mit Senf und »Musik«. Mit
Letzterem sind »Öllich« (Zwiebeln) gemeint, deren

Verzehr für Blähungen und entsprechende Geräusche beim Entweichen der Darmwinde sorgt.

- Halver Hahn (Halber Hahn): Sehr irreführende Bezeichnung, die nichts mit Geflügel zu tun hat, sondern ein kross gebackenes Roggenbrötchen mit einer dicken Scheibe mittelalten Goudas meint.

- Flönz: schwach geräucherte Blutwurst, die aus hellem Brät mit kleinen Fettstücken besteht. Gerne testet der Kölner den Grad der Assimilation eines »Imi« (Zugewanderten) mit der Aufforderung: »Sach ens Blootwoosch!« Die richtige Antwort lautet nicht etwa »Blutwurst«, sondern »Flönz«.

- Mettbrötchen: »Röggelchen«, kross gebackene Roggenbrötchen mit frischem Mett und reichlich »Öllich« sind die ultimativen Kölner Party-Brötchen.

KAFFEE IN D'R KOPP – UN TOPP!

Ich war lange nicht mehr in Köln gewesen. Länger denn je. Irgendwie war ich der Stadt entwachsen, dachte ich, als der Zug in den Bahnhof einrollte.

War ich das tatsächlich? Ein merkwürdiger Begriff.

Ich war mir nicht einmal sicher, ob er überhaupt zutraf. Zumal ich mich jedes Mal, sobald ich in die Stadt eintauchte, wieder so aufgehoben fühlte, eingehüllt, eingelullt von diesem Empfinden des Getragenseins, sobald ich Kölner Boden betrat, Kölner Luft schnupperte. Meine definierten Grenzen verschwammen, ich ging in dieser Stadt auf. Ein wohliges Gefühl. – Warum hatte ich weggewollt?

Paradox eigentlich. Köln ist eine ausgesprochen zudringliche Stadt. Aber ich kannte es von klein auf nicht anders. Vielleicht hatte es gerade damit zu tun. Ich war hier Kind gewesen, ich würde hier immer Kind bleiben.

Da steigst du aus dem Berliner ICE aus, und während du noch deine Koffer sortierst, deinen zerknitterten Trenchcoat ausklopfst, über den Arm drapierst und in der Hosentasche nach deinem Handy greifst, hörst du in deinem Rücken eine Stimme anerkennend röhren: »Jung, do häste ävver e fein Stöffche.« Ich musste mich nicht umdrehen, um zu wissen, dass ich direkt neben dem Bahnsteigkiosk stand. An der Theke dieses Etablissements lehnte ein Mensch urkölscher Provenienz, vor sich eine Tasse Kaffee oder ein Kölsch, der sich nicht nur – wie überall auf der Welt – Gedanken über die Menschen in seiner Umgebung machte, sondern diese – und das ist Köln-spezifisch – vollkommen ungeniert dem Objekt seiner Observation mitteilte. Durchaus wohlwollend, freundlich, ja, empathisch: Was ich für ein feines Stöffchen, für schicke Klamotten besitze.

Genauso erwartet der Taxifahrer grundsätzlich, dass du neben ihm Platz nimmst, um »ene Verzäll«, ein Schwätzchen mit ihm zu halten.

Berliner Taxifahrer verstehen sich eher als Chauffeure. Der Passagier steigt hinten ein, riskiert zwar durchaus, dass der Fahrer zu reden beginnt. Aber keineswegs, um ein Gespräch zu suchen, sondern um auf Gott und die Welt und insbesondere die anderen Autofahrer zu schimpfen.

Wenn ich es recht bedachte, konnte ich diese Art überhaupt nicht leiden. Irgendwo zwischen larmoyant und aggressiv, aber vor allem ichbezogen.

Der Kölsche hingegen ist meist »jot drup«, gut drauf und verbindlich. Er bietet Beistand, Orientierung, investiert ungefragt in Sachen Zuwendung, geht bereitwillig in Vorlage – wohl wissend, dass sich das auf kurz oder lang auszahlen wird.

So wird Kölner Taxifahrer, sobald er ein Wölkchen auf deiner Stirn entdeckt, mit Empfehlungen nicht geizen, die deine Stimmung aufhellen könnten: »Jung, dun dir jet Jutes! – Pascha **111**? Mediterana **112**?« Neben meinem Wohl wird er sein eigenes nicht außer Acht lassen, da die genannten Einrichtungen ihm jede Empfehlung vermutlich vergelten werden. Zumindest aber hofft er auf einen zufriedenen Kunden, der ihn gerne wieder anrufen wird.

Ist das nicht umso verlogener?

Siezen ist in Köln verpönt. Aber auch wenn einen jeder duzt, geht es nicht darum, Freundschaften fürs Leben zu schließen. Man teilt sich mit, tauscht sich aus, geht wieder auseinander. Bis auf Weiteres. Kontakt to go.

Bei der nächsten Begegnung kennt man sich schon. Und das ist nie verkehrt. Keiner hat es treffender in Worte gefasst als Konrad Adenauer: »Mer kennt sich, mer hilft sich.«

Weil das so ist, genießt der Kiosk in Köln Kultstatus. Allerdings heißt er hier Büdchen **113**.

Zurück zu meiner Ankunft in Köln. Der Taxifahrer lieferte mich am frühen Abend in der Jan-Wellem-Straße ab. Vor dem kleinen Mehrfamilienhaus direkt gegenüber vom Mülheimer Stadtpark **114**. Ich schloss die Tür zu der Parterre-Einliegerwohnung auf.

Nichts deutete darauf hin, dass ich je weg gewesen war. Das Appartement war gelüftet, eine Schale mit blauen Trauben stand auf dem Tisch, eine Baccara-Rose in einer schmalen Glasvase. Im Kühlschrank alles, was mein Herz begehrte. Ja, Mama kannte mich. So gut, dass sie sogar mitkriegte, wenn mein Geschmack sich geändert hatte. Keine Fleischwurst mehr, nein, Serrano-Schinken. Gespickte Oliven. Appenzeller statt mittelaltem Gouda. Entfettete Milch. Zum Rum – El Dorado, klar! – Eiswürfel im Tiefkühlfach. Die aktuelle ›Capital‹ auf dem Nachttisch. In der Schublade: ein Kinder-Schokolade-Riegel. Auch wenn ich im Supermarkt vorgab, es sei für meinen Neffen – ich komme nicht los davon. Darin bin ich immer noch der kleine Georgieboy, wie Mama mich stets genannt hatte und immer noch nannte – wenn ich mit ihr alleine war. So wie ich sie in solchen Momenten Mama nennen durfte. Wenn jemand dabei war, hieß sie für mich Katharina. Oder Mutter.

Ach, Mamachen!

Da war es wieder. Ganz deutlich. Deutlicher als eben. Fast schmerzhaft. Das Gefühl des Aufgehobenseins. – Schmerzhaft?

Mama war immer für mich dagewesen. Nicht so, wie man sich das vielleicht vorstellt. Sie war nie Hausfrau gewesen, hatte mich nie verzärtelt und begluckt. Im Gegenteil. Geschäftsfrau durch und durch. Und alleinerziehend. Rund um die Uhr im Job. Mich hatte sie halt mitgenommen. In ihr Büdchen. ›Käthchens Bud.‹

Dort musste sie mich nie allein lassen. Es gab ja immer Kundschaft. Die kam und blieb. In wechselnden Schichten.

Die Wohnung wurde von meiner Mutter praktisch nur aufgesucht, um den Haushalt zu erledigen. Wäsche, Einkäufe, Kochen, Putzen. Immer in den Pausen. Dann hängte sie das Schild raus: Bin in einer Viertelstunde wieder da. Wenn es länger dauerte – kein Problem. Die Kunden bedienten sich selbst. Einer übernahm die Büdchenwache. Der schrieb an. Kassierte nur, wenn es Fremde waren. Das Geld wanderte in eine Kaffeetasse. Die Kasse schloss Mama immer ab, wenn sie ging, und nahm den Schlüssel mit. Ich bin sicher, niemand hätte je gewagt, sie zu betrügen. Aber sie wollte keinen Anlass geben, dass irgendein Verdacht überhaupt hätte entstehen können.

Während ich meine Sachen auspackte, überlegte ich, ob ich zum Büdchen flitzen sollte. Es zog mich dorthin. Aber dann überwog der gute Sohn. Der der Mutter ihre Lieblingsnaschereien mitgebracht hatte: Mon Chéri und Knickebein-Eier. Extra Ostern bei Aldi aufgekauft und zurückgelegt. Die ich ihr nicht einfach in die Hand drücken wollte, sondern – ganz so, wie sie es immer für mich machte – überall dort deponieren, wo sie bei ihren täglichen Verrichtungen darauf stoßen und sich darüber freuen würde.

Also rüber in Mamas Reich.

Ach, die Wohnung roch so vertraut. Ich blieb einen Moment im Flur stehen und schnupperte. Ihr Parfum. 4711 **115**. Die Sehnsucht, einfach die Augen schließen, den Kopf an ihren großen weichen Busen betten zu können. Der Drang rüberzurennen, zu Käthchens Bud, ihr um den Hals zu fallen, mich geborgen zu fühlen in ihren Armen.

»Spinner«, sagte ich laut zu mir selbst, lächelte mich an, mein Konterfei in dem Spiegel an der Decke über ihrem Bett. Kam mir klein vor.

Verloren in dem riesigen Bett. So hatte ich mich immer gesehen. Im Morgengrauen. Wenn ich die Augen aufschlug, sah ich mich winzig neben dem massigen Körper, verborgen unter der bauschenden Federdecke, die seinen Dimensionen nahezu bedrohliche Ausmaße verlieh. Eine monströse Kugel. Die aber, sobald ich mich regte, blitzschnell einen Arm ausfuhr, der sich schützend um mich legte.

Ja. Mama hatte immer Sorge getragen, dass ich nicht aus dem Bett fiel.

Dem sorgfältig gemachten. Katharina bewies Stil auch in ihren geheimen Gemächern, zu denen niemand außer mir Zutritt hatte.

Natürlich gab es in ihrem Leben Männer neben mir. Kunden. Gute Kunden. Wenige Auserwählte. Die *sie*

wählte. Wenn es ihr gefiel. Wann es ihr gefiel. Auch das
packte sie in ihre Auszeiten. Dafür hatte sie sich ein Zimmer im Hotel »Kaiser« dauergemietet. Alles öms Eck,
fußläufig von dem Büdchen am Wiener Platz ₁₁₆ . Als ich
noch klein war, nahm sie mich manchmal mit und ließ
mich in der Obhut des Rezeptionisten. Aber meist blieb
ich an der Bud, ließ mich von Kunden auf den Arm nehmen, die mich Prinzlein nannten, an ihrem Kölsch nip-
pen ließen und sich königlich amüsierten, wenn ich das
bittere Bier ausspuckte. Später, als ich schon auf der wei-
terführenden Schule war, übernahm ich den Büdchen-
dienst, wenn sie Pause machte. Stolz auf die Verantwortung, auf meine Mutter, die immer alles im Griff hatte.
Der die Männer zu Füßen lagen.

Lächelnd zog ich die Nachttischschublade auf, ließ ein
Knickebein hineinkullern – und zuckte zusammen. Ein
Foto von mir und Robert! Es lag auf einem wirren Sam-
melsurium von weiteren Fotos. Als ich eine Handvoll aus
der Schublade klaubte, sah ich: Auf allen war ich abgebildet.

Keines der Fotos kannte ich. Sie waren überwiegend
im Freien aufgenommen worden. In Berlin, wie es schien.
Zumindest die, die ganz oben lagen. Auf keinem der Bilder
guckte ich in die Kamera. Der oder die Fotografen mussten mich von hinten oder von der Seite fotografiert haben.
Immer aber waren andere Menschen mit im Bild. Menschen, mit denen ich unterwegs war, mit denen ich mich
getroffen, unterhalten hatte. – Mit Robert im Timp ₁₁₇ !
Wie wir uns küssen, umarmen …

Ich durchwühlte hastig die Schublade. Bilder von mir
auf dem Campus. Eine Aufnahme von der BWL-Ab-

schlussklausur, ich kaue auf dem Kuli. War das von vorne, vom Pult aus aufgenommen?

Wandern in den Dolomiten mit Albert. Abendsonne im Hintergrund.

Der misslungene Asien-Trip mit Dagmar. Die Haltung, in der sie neben mir durch die Gassen dieses schäbigen Hongkonger Marktes schleicht, sprach Bände. Nie wieder hatte ich es danach mit einer Frau versucht. Wenn Mama mir nicht im Vorfeld so zugesetzt hätte …

Klavierunterricht. Mein Rücken. Die Lehrerin beugt sich über meine Schulter. Es musste durch das Terrassenfenster aufgenommen worden sein. Das Klavier hatte genau gegenüber an der Wand gestanden.

Schulausflüge. Ich auf dem Klettergerüst im Kindergarten.

Die Bilder in meinen Händen begannen zu zittern.

Ich widerstand dem dringenden Bedürfnis mich zu setzen. Der glänzende Satinbezug des Bettes ekelte mich auf einmal an. Die Knickebein-Tüte und das Mon-Chéri-Kartönchen plumpsten ins Plumeau.

Ich wandte mich dem kleinen barocken Sekretär an der Wandseite zu. Riss Schubladen auf, durchwühlte Fächer, öffnete Umschläge, las Briefe, Notizen, Rechnungen, Dokumente.

»Ganz herzlichen Dank für das Flugticket«, schrieb Dagmar. »Ohne Ihre Unterstützung wäre es mir nie möglich gewesen. Ich verspreche, ich werde mein Bestes geben …«

Die Detektei Voss & Blum mahnte eine ausstehende Zahlung an. Darunter viele, viele Quittungen.

Mein Doktorvater schickte eine Rechnung. Für entgegenkommende Überarbeitung, blablabla.

Meine ehemalige Klassenlehrerin lobte die tolle Unterstützung, die Katharina mir und der ganzen Schule habe zuteilwerden lassen. Man hoffe, sie sei mit dem neu ausgestellten Zeugnis einverstanden? Wünsche ihrem Sohn für den weiteren Lebensweg alles Gute.

Albert war in der Wortwahl weniger zimperlich. ›Sie mögen pervers nennen, was Georg und mich verbindet, aber ich sage Ihnen: Was SIE machen, ist pervers! JA, Sie kriegen Ihren Willen! Bevor ich das Leben meiner Familie zerstöre, so wie Sie das Ihres Sohnes kaputt machen …‹

Ich kam nicht weiter. Tränen schossen mir in die Augen, tropften auf den Brief. Ich gab mir nicht die Mühe, sie wegzuwischen.

Es gab nichts zu verheimlichen. Nicht mehr.

Nie mehr.

Ach, Albert! *Du* hattest mir gezeigt, wer ich wirklich bin. Mich *leben* gelehrt.

Noch bevor ich den Mut fasste, Katharina davon zu erzählen, hatte er sich plötzlich abgewendet. »Es geht nicht«, war alles, was ich aus ihm herausbekam. Er ging nicht mehr ans Telefon. Antwortete nicht mehr auf meine AB-Ansagen, Mails, Briefe.

Nun erst verstand ich.

Nichts. Aber auch gar nichts, was ich in meinem Leben gemeint hatte zu entscheiden, anzustreben, zu leisten. Nichts, was ich erlebt, was mir widerfahren war – war MEINS. War MEIN Leben. Immer hatte ich in IHREM Spinnennetz gezappelt! SIE hatte meine Abschlüsse bezahlt, meine Beziehungen gefördert oder vernichtet. Mich lebenslänglich belauert und an der langen Leine laufen lassen.

Ich war zu keinem klaren Gedanken, keinem klaren Entschluss mehr fähig. Suchte weiter. Fieberhaft.

In ihrem Kleiderschrank fand ich den Schuhkarton mit den Briefen meines Vaters. Meines Vaters? – Mein*er* Väter! Es waren nicht zwei. Nicht drei.

Elf.

Elf Männer, die meiner Mutter Liebesbriefe schrieben. Unbeholfene, sehnsüchtige, schmachtende, zum Teile ausgesprochen schwärmerische, eloquente, aber auch vorwurfsvolle, fordernde.

Elf Zahlväter, die ihren und meinen Lebensunterhalt finanziert hatten und noch finanzierten. Mehr noch. Die für mich ihre Beziehungen hatten spielen lassen – in jeglicher Hinsicht!

›Den Lateinlehrer überlass mir, Kathi!‹ – ›Der Schulleiter ist ein guter Kumpel von mir.‹ – ›Dieser Idiot wird unserem Georg keinen Stress mehr machen.‹ – ›Kenne jemand aus der Geschäftsführung, guter Kunde!‹ – ›Habe gestern Abend den Dekan gesprochen …‹ – ›Der Vorstand schuldet mir noch was.‹ – ›Wäre doch gelacht, wenn unser Söhnchen *den* Job nicht kriegt.‹

Ich habe gelacht. Laut und anhaltend. Hysterisch.

Nicht nur meine Mutter. Elf Männer, die sich für meine Väter hielten, hatten mitgesponnen an dem Netz, das mich getragen, mich Ahnungslosen zu dem gemacht hatte, was ich heute war. *Nie*, zu keinem Zeitpunkt war ich dieser Frau, diesem heimatlichen Sumpf erwachsen. Die Ausläufer ihres Netzwerks hatten mich um die ganze Welt verfolgt, hafteten an mir wie klebrige Kaugummifäden, jederzeit bereit, wieder zusammenzuschnurren und mich aus meiner vermeintlichen Welt zu reißen.

Ich kannte sie alle. Elf Freunde, die sich, die ihr – mir! –
den Ball zugespielt hatten. Meine elf vermeintlichen Väter.
Sie zumindest glaubten daran. Jeder einzelne. Elf ihrer
besten Kunden. Betrogene wie ich.

30 Jahre lang oder mehr hatten sie in wechselnder Besetzung Käthchens Bud frequentiert. Und Käthchen.

Schießbüdchenfiguren alle miteinander!

Täglich traf man sich am Büdchen, kippte sich einen
Kaffee oder ein Kölsch in den Kopp, hielt einen Klaaf,
wie es hier hieß, einen Klatsch, in dem man privat klärte,
was einen – was die Seinen – geschäftlich voranbrachte.
Bester Kölscher Klüngel, in dem Fremde vertraut taten,
sich verbindlich gaben und Verabredungen trafen, die förderlich waren und besser vertraulich blieben.

Nett Wörking hatte Katharina es spöttisch genannt.
Sie, die stets alle Fäden in der Hand gehalten, die alle
elf – mit mir zwölf! – Männer an der Nase herumgeführt,
sie an der Longe hatte tanzen lassen, sie eingewickelt in
ihr Gespinst aus Zuwendung, Schmeichelei, Lügen und
Vorteilsnahme. Die sie gegeneinander ausgespielt hatte.
Zu meinem Vorteil. Im Sinne meiner selbstverschuldeten Unmündigkeit.

Wie hatte ich sie beschworen, mir den Namen meines
Vaters zu nennen.

Sie wüsste ihn selbst nicht, hatte sie behauptet. Ein
Mann, der sie auf der Keupstraße 118 angesprochen hätte.
Sie habe seinen Glutaugen nicht widerstehen können. Sei
ihm gefolgt und hätte ihn nie wiedergesehen.

Lüge! Lüge! Lüge!

Pfui Spinne!

Ein Bild flimmerte vor meinen Augen. Die fette Kugel

im Schlafzimmer. Das unsichtbare Netz. Das hilflos zappelnde Opfer.

Ich.

»NEIN!«

Mein Schrei ließ mich zusammenzucken. War ich verrückt geworden?

Nein! Nie war ich klarer bei Verstand gewesen!

Ich handelte. Zum ersten Mal in meinem Leben entschied *ich* für mich. Und tat, was getan werden musste.

Ich holte das große Fleischmesser aus der Küche und zerschnitt das Netz. Zerschnitt, zerriss, zerschmiss, was mich mein Leben lang gefesselt hatte. Genoss den Wirbel der tanzenden Daunen, das Geräusch krachenden Holzes, den Anblick der Glassplitterkaskaden, den Geruch des Champagners, der sich mit dem des Badeöls vermengte.

Das Gefühl von Selbstbestimmung und Macht.

Als nichts mehr war, wie es vorher geschienen hatte, zückte ich das Handy und schrieb Katharina eine SMS.

›Endlich angekommen. Freue mich auf dich!‹

Dann kauerte ich mich mitten auf das zertrümmerte Bett, eine kleine schwarze Kugel, und wartete. Die Nacht war hereingebrochen, die Welt um mich herum stockdunkel. Mein einziger Lichtblick: Der Schein der Straßenlaterne, der sich auf der zitternden Schneide des Messers blitzend spiegelte.

111 **Pascha**

Im Stadtteil Neuehrenfeld in der Hornstraße 2 befindet sich das größte Bordell von Köln in einem Hochhaus gleich neben dem Schlachthof – ein Schelm, wer Böses dabei denkt. Neben vielen Angeboten erotischer Art versucht das Etablissement durch Partys mit Alkoholflatrates neue Kundschaft anzulocken. Nur für Frauen gibt es gelegentlich auf Vereinbarung auch Führungen durch das Haus.

112 **Mediterana**

Vor den Toren der Stadt, in der Saaler Mühle 1 in 51429 Bergisch Gladbach-Bensberg, befindet sich die riesige Saunalandschaft Mediterana, die nicht nur eine Fülle verschiedener Saunen – unterteilt in einen indisch-arabischen sowie einen spanisch-maurischen Bereich – und Aufgüssen zu bieten hat, sondern eine Fülle an Zeremonien und Aufgüssen, Entspannungs- und Badezonen, einen wunderschön gestalteten Außenbereich, Massagen, kulinarischen und sportlichen Angeboten bis hin zu Krankenkassen- und Kinderschwimmkursen.

113 **Büdchen**

Die Kölner Büdchen sind in etwa das, was anderswo Trinkhalle, Spätkauf, Kiosk oder eben Bude genannt wird. Das ursprünglich schmale Sortiment entspricht heute eher dem der fast ausgestorbenen Tante-Emma-Läden. Im Gegensatz zu den Supermärkten, die den Büdchen in Hinsicht auf das Alleinstellungsmerkmal ausgedehnte Öffnungszeiten zunehmend Konkurrenz machen, findet der Käufer an dem Büdchen nicht nur ein Angebot in unmittelbarer Nähe, sondern insbesondere Gelegenheit, andere Menschen zu treffen, zu schwätzen, zu diskutieren, sich zu streiten und natürlich immer wieder zu vertragen, wie es die Gruppe Bläck Fööss in ihrem Song »Kaffeebud« beschreibt: »Un su stonn se en d'r Kaffeebud un schüdden sich de Kaffee in d'r Kopp.« Diese Möglichkeit des Austauschs kommt nicht nur der kommunikativen Ader der eingeborenen Rheinländer entgegen. Auch Zuwanderer mit türkisch-arabisch-orientalischem Hintergrund finden in der Bude einen Tee- oder Kaffee-Stuben-Ersatz, daher wird die Büdchenkultur auch in den migrationsstarken Stadtteilen in Ehren gehalten.

Da die Bude Gelegenheit bietet, Geschäftliches bei einer zwanglosen Tasse Kaffee zu besprechen und zu klären, gilt sie als Keimzelle des Kölner Klüngels.

114 **Mülheimer Stadtpark**
Nicht weit von dem zentralen Wiener Platz und gleich hinter der Mülheimer Stadthalle liegt der idyllische Mülheimer Stadtpark, umsäumt von Bäumen und Zäunen, mit einer großen Wiese, einem Teichgewässer und einem kleinen Wald. Am Eingang Bergischer Ring stehen Tischtennisplatten. Außerdem gibt es einen Bouleplatz, einen steinernen Schachtisch, einen Spielplatz, an der Ecke Sonderburger

Straße steht der 1914 von Wilhelm Albermann gestaltete Märchenbrunnen mit Kinder- und Tierfiguren. Am Eingangsweg an der Jan-Wellem-Straße mahnen seit 1984 mehrere Steinblöcke mit Inschriften zum Widerstand gegen Gewalt und Terror – nicht von ungefähr: In den 30er Jahren war die hier angelegte große Freitreppe für die sonntäglichen Aufmärsche der Hitlerjugend genutzt worden. In der Nähe der Treppe steht heute das von einem wohlhabenden Mülheimer Bürger 1914 gestiftete Bronzedenkmal des Kurfürsten Jan Wellem, geschaffen von dem Künstler Eduard Schmitz.

115 **4711**

Ende des 18. Jahrhunderts verkaufte Wilhelm Mülhens ein Eau de Cologne, für das er 1875 den Namen »4711« markenrechtlich schützen ließ. Nach seinen Angaben hatte er die Rezeptur von einem Kartäusermönch namens Farina erhalten. Jahrelang und letzten Endes erfolglos stritt er gerichtlich mit der Familie Farina **54**, die seit Anfang des Jahrhunderts ein außerordentlich erfolgreiches Konkurrenzprodukt herstellte, um den Namen »Farina«. Die Parfüm-Bestandteile Bergamotte, Zitrone und Orange wurden bei Mülhens ergänzt um die Herznote Lavendel und Rosmarin sowie die Basisnote Neroli.

Der Name »4711« geht auf eine Besonderheit zurück, die mit der französischen Besatzung zu tun hatte: Die Franzosen nummerierten sämtliche Kölner Häuser durch, worauf Wilhelm Mülhens als zeitweiliger Bewohner des Hauses Nr. 4711 darauf zurück-

griff, auch wenn die Nummerierung bald geändert
wurde und er erst später in die Parfümproduktion
einstieg – in einem benachbarten Gebäude. Das Bild
des französischen Offiziers, der hoch zu Pferde die
Hausnummer 4711 schwungvoll auf die Fassade des
Hauses schreibt, ist aber als eindrückliches Werbe-
bild bis heute erhalten geblieben. Der Fake-Rückgriff
auf die französische Besatzungszeit wird unterstrichen durch ein Glockenspiel an der dem Opernplatz
zugewandten Seite des 4711-Hauses, das zu jeder
vollen Stunde die »Marseillaise erklingen lässt.

116 Wiener Platz

Wer sich dem Rechtsrheinischen über die Mülheimer
Brücke nähert, fährt auf den zentralen Verkehrsknotenpunkt Wiener Platz zu. Hier kreuzen die Bun-
desstraßen 8 und 51, Busse und Bahnen, der Platz
selbst ist aber den Fußgängern vorbehalten, die Kaffee trinken, shoppen, das Bezirksrathaus besuchen
oder eine der vielen Veranstaltungen von Kirmes bis
Weihnachtsmarkt besuchen.

117 Timp

Am Heumarkt 25 in der linksrheinischen Altstadt
befindet sich das ehemalige Hotel »Timp«, in dem
bis 2014 ein reges Nachtleben in Form von Traves-
tieshows stattfand. Nicht nur Menschen aller sexuel-
len Spielarten fühlten sich in der kultigen Spielstätte
wohl. Auch viele prominente und weniger prominente (Fernseh-)Stars, Künstler, Musiker und alt-
eingesessene Kölner genossen die freizügige Atmo-

sphäre und machten hier oft und gerne die Nacht
zum Tage.

118 Keupstraße

Die Keupstraße verläuft nördlich des Wiener Platzes bis zur Mülheimer Freiheit und war im Zuge der
Industrialisierung von Arbeitern der nahe gelegenen
Kabelwerke Felten und Guilleaume bevölkert worden. Nachdem sie sich zum sozialen Brennpunkt
und Drogenumschlagplatz entwickelt hatte, zogen
in der zweiten Hälfte des 20. Jahrhunderts immer
mehr Arbeitsmigranten aus der Türkei zu, die nach
und nach über den ganzen Straßenzug kleine Laden-
lokale, gastronomische und Gewerbebetriebe eröff-
neten, bis die Straße praktisch vollständig in tür-
kischstämmiger Hand war und insbesondere von
Migranten, aber auch einheimischen Liebhabern
orientalischen Flairs gerne besucht wurde und wird.
Bundesweit geriet die Keupstraße in die Schlagzeilen,
als im Juni 2004 ein Nagelbombenattentat schwere
Schäden anrichtete und insgesamt 22 Menschen ver-
letzte. Erst 2011 stellte sich heraus, dass die Täter mitnichten islamistischen oder kurdischen Ursprungs,
sondern Rechtsradikale waren. Zehn Jahre nach dem
Attentat veranstalteten die Kölner und die Bewohner
der Keupstraße unter dem Motto »Birlikte – Zusam-
menstehen« eine Großkundgebung mit Open-Air-
Konzert, bei der prominente Musiker, Künstler und
Politiker ihre Verbundenheit mit den Kölner türki-
schen Migranten ausdrückten.

VATERMÖRDER

In unserer Familie heißen alle Männer Alexander. Die Tradition ist so alt, dass niemand weiß, wann sie begonnen hat. Genau das zeichnet Traditionen schließlich aus: Sie werden befolgt, nicht hinterfragt. Vermutlich hatte irgendein Vorfahr Großes vor: Weltherrschaft oder so. Immerhin der Name ist davon geblieben. Der Nachname Kramer ist so banal wie der Rest unserer Sippschaft. Dass wir irgendwann in den letzten Jahrhunderten aus Sri Lanka nach Europa immigriert sind – korrekt müsste es wohl lauten: verschleppt wurden –, merkt man dem Namen, merkt man uns heute nicht mehr an. Im 20. Jahrhundert fällt – zumal an einem Ort wie Köln – auch der bunteste Vogel nicht auf unter all dem schrägen Strandgut, das hier zusammenkommt. Außerdem hatten unsere Großeltern unseren Eltern bereits eingeschärft, sich stets unauffällig zu verhalten. Aus gutem Grund: Omi und Opi hatten in den Sechzigern die Biege gemacht. Damals war Köln ein Paradies zum Untertauchen. Überall Ruinen und Wildwuchs. Und: Keiner wollte so genau wissen, wer wo entsprungen war oder aus welchem Nest stammte. Im Gegenteil: Nach 1.000 Jahren Denunziation machten die Kölner Ohren, Augen und Mund nur noch auf, um zu beteuern, dass sie nie von gar nichts nicht gewusst hätten, und um idiotische Lieder zu singen, die im Refrain irgendwas mit »Humba, Humba, täterää« oder »Inge, dinge, dinge, use, wuse, wuse, aba, daba, daba, dei« enthielten. So erzählte es zumindest mein Vater.

Kinder interessiert Vergangenheit ohnehin nicht. Paps und seine Geschwister genossen die Freiheit, die die Eltern ihnen überreichlich zugestanden, und kundschafteten von morgens bis abends die Gegend aus. Die Familie hatte damals einen Unterschlupf im Kölner Süden gefunden, knapp hinter der Rodenkirchener Autobahnbrücke **119**, von wo aus morgens alle in alle Himmelsrichtungen auseinanderstoben, um oft erst abends spät wieder zusammenzufinden. Meine Großeltern machten tagsüber die Wohngegend unsicher und trieben sich an sonnigen Tagen am Ufer vor dem »Treppchen« **120** herum, wo sie von Passanten unser täglich Brot erbettelten. Ihren Kindern indes schärften sie ein, einen Bogen um Rodenkirchen zu machen. Lieber im Verborgenen bleiben. Die Jungs fanden das vollkommen okay, genossen es im Grünen unterwegs zu sein. Paps' Bruder und er hingen erst in dem Grenzgebiet vor Bayenthal ab, stromerten aber bald über die Autobahnbrücke nach Porz, wo sie etwas entdeckten, was meinen Vater fürs Leben prägen sollte: das Autokino **121**. Einfach gigantisch! Wenn Vorstellung war, fasste das Gelände gut 1.000 Autos. Die Leinwand war über 500 Quadratmeter groß.

Im Schutz der Dunkelheit mogelten sie sich rein, Alexander Mahinda Kramer, mein Onkel, und Alexander Simha Kramer II., mein Vater, der den Namen seines Großvaters trug, weshalb er der Zweite genannt wurde. Obwohl mein Uropa damals schon nicht mehr lebte. Aber in meiner Familie pflegt man Traditionen, ich sagte es bereits. Wenn wir auch sonst nichts en d'r Täsch, nichts in der Tasche hatten, wie der Kölsche zu sagen pflegt, so hielten wir uns an großen Namen fest. Mahinda hieß der Sohn des berühmten Königs Ashoka, und Simha bedeutet Löwe. Obwohl mein Vater bis dahin wenig Löwenmut unter Beweis gestellt hatte. Klar, es war eine Mutprobe, sich auf das Terrain des Drive In zu wagen, aber ich will das nicht allzu hochhängen. Pubertät halt.

Die bewegten Bilder beeindruckten Simha nachhaltig. Man zeigte Alfred Hitchcocks »Die Vögel«. Paps zog sich den Film gleich zehnmal rein – dann wurde er abgesetzt. Der Film, meine ich. Onkel Mahinda nannte ihn schon beim zweiten Mal langweilig, maulte etwas von Schmachtfetzen, realitätsfern und auf Affekte hin konstruiert. Es sei Sir Alfred offensichtlich nur darum gegangen, Tippi Hedren zum Star aufzubauen, darum hätte er jegliche Logik außer Acht gelassen. Mein Vater schwärmte Omi von Robert Burks Kameraführung vor, die die Vogel-Attacken auf Menschen und Gebäude so bedrohlich in Szene gesetzt habe. Am meisten liebte er den Angriff der Möwe auf die Tankstelle, das Flammeninferno.

Omi sei die Einzige gewesen, die immer ein offenes Ohr für ihn gehabt habe, sagte Paps einmal. Ihr früher Tod schmerzte ihn mehr als der Mord an seinem Vater.

Später lernte Simha noch andere Filme kennen, aber es ging ihm nicht anders als dem berühmten Graugansküken, dem der Verhaltensforscher Konrad Lorenz ein Sofakissen vor den Schnabel hielt: Das erste wahrgenommene bewegte Objekt sorgte für eine lebenslängliche Bindung. Und so erzählte Paps Jahre darauf auch Mams davon, die wiederum uns Kindern jedes Detail aus Bodega Bay so haarklein wiedergab, dass man hätte meinen können, unsere Eltern seien persönlich dabei gewesen.

Konrad Lorenz war es im Übrigen auch, der die Feststellung machte, dass Gewohnheiten mehr als alles andere unser Leben und unser soziales Miteinander prägen. Verträge, stellte er fest, gälten nur dann, wenn die vertragsschließenden Parteien eine Basis unverbrüchlicher, zu Riten gewordener Gepflogenheiten teilten. Wer sie durchbreche, werde von »magischer Vernichtungsangst« befallen. Lorenz hatte mit seinen Untersuchungen der Euthanasie im Dritten Reich den Boden bereitet, indem er »Rassenpflege« empfahl – für Menschen mit »Ausfällen im arteigenen sozialen Verhalten«. Seine nachträgliche Verwunderung darüber, dass man seine Empfehlung der »Selektion«, des »Ausmerzens« als »Mord« umsetzte, ist höchst unglaubwürdig. Recht hat er trotzdem: Nicht konformes Verhalten ist in allen Kulturen mehr oder weniger lebensbedrohlich.

Was aber geschieht mit jenen, denen nicht artgerechtes Verhalten vorgelebt wird? Die dieses Verhalten bildlich mit der Muttermilch vermittelt bekommen?

Uns allen war von klein auf eingeimpft worden, dass wir uns unauffällig verhalten sollten. Mein Vater und auch meine Großeltern hielten sich nicht daran. Zumindest riskierten sie viel – damals in Porz und erst recht in Rodenkirchen. Als mein Großvater ermordet wurde, geschah es zwar im Dunkel der Nacht. Es gab keine Zeugen. Aber mein Vater war der festen Überzeugung, dass der Mörder Opi schon tagelang beobachtet und verfolgt haben musste.

Meine Oma kehrte an jenem Abend später als sonst zurück. Alexander Vijay Kramer habe noch einen Abstecher zur »Alten Liebe« [122] machen wollen, sagte sie. Nein, sie sprach nie seinen vollen Namen aus. Vij, hieß er bei ihr. Er war die Liebe ihres Lebens. Wenn er sie im Gegenzug zärtlich Psitti nannte, so war seine Haltung doch stets von höchstem Respekt geprägt. Omi hatte ihm sechs Kinder beschert, von denen die beiden Jungs, Mahinda und Simha, Nachzügler waren. Nach zwei Töchtern hatten zwei Söhne es nicht überlebt. Ich schätze, es gibt nicht viele Beziehungen, gerade in eher patriarchalisch ausgerichteten Gemeinschaften, die derartige Schicksalsschläge überdauern. Vijay hielt seiner Psitti die Treue und wurde mit zwei späten Stammhaltern belohnt.

Sie folgte ihm im Gegenzug in den Tod.

Als mein Großvater ermordet wurde, war ich noch nicht auf der Welt. Ich weiß das alles nur aus den Erzählungen meines Vaters.

Keiner kann heute mehr sagen, was genau in jener Nacht vor sich ging. Noch nicht einmal, was genau mein Opi auf der »Alten Liebe« vorhatte. Ich vermute, es war ein Alleingang, mit dem er sich Vorteile verschaffen wollte. Nein, mit seinem Mörder wird er nichts zu schaffen gehabt haben. Niemals hätte er sich mit derartigen Subjekten eingelassen. Unsere Familie war arm. Wir führten ein Leben am Rande der Legalität. Natürlich waren Diebstähle und andere Kleindelikte zu unserem Überleben unvermeidbar. Man griff zu, wenn sich eine Gelegenheit bot. Mundraub sozusagen. Belohnung bar auf die Kralle. Mit Kapitaldelikten hatte mein Großvater nichts zu tun, niemals, er war definitiv nicht der Typ dafür. Natürlich habe ich ihn nicht persönlich gekannt. Aber ich weiß es. An dem Gerede, er habe mit seinem Mörder gemeinsame Sache gemacht, ist nichts, aber auch gar nichts dran. Er hat mit Sicherheit etwas riskiert, wenn er sich auf der Rodenkirchener Uferpromenade herumtrieb. Aber er wäre niemals freiwillig in die Höhle des Löwen gegangen. Wo ihn meine Omi am nächsten Morgen in aller Frühe fand. Entsetzlich zugerichtet. Die Details muss sie ihren Söhnen noch anvertraut haben, die diese uns allerdings vorenthielten.

»Warum, Paps?«, klagten Rama und ich. »Wir sind längst nicht mehr grün hinter den Ohren.« Tatsächlich hatten wir die Stürme der Pubertät so gerade eben überstanden und waren nach wie vor reichlich grün hinter den Ohren. 1978 war die entsetzliche Bluttat an meinem Großvater geschehen. Ein Jahr darauf das Selbstmordattentat meiner Omi. Sie hatte mit ihrem heroischen Harakiri den Ort der Meuchelei an ihrem geliebten Vijay in Trümmern gelegt. Ihre Rache konnte sie damit dennoch nicht verwirklichen.

Meine Familie zog bald darauf von jenem Ort des Grauens weg und fand im Rheinauhafen **123** ein neues Domizil, im Zentrum des Siebengebirges **124**. Paps lernte meine Mutter kennen, ehelichte sie kurz darauf und war überglücklich, als im Jahr 1982 sein Erstgeborener Alexander Simha III., meine Wenigkeit, und bald darauf mein Bruder Alexander Rama das Licht der Welt erblickte. Unser kleiner Bruder Alexander Vijay II. kam erst kurz nach dem Tod meines Vaters zur Welt, der 1996 den dritten Anschlag auf die »Alte Liebe« nicht überlebte. Der Mörder meines Großvaters lief zu dem Zeitpunkt immer noch frei herum.

Aber der Reihe nach: Nein, die Einzelheiten zum Tod meines Opis blieben mir und meinem Bruder erspart. Nur so viel berichtete mein Vater: Dass Omi Psitti sich tatsächlich bis an die Fenster des rot-weiß gestreiften Bootshauses vorgewagt hatte, durch die sie zunächst nichts erkennen konnte, weil es innen dämmrig war und ihre Augen sich nach dem hellen Morgenlicht erst an die Dunkelheit im Inneren der Schankstube gewöhnen mussten. Ihr Herz setzte für einen Moment aus, als sie Spuren eines Kampfes erkannte, der hier stattgefunden haben musste: umgestürzte Vasen, verstreute Plastikblumen, eine gekippte Menage, Glassplitter, eine ölige Lache, in der hölzerne Zahnstocher dümpelten. Eine Blutspur lenkte Psittis Blick schließlich Richtung Bar, neben der sie den schrecklich zugerichteten Leichnam ihres Mannes erblickte. Aus Andeutungen meines Vaters schließe ich, dass Vijay enthauptet worden war. Fest steht, dass meine Omi den Kopf verlor und davonstob. Sie zitterte wie Espenlaub, als sie zu dem Unterschlupf an der Brücke zurückkehrte, und konnte sich eine ganze Weile nicht verständlich machen. Ihre Stimme war weg, sie stand schlicht unter Schock. Vermutlich verstrich wertvolle Zeit, während Mahinda und Simha sich bemühten, sie zu beruhigen und zu begreifen, was ihre Mutter ihnen krächzend zu verstehen geben wollte.

Als die Brüder die »Alte Liebe« erreichten, stieg der Betreiber gerade ins Auto und gab Gas. Die Gaststube war aufgeräumt, nichts Verräterisches zu entdecken. Zumindest durch die Fenster.

Natürlich sind sie nicht zur Polizei gegangen. Wer hätte Vagabunden wie uns schon Glauben geschenkt? Nein, die Behörden und unsere Sippschaft sprachen schon immer verschiedene Sprachen. Zumal meine Familie sehr schnell einen Verdacht hatte, aber keinen Beweis. So ermittelte sie zunächst auf eigene Faust. Es schien nahezuliegen, dass der Mörder auf der »Alten Liebe« lebte. Das grenzte den Kreis der Verdächtigen nicht unerheblich ein.

Carlo!

Im Grunde konnte nur Carlo in Frage kommen. Er hatte eine Art Security-Job auf dem Hausboot, was nahelegte – wenn er es tatsächlich gewesen sein sollte –, dass er vorgeben würde, er hätte sich gegen einen Eindringling zur Wehr setzen müssen. Was natürlich vollkommener Blödsinn war, wenn man Opi kannte und wusste, dass, was auch immer er auf der »Alten Liebe« zu schaffen gehabt hatte, in keiner Relation zu einem solchen Kapitalverbrechen stand. Was Carlo betrifft, muss man in aller Deutlichkeit sagen: Es lag in seiner Natur. Es war kein Versehen, keine Überreaktion, kein Totschlag im Eifer des Gefechts, nein, er hatte darauf gelauert! Genau wie das Gericht im Falle des »Menschenfressers von Rotenburg«, Armin Meiwes, letzten Endes nicht auf Totschlag auf Verlangen, sondern auf Mord erkannte: Die Initiative war nicht von dem Opfer ausgegangen, sondern von dem Täter sehnsüchtig und aus niederen Motiven erwartet worden. Carlo hatte den Tod meines Großvaters herbeigeführt, um seine Lust an ihm zu stillen.

Man mag uns vieles vorwerfen. Meine Familie lebte am Rande der Gesellschaft, man könnte sagen: im Untergrund. Das Gegenteil traf zu. Wir verkrochen uns nicht wie feige Ratten in Löchern. Auch wenn wir nirgends gemeldet und daher Illegale waren und man uns sicherlich mit Fug und Recht zu den Kölner Kleinkriminellen zählen konnte – wir waren im eigentlichen Wortsinne nicht asozial. Und schon gar nicht gefährlich.

Das sollte sich in den folgenden Jahren radikal ändern. Gotthold Ephraim Lessing hat im 18. Jahrhundert das Bürgertum für tragödienfähig erklärt. Der Naturalismus des 20. Jahrhunderts hat die kleinen Leute zum klassischen Dramenpersonal hinzugefügt. Ich möchte einen Schritt weitergehen. Warum nicht die existenzielle Ursituation des Handelns im Spannungsfeld von Schuld und Sühne in Hinsicht auf die gesamte Flora und Fauna auslegen? Auf alle Materie. Wie heißt es so schön in dem Volkslied ›Sabinchen war ein Frauenzimmer‹? Der Krug, der geht so lange zum Brunnen, bis dass der Henkel bricht.

Wer missachtet, verschlissen, missbraucht, gequält wird, schlägt irgendwann zurück. Zumindest riskiert derjenige, der den Bogen zu weit spannt, dass er – um beim Bild des Wassers zu bleiben – früher oder später das Kind mit dem Bade ausschüttet. Das Ziel wird verfehlt, und der Schaden ist größer als der angestrebte Mehrwert. Der Krug bricht, die Weltmeere kippen, der Regenwald kann die Welt nicht mehr mit Sauerstoff und sauberem Trinkwasser versorgen. Nature strikes back!

Omi, so klein und schwach, so liebenswert sie war, entwickelte sich zur Erinnye, zur griechischen Rachegöttin. Sie opferte sich selbst auf dem Altar der Vergeltung. Wenn ihr Attentat auch misslang, weil Carlo schlicht op jück, unterwegs war, als sie zuschlug, so lud sie doch gleich doppelt Schuld auf sich, insofern nicht nur die »Alte Liebe« zerstört wurde, sondern darüber hinaus einem Flussschiffer Schaden in sechsstelliger Höhe entstand.

Mein Vater, Alexander Simha Kramer II., folgte fünf Jahre später dem Beispiel seiner Mutter und zeitigte exakt das gleiche Ergebnis – bis auf die Tatsache, dass er mit dem Leben davonkam.

Für meinen Bruder und mich war er seitdem ein Held. Wenn man sich fragt, woher die ganzen kleinen Palästinenserjungen, die ihrem Leben mittels Sprengstoffgürteln in der Nähe von Militärstützpunkten ein Ende setzen, ihre Motivation nehmen, dann seht euch ihre Familien an. Ihre Vorbilder! Denkt an Konrad Lorenz!

1996 versuchte mein Vater es erneut. Diesmal folgte er seiner Mutter in den Tod. Carlo überlebte auch den dritten Anschlag. Er konnte in letzter Minute fliehen, bevor es zur Kollision kam.

Es war also an mir, Alexander Simha Kramer III., dem der geliebte Großvater, die beste Omi aller Zeiten, der doppelt heldenhafte Vater den Stab weitergereicht hatten. Familientragödien im Sinne der klassischen Antike prägen heute noch die Blockbuster. Ich kenne sie alle von meinen Besuchen des Porzer Autokinos. »Star Wars«, »Harry Potter«, »König der Löwen« und wie sie alle heißen: Wir sind doch letzten Endes alle in unser Schicksal Geworfene, haben keine Wahl, tragen an der Schuld, den Verbrechen, die unsere Väter begangen haben oder die an unseren Vätern begangen wurden. In der Presse wird der Ausdruck Familientragödie heute meist missbraucht, um vielfache Morde zu verbrämen. Da fühlt sich jemand in seiner Eitelkeit gekränkt, erträgt den Gedanken nicht, dass seine Frau – in den meisten Fällen trifft es nun mal Frauen – ihr Recht auf Selbstbestimmung einfordert, und bringt aus niedrigen Instinkten und zu viel Testosteron nicht nur sie, sondern die eigenen Kinder um. Nicht Schicksal, sondern Willkür führt hier Regie. Sol-

chen selbstherrlichen Subjekten spreche ich jegliche Tra-
gödienfähigkeit ab. Wie Carlo keine tragische Figur, sondern ein mieser Mörder war. – Ja, *war*! *Mir*, Alexander
Simha Kramer III., ist es schließlich gelungen, ihn zur
Strecke zu bringen.

Und: Ich habe es überlebt.

Die Folgen für uns alle waren damals allerdings zunächst
nicht absehbar, wie der »Kölner Stadtanzeiger« meldete:
›Rodenkirchen. Zum vierten Male innerhalb der letzten 18 Jahre ist die »Alte Liebe« fast vollständig zerstört worden. Nachdem der Eigner in den Jahren 1979,
1984 und 1996 bereits nach Schiffskollisionen Totalschä-
den anmelden musste, das allseits beliebte Bootshaus aber
immer wieder aufbaute und den Restaurantbetrieb von
Neuem aufnahm, sieht er sich nun am Ende seiner Nerven, zumal er selbst bei dem gestrigen Vorfall nur knapp
mit dem Leben davonkam. Zum vierten Male löste zudem
ein Umstand das Unglück aus, der sich für die Stadt Köln
zunehmend als Problem darstellt: Seit 1963 zum ersten
Mal ein Halsbandsittich-Paar aus dem Kölner Zoo in die
Freiheit gelangt war und sich in den Folgejahren in den
Grünanlagen Kolonien dieser kleinen grünen Papageienvögel, auch Alexandersittiche, lateinisch Psittacula krameri, genannt, bildeten, häufen sich Zusammenstöße mit
diesen eigentlich vollkommen harmlosen grün gefiederten
Tierchen, deren auffälligstes Merkmal der blutrote Schnabel ist. Waren doch an sämtlichen Schiffskollisionen, die
die »Alte Liebe« in der Vergangenheit erlitt, Vertreter dieser Vogelart beteiligt. Die Steuerleute der verunglückten
Frachtschiffe gaben als Auslöser der Zusammenstöße an,
dass kleine grüne Papageienvögel ihnen unvermittelt ent-

weder vor die Frontscheibe oder direkt ins Gesicht geflogen waren, was sie zu einem der Schrecksituation geschuldeten Herumreißen des Steuers veranlasst habe. Gestern nun erlitt der Eigner der »Alten Liebe« in einer höchst prekären Situation selbst eine Kollision mit einem dieser Vögel. Er war gerade damit beschäftigt, dem Skipper eines kleinen Sportboots, der aufgrund von Treibstoffmangel an der »Alten Liebe« angelegt hatte, mit Benzin auszuhelfen, als der Sittich gegen den Einfüllstützen des Kanisters prallte. Unglücklicherweise ließ er vor Schreck nicht nur den Kanister fallen, der auf den Planken des Hausboots umkippte und auslief, sondern er verlor auch seine Zigarette aus dem Mundwinkel. »Natürlich war es höchst leichtsinnig«, gab der notorische Kettenraucher reumütig zu, »mit der Fluppe im Mund mit Sprit zu hantieren.« Das Benzin entflammte augenblicklich. Der Eigner konnte sich nur durch einen beherzten Sprung in das Sportboot retten. Erst unmittelbar vor der Rodenkirchener Brücke gelang es den Männern, das Ufer zu erreichen. Zu dem Zeitpunkt brannte die »Alte Liebe« bereits lichterloh. Härter noch als der erneute Verlust seines Restaurantschiffs traf den Besitzer, wie er sagte, der Tod von Schiffskater Carlo, der in dem Flammenmeer umkam.

Ein Polizeisprecher gab an, dass mittlerweile weit über 1.000 Alexandersittiche auf Kölner Stadtgebiet vermutet würden. Tendenz steigend. Ob und in welcher Form die Stadt Maßnahmen beabsichtige, die Zahl der Exoten zu dezimieren, war bis Redaktionsschluss nicht in Erfahrung zu bringen.‹

Hinzuzufügen ist: Mit dem Ausbau des Rheinauhafens siedelte unsere Sippe ins Rechtsrheinische über. In den Königsforst 125 . Hier behelligen wir niemanden, und keiner stört uns.

Dass die »Alte Liebe« im Jahr 2003 ein zweites Mal ausbrannte und sechs Jahre später mit einer Segelyacht kollidierte – wer weiß, welcher Vogel da seine Finger im Spiel hatte. Wir Kramer-Alexandersittiche sind seitdem definitiv alle im grünen Bereich!

119 **Rodenkirchener Autobahnbrücke**

Kölns südlichste Brücke war bei der Fertigstellung 1941 die größte Hängebrücke Europas und erste Autobahnbrücke über den Rhein. Sie wurde unter dem Namen »Adolf-Hitler-Brücke« in Betrieb genommen. Nach ihrer Zerstörung im Zweiten Weltkrieg wurde sie Anfang der 50er Jahre wieder aufgebaut und 1996 auf sechs Fahrbahnstreifen verbreitert. Außerdem gibt es Geh- und Radwege auf beiden Seiten.

120 **»Treppchen«**

Das Restaurant »Zum Treppchen« in der Kirchstraße 15 in 50996 Köln-Rodenkirchen befindet sich direkt neben der Maternuskapelle am Rheinufer. Die Geschichte des Hauses geht bis ins 17. Jahrhundert zurück. Die Gastronomie ist gutbürgerlich-traditionell und wird von Rodenkirchenern wie Besuchern aus der Umgebung gerne angenommen, die Terrasse im Sommer ist immer gut besucht, die Lage mit Rheinblick am Rodenkirchener Leinpfad sehr attraktiv.

121 **Autokino Köln-Porz**

Zwischen Gremberghoven und Porz-Eil im Rechtsrheinischen an der Rudolf-Diesel-Straße 38 in 51149 Köln befindet sich das Autokino Köln-Porz. Bis zu 1.000 PKW finden auf dem 540 Quadratmeter großen Gelände Platz. Die Leinwand ist 15 Meter hoch und 36 Meter breit. Die Gäste werden mit Lautsprechern für das Auto versorgt, auf Wunsch können Getränke und Snacks erworben und ein Heizlüfter ausgeliehen werden. Nachdem in den USA 1933 das erste Autokino eröffnet worden war, zog Deutschland 1960 in der Nähe von Frankfurt nach. Das Porzer Autokino gehört der gleichen Kette an, die auch das älteste deutsche Autokino betreibt.

Samstags wandelt sich das Drive In in einen riesigen privaten Automarkt, außerdem finden dort regelmäßig Flohmärkte und andere Veranstaltungen statt, unter anderem Holi-Festivals, bei denen zu lauter Musik Farbpulver über die Tanzenden geschüttet wird.

122 Alte Liebe

Am Rodenkirchener Leinpfad, dicht hinter der Rodenkirchener Autobahnbrücke von der Innenstadt aus gesehen, liegt das in den Kölner Stadtfarben Rot-Weiß gestreifte Bootshaus »Alte Liebe«, eine sehr beliebte Gast- und Veranstaltungsstätte, in die Spaziergänger gerne einkehren und deren Räumlichkeiten und Terrassen im der Stadt zugewandten Teil für Feiern jeglicher Art gebucht werden können. Wo sonst kann man auch ganz ohne Alkohol so sanft beschwingt entspannen? Zumal mit einem derartig spektakulären Ausblick auf die markanten Kranhäuser des Rheinauhafens 123 und den Kölner Dom 109 ! Die im wahrsten Sinne des Wortes herausragende Lage auf dem Fluss erwies sich allerdings

schon mehrfach als verhängnisvoll: In den Jahren
1979, 1984 und 1996 wurde es durch Schiffskollisionen zerstört, 1997 und 2003 brannte es vollständig
aus, und im Jahr 2009 wurde es erneut durch eine
Kollision mit einer Segelyacht schwer beschädigt.

123 Rheinauhafen

Kölns Bedeutung fußt auf seiner geografischen Lage,
die ihm politische, aber insbesondere wirtschaftliche Vorteile verschaffte. Schon die Römer nutzten
die Rheinlage der Colonia Claudia Ara Agrippinensium nicht nur, um ein durch die natürliche Grenze
geschütztes Bollwerk gegen die Germanen zu schaffen, sondern wählten eine Stelle, an der es einen
natürlichen Hafen gab, über den man Menschen und
Waren transportieren konnte. Dieser ursprüngliche
Hafen im Bereich der heutigen Kirche Groß St. Martin verlandete aber mit der Zeit und wurde im Mittelalter schließlich zum Marktplatz. Seitdem wurde der
gesamte Uferabschnitt zwischen St. Kunibert und
dem Bayenturm im Süden als Anlegestelle genutzt.
Im 18. Jahrhundert wurde östlich des Ebertplatzes
ein neuer Hafen gebaut, der aber mit dem Aufkom-
men der Dampfschifffahrt nicht mehr den Erforder-
nissen genügen konnte, sodass man eine natürliche
Rheininsel südlich der Altstadt, die von der Kölner
Bevölkerung bis dahin zum Baden genutzt worden
war, auszubauen begann. Ab 1982 erhielt die neue
Hafenanlage den Namen »Rheinauhafen«. Zwischen
dem Zollhafen im Norden, wo heute das Schokoladenmuseum steht, und dem städtischen Hafenamt im

Süden entstanden Dienstgebäude, Gleisanschlüsse, Schuppen und Lagerhallen.

Nach dem Zweiten Weltkrieg verlagerten sich die Hafenfunktionen auf andere Standorte im Stadtbereich, sodass Teile des Geländes brachlagen. Der Bau des Schokoladenmuseums war das augenfälligste Signal einer über zehnjährigen Neuerschließung und Umstrukturierung des Areals hin zu einer neuen Nutzung als Büro- und Wohngebiet sowie als gastronomische und kulturelle Meile in attraktiver Lage. Dabei entstand ein spannender Mix aus restauriertem denkmalgeschützten Altbau und architektonischer Moderne – beispielhaft können wohl drei Hochhäuser hervorgehoben werden, die aufgrund ihrer – historischen Schiffskränen nachempfundenen – Form »Kranhäuser« heißen.

124 Siebengebirge

Eins der südlicheren Lagerhäuser im Rheinauhafen, das im Zuge der Neugestaltung liebevoll renoviert wurde, ist das aufgrund seiner sieben Giebel im Volksmund »Siebengebirge« genannte Gebäude.

Der Name rührt von dem südlich gelegenen Siebengebirge, dem Köln insofern seinen Reichtum verdankt, dass die durch den Höhenzug entstandene Einengung des Flussbetts die großen Schiffe zum Anlegen, Entladen und Umkehren in der Höhe von Köln nötigte.

Die Steinbrüche des Siebengebirges haben zudem das Baumaterial für den Kölner Dom geliefert, bis der Abbau des Drachenfels-Trachyts 1828 durch die preußischen Behörden verboten wurde, weil die Ruine der Burg Drachenfels abzustürzen begann. Das ganze Gebiet wurde unter Naturschutz gestellt, bildet heute das größte zusammenhängende Naturschutzgebiet Nordrhein-Westfalens und ist ein beliebtes Ausflugsziel per Schiff von Köln. Die ursprüngliche Vulkanregion bietet nicht nur wunderbare Wanderwege, sondern ideale Bedingungen für den Weinanbau. Auf den welligen Höhen finden sich Burgen, Klöster und Ruinen, die seit der Zeit der Romantik Reisende angezogen und zu Sagen und Schauergeschichten inspiriert haben. Insbesondere sind das Schloss Drachenburg und die Klosterruine Heisterbach zu nennen. Weitere Attraktionen sind das Sea Life Königswinter, das Siebengebirgsmuseum und das Konrad-Adenauer-Haus.

125 Königsforst

Seit der Jahrtausendwende ist der im Rechtsrheinischen gelegene Königsforst nach einer wechselhaften Geschichte Naturschutz- und Vogelschutzgebiet. Mit einiger Sicherheit wird man daher auch dort einige Kolonien der Alexandersittiche (Psittacula krameri) antreffen, die überall auf dem Kölner Stadtgebiet zu finden sind, seit das erste Pärchen 1963 aus dem Kölner Zoo entkommen konnte.
Von einer Besiedelung während der Eisenzeit zeugen zahlreiche Hügelgräber, die allerdings kaum noch zu erkennen sind. Die Funde gehören heute zum Bestand des Römisch-Germanischen Museums. Unter den Frankenkönigen war das Areal Bann-

wald, d. h. hier durfte man nicht siedeln. Die späteren Besitzer, die Herzöge von Berg, nutzten den Wald zum Jagen. Während der französischen Besatzung wurde er weitgehend geplündert, das Nutzholz nach Frankreich verbracht. Die Preußen forsteten ihn systematisch wieder auf. Im Zweiten Weltkrieg war er militärisches Truppengelände, daher findet man immer noch Betonmauern ehemaliger Bunker und Fundamente des Fliegerhorstes Ostheim. Vielerorts wurde Bergbau betrieben. Heute ist der Königsforst, der mit der Straßenbahnlinie 9 aus der Stadt gut zu erreichen ist, ein beliebtes Naherholungsziel. Man kann dort auf einem gut ausgebauten Wegenetz, das unter anderem einen Teil des Jakobswegs einschließt, laufen, reiten oder Rad fahren. Es gibt einen Waldlehrpfad, ein Wildgehege und eine Wassertretstelle zum Kneippen. Exakt auf der Grenze zwischen den drei Stadtgebieten Köln, Bergisch Gladbach und Rösrath wurde dazu der Giesbach in einem Becken kanalisiert. Weitere Bäche sind zum Teil zu kleinen Weihern gestaut. Mehrere Gedenksteine erinnern an Menschen, die mit dem Wald zu tun hatten. Achtung beim Besuch des Ausflugslokals Asado: Die Stadtgrenze zwischen Köln und Rösrath verläuft mitten durch das Restaurant.

REGINA SCHLEHECK
Der Kirmesmörder –
Jürgen Bartsch
. . . .
978-3-8392-1939-3 (Paperback)
978-3-8392-5135-5 (pdf)
978-3-8392-5134-8 (epub)

EIN POCHENDES HERZ Langenberg, 1966. Der
Fall Bartsch erschütterte die Nachkriegs-BRD wie
kein anderes Kapitalverbrechen. Jürgen Bartsch, der
nach einer Kindheit voller Kälte und Missbrauch zu
einem sadistischen Soziopathen wurde, lockt Kinder von Kirmesplätzen in Essen und Umgebung,
um sie zu quälen, zu missbrauchen und zu ermor-
den. Bei der Jagd nach dem Kirmesmörder gerät eine
ganze Region in Panik. Als Jürgen Bartsch schließlich gefasst wird, fordern die Menschen Vergeltung.

GMEINER SPANNUNG

WWW.GMEINER-VERLAG.DE
Wir machen's spannend

ASTRID PLÖTNER
Todesgruß
. . . .
978-3-8392-1949-2 (Paperback)
978-3-8392-5155-3 (pdf)
978-3-8392-5154-6 (epub)

BLUTLISTE Ein brutaler Mord erschüttert die westfälische Kleinstadt Unna während der alljährlichen Altstadtkirmes. Eine Zahnärztin wird erdrosselt im Stadtpark aufgefunden. Um ihren Hals hängt ein Lebkuchenherz mit der Aufschrift »Ein letzter Gruß, G.«. Kommissarin Maike Graf und ihr Kollege Max Teubner nehmen die Ermittlungen auf und stoßen schon bald auf eine heiße Spur, als ein weiterer Mord geschieht. Erneut trägt das Opfer ein Lebkuchenherz, und es scheint nur eine Frage der Zeit zu sein, bis der Mörder wieder zuschlägt …

BIRGIT EBBERT
Tod im Tee
. . . .
978-3-8392-1946-1 (Paperback)
978-3-8392-5149-2 (pdf)
978-3-8392-5148-5 (epub)

TOD STATT THEATER Die Hagener Krimibuchhändlerin Anja Henke hat sich wie rund 100 weitere Gäste auf einen gemütlichen Abend im Theater an der Volme gefreut. Doch statt des Stückes »Die mörderische Teerunde« nach Agatha Christie erleben die Besucher einen echten Tod auf offener Bühne. Unversehens findet sich die Hobbydetektivin in einer Mordermittlung wieder und gerät dabei selbst ins Visier des Täters. Nachdem ein zweiter Toter gefunden wird, beginnt ein Wettlauf mit der Zeit.

GMEINER SPANNUNG

WWW.GMEINER-VERLAG.DE
Wir machen's spannend

Das Neueste aus der Gmeiner-Bibliothek

Unser Lesermagazin

Bestellen Sie das
kostenlose Krimi-
Journal in Ihrer
Buchhandlung
oder unter
www.gmeiner-verlag.de

Informieren Sie sich ...

www   ... auf unserer Homepage:
www.gmeiner-verlag.de

@   ... über unseren Newsletter:
Melden Sie sich für unseren Newsletter an
unter www.gmeiner-verlag.de/newsletter

f   ... werden Sie Fan auf Facebook:
www.facebook.com/gmeiner.verlag

Mitmachen und gewinnen!

Schicken Sie uns Ihre Meinung zu unseren Büchern
per Mail an gewinnspiel@gmeiner-verlag.de
und nehmen Sie automatisch an unserem
Jahresgewinnspiel mit »mörderisch guten« Preisen teil!

GMEINER SPANNUNG